本书是2022年度天津市哲学社会科学规划重大委托项目
"新时代新征程实现全体人民共同富裕研究"
（项目编号：TJESDZX22-07）的结项成果

新时代新征程
实现全体人民共同富裕研究

杨文圣　张鷟 等著

天津出版传媒集团

天津人民出版社

图书在版编目（CIP）数据

新时代新征程实现全体人民共同富裕研究 / 杨文圣
等著. -- 天津 : 天津人民出版社，2025. 1. -- ISBN
978-7-201-20612-7

Ⅰ. F124.7

中国国家版本馆 CIP 数据核字第 2024UU3846 号

新时代新征程实现全体人民共同富裕研究
XINSHIDAI XINZHENGCHENG SHIXIAN QUANTI RENMIN GONGTONG FUYU YANJIU

出　　版	天津人民出版社
出 版 人	刘锦泉
地　　址	天津市和平区西康路 35 号康岳大厦
邮政编码	300051
邮购电话	（022）23332469
电子信箱	reader@tjrmcbs.com
责任编辑	王佳欢
封面设计	汤　磊
印　　刷	天津新华印务有限公司
经　　销	新华书店
开　　本	710 毫米×1000 毫米　1/16
印　　张	19
插　　页	2
字　　数	240 千字
版次印次	2025 年 1 月第 1 版　2025 年 1 月第 1 次印刷
定　　价	88.00 元

目 录

Contents

第一章

导论

一、国内外研究现状和研究意义

党的二十大提出共同富裕是中国式现代化的中国特色和本质要求,这需要阐释共同富裕何以体现为中国式现代化的中国特色,何以提炼为中国式现代化的本质要求,进而深化对中国式现代化重大命题的理论意蕴和实践价值的认识和把握。在这一宏大问题框架之下,需要分析中国式现代化的中国特色与本质要求之间的关系,还需要分析不同中国特色内部和本质要求内部的不同关系,最终在分析的基础上实现综合,全面而深刻地把握中国式现代化的重大理论意蕴和实践价值。但如果从中国式现代化的中国特色和本质要求的整体出发,我们很难对其进行深入的研究。所以本书以全体人民共同富裕为切入点,研究中国式现代化的中国特色和本质要求的相关问题。全体人民共同富裕不仅是中国式现代化的中国特色,同时还是其本质要求,由此来看,全体人民共同富裕之于中国式现代化具有重大意义。

(一)国内外相关研究综述

1.国内相关研究的学术史梳理及综述

截至2023年12月,根据中国知网等数据库的检索结果,国内学界对中国式现代化的研究始于20世纪60年代,迄今相关研究成果已达2万余篇;对共同富裕的研究始于20世纪50年代,迄今相关研究成果已达3.5万余篇;将共同富裕与中国式现代化相结合的研究始于20世纪70年代,迄今相关研究成果有4000余篇。以上研究成果数量均在2021年开始呈直线上升趋势,并在2022年达到最高峰。

本书围绕全体人民共同富裕的中国式现代化这一研究主题,从五个方面对国内相关研究成果进行总结和梳理。

(1)关于全体人民共同富裕的研究

国内学界对共同富裕的研究,从新中国成立至今,大体经历了以下四个时期:

初探期(1949—1978年)。新中国的成立为实现共同富裕创造了基本的政治前提,毛泽东指出:"这种共同富裕,是有把握的。"①1953年的中央正式文件中就已经有"共同富裕"的明确表达,学者们通过社会主义、资本主义与共产主义的分配制度比较研究,既肯定了社会主义按劳分配制度在保障社会公平方面的制度优势,也厘清了与"粗陋的平均主义"的界限。艾思奇(1958)认为,在社会主义阶段收入差距是现实存在的,必须经常和平均主义或收入水平差距过大作斗争。

转向期(1978—1992年)。党的十一届三中全会实现了党和国家战略重心转移。学界探讨了"共同富裕"与"同时富裕""同等富裕"之间的关系。于光远(1985)指出,社会主义建设的目的就是为了人民的幸福,我们的经济战

---

① 《毛泽东文集》(第六卷),人民出版社,1999年,第496页。

略是富民战略,普遍富,并不排斥少数人先富。厉以宁(1991)指出,共同富裕是"社会主义的根本原则",是一个逐步实现的过程,并对如何缩小社会主义条件下人们之间的收入差距,以及公平与效率协调的可能性问题进行了初步探讨。

拓展期(1992—2012年)。1992年,邓小平发表南方谈话正式提出社会主义本质论,将共同富裕作为社会主义本质的内涵提了出来。改革持续向纵深发展引起经济社会结构剧烈变动,收入差距扩大等现实问题不断凸显,"公平效率""社会和谐""小康社会"成为这一时期研究的核心词。学者们在研究中开始逐渐摆脱苏联和西方学者的理论分析框架,形成独特的理论视域与话语体系。程恩富(2005)认为,社会主义制度是保证劳动者在就业、收入分配等方面享有均等机会的制度前提,社会主义需要且可能兼顾公平与效率。朱继东(2012)认为,共同富裕是"中国共产党人90年坚持不懈的追求目标",是"党巩固执政地位、提高执政能力的必然要求"。

创新期(2012年至今)。习近平指出:"现在,已经到了扎实推动共同富裕的历史阶段。"①党的十八大以来,党对共同富裕理论与实践作了新的探索,学界研究形成一个引领、两大格局、三分视角、四维向度的鲜明特点:

一是以新发展理念引领的研究导向逐步彰显。高质量发展是实现共同富裕的基础。韩喜平(2022)指出,"发展理念是管根本的",中国特色社会主义新发展理念以人民为中心,将为实现共同富裕提供更为坚实的理论引领。逢锦聚(2022)认为,高质量发展与共同富裕统一于新发展理念的指导和贯彻,统一于全面建设社会主义现代化国家、实现中华民族伟大复兴的实践中。

二是多学科交叉、多领域审视的研究格局正在形成。郑功成(2019)从社会政策研究视角对截至2019年我国社会保障事业发展状况进行了梳理,

---

① 《习近平著作选读》(第二卷),人民出版社,2023年,第500页。

并指出全民福利政策是中国共产党的执政理念和社会主义的本质要求。侯惠勤(2012)从马克思主义关于人的解放的视角阐释了共同富裕与社会主义本质之间的内在联系,共同富裕是社会主义根本区别于资本主义的显著特征。陈宗胜(2021)从经济学视角指出,共同富裕是新时代中国特色社会主义经济发展的新任务和消除发展不平衡不充分的重大战略。

三是从宏大关切到中观探究再到具体而微的研究视角特质日渐显现。张雷声(2021)分别从社会主义本质、社会主义现代化、社会主义分配结构的视角,讨论了新时代中国共产党共同富裕思想的伟大创新。骆郁廷、余杰(2021)讨论了贫困治理中国奇迹背后的"制度密码",强调实现共同富裕要坚持中国特色社会主义制度,不断发展和完善"公平之制""政党之制""人民之制"与"效率之制"。

四是时代向度、实践向度、理论向度与价值向度相统一的研究框架初步建构。卫兴华(2013)通过对马克思恩格斯经典论述和党的历史文件的梳理,从多方面剖析了共同富裕的含义和实现途径。顾海良(2022)认为,共同富裕作为社会主义本质要求,升华了中华民族伟大复兴的时代意蕴,丰富了新发展阶段的目标内涵,彰显了中国式现代化的显著特征,昭示了人类文明新形态的价值追求。

(2)关于中国式现代化与全体人民共同富裕的关系研究

国内学界对中国式现代化与全体人民共同富裕的关系研究集中于2021年之后,主要形成三种观点:

一是中国式现代化与全体人民共同富裕具有辩证统一性。秦宣(2022)、贺雪峰(2022)认为,共同富裕是中国式现代化的目标和特征,又以中国式现代化的全面实现为前提。王淑芹(2021)认为,我国社会主义现代化国家建设的目标指向人民美好生活,而人民美好生活的物质前提是实现共同富裕,共同富裕是社会主义现代化国家建设的基本目标。

二是中国式现代化与全体人民共同富裕之间存在内在规定性。韩文龙

(2021)认为,共同富裕是中国式现代化新道路所延伸出来的内在规定性。何显明(2022)指出,中国式现代化的一系列显著特征共同塑造出中国式现代化道路的内在规定性,决定了共建共享的共同富裕实践。杨文圣(2022)认为,追求全体人民共同富裕是中国式现代化新道路的本质规定,即走中国式现代化新道路就是要实现全体人民共同富裕。

三是中国式现代化与全体人民共同富裕呈现同频共振性。梅荣政(2022)认为,共同富裕与社会主义现代化是有机统一的整体并具有同一的历史进程,中国共产党人在实现中国式现代化道路的动态发展中,持续不断推动共同富裕的实现。刘方平(2022)、吴争春(2022)认为,共同富裕是中国共产党探索中国特色现代化基本历程中的重要节点,实现共同富裕与社会主义现代化之间保持同频共振的发展脉络。

(3)关于实现全体人民共同富裕的中国式现代化的中国特色问题研究

中国式现代化既有各国现代化的共同特征,又有基于自身国情的中国特色。国内学界对此问题的研究始于20世纪80年代,主要分为三个视角:

一是中国国情视角。周叔俊(1990)认为,社会主义现代化的中国特色是在坚持一个中心、两个基本点的前提下,以自力更生为主,发扬艰苦奋斗、勤俭节约的精神,正确处理三农问题、人口城镇化问题,以及包括工业生产在内的所有生产技术等基本问题。

二是现代化类型视角。严书翰(1996)认为,中国现代化属于外源型现代化,并且在这一类型中独具特色,主要体现为全面改革和全方位开放、公有制与市场经济相结合、传统文化在现代化的基础上得到了继承和弘扬等方面。

三是比较视角。梅荣政(2022)、李景治(2021)、王伟光(2022)认为,共同富裕是区别资本主义与社会主义的显著标志,中国式现代化新道路以共同富裕为特征,创造了人类社会实现共同富裕的新途径。颜晓峰(2022)认为,中国式现代化是与西方现代化相对应的现代化、与其他社会主义国家现代化相对应的现代化、与其他发展中国家相对应的现代化。

（4）关于实现全体人民共同富裕的中国式现代化的本质要求问题研究

实现全体人民共同富裕是中国式现代化的本质要求之一，国内学界对此问题的研究集中于2022年，总体上可概括为微观、中观、宏观三个层次。

一是从微观上将共同富裕看作融于中国式现代化"五位一体"总体布局中的社会建设。王永贵（2022）认为，中国式现代化涉及经济、政治、文化、社会、生态文明各领域的建设和发展，其中社会建设要求实现全体人民共同富裕，增进人民福祉，完善分配制度，防止两极分化，着力维护和促进社会公平正义。

二是从中观上将共同富裕理解为彰显中国式现代化本质和特色的综合目标系统。赵凌云（2022）认为，共同富裕体现了中国式现代化的本质要求，是一个既包括物质富裕，也包括精神富裕的全面综合系统。原新（2022）从人口规模巨大的国情出发，指出共同富裕是人人参与的共创共富、循序渐进的逐步共富、弥合多元差异的并进共富，突出了中国式现代化惠及全体人民的普遍性特征。

三是从宏观上以人的自由全面发展总括共同富裕的中国式现代化的价值意蕴。颜晓峰（2022）认为，中国式现代化是坚持共同富裕的现代化、坚持以人民为中心的现代化，人民是现代化的创造主体和享用主体。孙正聿（2022）、张占斌（2022）指出，中国式现代化以人的自由全面发展和社会的均衡协调发展为价值追求，避免收入分配中的两极分化，最终实现全体人民共同富裕。

（5）关于实现全体人民共同富裕的中国式现代化路径研究

国内学界主要从历史经验、原则遵循和实践路径三个方向，提出实现全体人民共同富裕的中国式现代化的具体路径。

一是历史经验。王怀超（1999）总结了中国现代化建设的丰富历史经验，包括从中国实际出发，始终以发展生产力和强国富民为着眼点和落脚点,建立在人类文明基础上,以人民群众为主体等。

二是原则遵循。韩庆祥(2022)指出,党的二十大所提的"五个坚持"为中国式现代化提供根本遵循和理论支撑。韩保江(2022)认为,在中国式现代化进程中必须增强忧患意识,坚持以经济建设为中心不动摇,坚持党的全面领导,坚持全面深化改革、全面依法治国、全面从严治党,统筹好发展和安全。

三是实践路径。张占斌(2022)归纳出中国共产党领导实现中国式现代化共同富裕的路径,即"做大蛋糕""做实蛋糕""做优蛋糕""分好蛋糕"。唐亚林(2022)从人口规模巨大与全体人民共同富裕、人的自由全面发展与社会协调发展、坚持走和平发展道路与世界人民共享共荣三个方面,总结中国式现代化的路径模式选择。

2.国外相关研究的学术史梳理及综述

以中国改革开放前后为时间节点,国外学界关于中国式现代化的相关研究逐步增多。西班牙中国问题专家胡利奥·里奥斯(Xulio Rios,2013)认为,在不丧失自身特点的情况下,中国制订了适应、复制和模仿它认为好的东西的计划,而不是盲目追随。法国经济学家托马斯·皮凯蒂(Thomas Piketty,2014)认为,数十年来中国一直在摸索自己的模式,从19世纪至20世纪西方实践经验的成败中吸取教训,同时立足本国国情,寻找一条融合资本主义与社会主义优点的新路。

国外学界关于治理贫困的研究开始较早,但主要集中在缩减经济贫富差距、寻求社会公平公正、完善社会公共服务等方面,在中国式现代化视域中研究共同富裕的成果较少。在缩减经济贫富差距方面,托马斯·皮凯蒂(Thomas Piketty,2022)认为,近几十年来,巨大的财富日益向顶层集中,中产阶级的财富份额正在减少,而底层基本上一无所有,这是目前需要解决的重要问题。在寻求社会公平公正方面,英国经济学家亚当·斯密(Adam Smith,1972)认为,一国国民都须在可能范围内,按照各自能力的比例,即按照各自在国家保护下享得的收入的比例缴纳国赋。赋税的平等或不平等,就看对于这种原则是尊重还是忽视。在完善社会公共服务方面,1998年诺贝尔经济学奖得主阿马蒂亚·森(Amartya Sen,2002)认为,按照以国民生产总值增长或工业化来定义发展是一种狭隘的观念,政治参与的自由、接受基本教育或医疗保健的机会等实质性自由也是发展的组成部分。在中国式现代化视域中的共同富裕方面,全球贫困问题专家马丁·拉瓦利恩(Martin Ravallion,2010)认为,中国减贫成果巨大,但在时空跨度上并不一致,20世纪80年代早期和90年代中期的减贫成果远远好于80年代后期,沿海地区成果明显好于内地。

3.对已有相关代表性成果及观点的分析评价

从总体上看,已有相关研究成果对本书具有重要的思想启发意义和资料参考价值。国内外学界特别是国内学界关于中国式现代化和共同富裕的研究已经取得较为丰富的成果,研究主题既有对中国式现代化和共同富裕的集中论述,又有结合社会主义、中国共产党、习近平新时代中国特色社会主义思想等主题的理论阐释。在既有研究中,实现全体人民共同富裕的中国式现代化的中国特色与本质要求问题、现实困境与破局路径问题等仍存较大探究空间,需要深入分析为什么实现全体人民共同富裕既是中国式现代化的中国特色,又是本质要求;需要进一步探讨实现全体人民共同富裕与中国式现代化的其他中国特色、本质要求的内在关联;需要深入考察实现全体人民共同富裕的中国式现代化面临的难点、堵点;需要系统研究如何推进全体人民共同富裕进而实现中国式现代化;与以往定性研究相比,定量研究还需要加强。本书将聚焦关键问题,在理论阐释与实证研究相结合的基础上进行深入探索,为相关学术创新做出贡献。

（二）本书基于已有研究的独到学术价值、应用价值和社会意义

本书在已有研究成果基础上，紧扣实现全体人民共同富裕的中国式现代化这一主题进行研究，研究目标和研究内容更加聚焦，研究视角更为明确。

1.学术价值

第一，有助于深化对全体人民共同富裕的中国式现代化的学理研究。本书以"逻辑起点—逻辑展开—逻辑归宿"为理路，从理论依据研究、中国特色研究、本质要求研究、面临困境研究和破局路径研究等视角展开分析，着力建构全体人民共同富裕的中国式现代化研究理论分析框架，推动学界相关研究创新发展。

第二，有助于夯实中国式现代化中国特色和本质要求研究的理论基础。全体人民共同富裕是中国式现代化的中国特色和本质要求。本书对相关既有研究加以挖掘阐释、总结提炼、创新发展，从学理上阐明共同富裕与中国式现代化之间的关系，彰显中国式现代化的价值目标以及全体人民共同富裕在中国式现代化中的突出地位，探索现有问题的解决方式，夯实全体人民共同富裕的中国式现代化相关研究的理论基石。

2.应用价值

第一，凸显全体人民共同富裕之于中国式现代化新道路的重要性，以理论研究指导共同富裕的中国式现代化新实践。实现全体人民共同富裕、十四亿多人口整体迈进现代化的事业是伟大的，艰巨性和复杂性可想而知。本书以马克思主义方法论为指导，立足新时代新实践，对全体人民共同富裕的中国式现代化的现实困境、关键对策进行深入探讨，为突破全体人民共同富裕的中国式现代化多重困局提供具体方案。

第二，呈现全体人民共同富裕的中国式现代化发展样态，为党和政府制

定中国式现代化相关政策提供理论参考。百余年来,中国共产党带领人民在不同的历史阶段朝着具体化的共同富裕目标不断趋近,体现出合规律性与合目的性的辩证统一,积累了许多宝贵经验。当前,在迈向全面建设社会主义现代化国家新征程的关键时刻,本书总结历史发展中的经验教训,观照现实发展中的焦点、难点,形成关于推动共同富裕的中国式现代化研究成果,为党和国家提供决策依据。

3.社会意义

第一,彰显中国式现代化新道路巨大优势,增强人民群众对实现共同富裕的坚定信心。本书通过学理分析,立体彰显推进全体人民共同富裕的中国式现代化的理论依据、历史经验、推进前景,对于新时代凝聚人心、汇聚民力具有重要价值;同时坚持问题导向,对实现全体人民共同富裕的中国式现代化的实际问题和解决路径进行深入研究,对于增进人民福祉、满足人民群众对美好生活的期盼与向往具有重大意义。

第二,提升人民现代化素养,展现大格局、宽视野的大国新形象,推动世界和平、发展、合作、共赢。共同富裕和现代化是人类面临的共同问题,中国在推动共同富裕中取得的重大历史性成就,为全球减贫事业做出了重大贡献,中国式现代化为人类实现现代化提供了中国智慧和中国方案,全体人民共同富裕的中国式现代化进程必将为人类和平与发展的崇高事业做出新的更大的贡献。

(三)本书的核心问题、研究对象和主要内容

党的二十大报告指出,中国式现代化是全体人民共同富裕的现代化,实现全体人民共同富裕是中国式现代化的本质要求。这不仅指明了中国式现代化与实现全体人民共同富裕战略目标之间的关系,更是彰显了中国式现代化的价值目标,以及实现全体人民共同富裕在中国式现代化中的突出地位,这就要求我们必须要在扎实推进共同富裕中,深化对中国式现代化的认识。

1.本书内含的核心问题

本书拟解决的核心问题主要有三个：一是如何理解共同富裕和中国式现代化的关系？二是推动共同富裕的中国式现代化面临哪些困境？三是求索共同富裕的中国式现代化的路径是什么？这三个问题相互联系，成为实现全体人民共同富裕的中国式现代化研究亟待解决的重大理论和现实问题。

2.本书内含的研究对象

本书以全体人民共同富裕的中国式现代化为研究对象，即在全体人民共同富裕的维度上去理解和阐释中国式现代化的理论内涵、中国特色、本质要求和实践路径等。通过对共同富裕在中国式现代化中的地位，以及二者关系、共同富裕所彰显的中国式现代化本质要求、推动共同富裕的中国式现代化面临的困境等问题进行探讨，进一步深化对共同富裕与中国式现代化关系问题的认识，进而在扎实推进全体人民共同富裕中丰富和拓展中国式现代化。

3.本书内含的主要内容

一是共同富裕推进中国式现代化的理论基础研究。该问题主要挖掘马克思恩格斯关于促进共同富裕的现代化理论和中国共产党关于促进共同富裕的现代化理论，并在此基础上建构新发展阶段促进共同富裕的中国式现代化理论，从而为本书的开展奠定理论基础和价值支撑。

二是共同富裕凸显中国式现代化的中国特色研究。实现全体人民共同富裕是理解中国式现代化中国特色的关键所在，深入分析实现全体人民共同富裕的内在逻辑、价值立场、本质要求等内容，从而进一步深化对共同富裕所体现的中国式现代化的中国特色的认识。

三是共同富裕在中国式现代化中的地位及其二者关系的研究。党的二十大报告中指出：中国式现代化是中国共产党领导的社会主义现代化、是人口规模巨大的现代化、是全体人民共同富裕的现代化、是物质文明和精神文明相协调的现代化、是人与自然和谐共生的现代化、是走和平发展道路的现代化[①]，那么实现全体人民共同富裕在其中处于怎样的地位？与其他特色又具有怎样的关系？与中国式现代化具有怎样的关系？这对于我们在促进共同富裕中推进中国式现代化研究十分关键。

四是共同富裕彰显中国式现代化本质要求研究。实现全体人民共同富裕是中国式现代化的本质要求之一，需要深入分析实现全体人民共同富裕的话语、要求、方向、高度等内容，从而进一步深化这一论断的核心要义。

五是促进全体人民共同富裕的中国式现代化评价指标体系研究。本书将全体人民共同富裕的指标体系建立在"富裕"指标及"共同"指标之上，是两种指标的综合。富裕指标主要体现在经济发展水平、产业现代化水平、教育现代化水平、科技创新水平、生态环境保护水平五个方面。共同性指标包括财富占有、个体发展、阶层分化、代际遗产、公共产品供给、社会流动等方面的指标，每一方面内部又包括不同的具体指标。由此，富裕指标体系与共同性指标体系的结合共同构成了促进全体人民共同富裕的评价指标体系。

六是推动共同富裕的中国式现代化的困境研究。以共同富裕推进中国式现代化面临着诸多困境。以共同富裕的评价指标为依据，深入分析中国式现代化的国情困境、发展困境、改革困境、创新困境、风险困境等内容，为我们求索共同富裕的中国式现代化路径提供了问题导向和动力。

七是求索共同富裕的中国式现代化的路径研究。在减贫和增进人民幸福感、获得感的目标下，如何实现脱贫致富，进而实现中国之治；如何助力解决全球性贫困问题，进而完善全球治理；同时，如何切实增进国际社会对中国道路、中国式现代化的认知，彰显中国道路、中国方案的独特魅力，进而更好推动这一方案走向世界并为国际社会提供参照。那么求索科学有效地促

---

① 习近平：《高举中国特色社会主义伟大旗帜 为全面建设社会主义现代化国家而团结奋斗——在中国共产党第二十次全国代表大会上报告》，人民出版社，2022年，第22页。

进共同富裕的中国式现代化的路径是本书研究的关键。

二、新时代新征程实现全体人民共同富裕的内涵

共同富裕是社会主义的本质要求,是百余年来中国共产党为之不懈努力的奋斗目标。党的十九届六中全会强调:"推动人的全面发展、全体人民共同富裕取得更为明显的实质性进展。"[①]新时代呼唤新理念,新理念需要我们对旧命题作出全新的诠释,如何全面而深刻地把握共同富裕的科学内涵成为当前最迫切和亟待回答的重大时代课题。当前,学界关于共同富裕内涵的研究成果大致沿着以下两条路径:部分学者从微观层次和宏观层次、一般层面和特殊层面,以及价值、目标、实践相结合等多维度来解读共同富裕;还有部分学者从基本要素构成出发阐述共同富裕。在笔者看来,还可以依据习近平对"共享发展理念"的界定,即全民性、全面性、共建性和渐进性来深刻把握共同富裕的本质内涵。其中,全民富裕集中凸显了共同富裕的价值指向,全面富裕深刻阐释了共同富裕的具体要求,共建富裕明确表达了共同富裕的实现手段,渐进富裕清晰展现了共同富裕的现实演进,四者相互联系、相互支撑、不可分割,统一于共同富裕的伟大进程之中。

(一)共同富裕是个人利益与群体利益相统一的全民富裕

利益直接涉及广大人民群众并且是全体人民最关心的根本问题所在。正如马克思所言:"人们为之奋斗的一切,都同他们的利益有关。"[②]这意味着共同富裕制度的设计和安排应当考虑到所有的利益相关者,并非是牺牲一

---

① 《中共中央关于党的百年奋斗重大成就和历史经验的决议》,人民出版社,2021年,第24页。
② 《马克思恩格斯全集》(第一卷),人民出版社,1995年,第187页。

些人的利益,而是在调和个人利益和群体利益之间矛盾的基础上尽最大可能保障社会上每一个人的一切合理利益及正当需要,让更多的普通个体有更多的获得感和公平感。因此,从本质上来看,作为我国长期奋斗目标的共同富裕应当与中国广大人民群众的根本利益具有高度的内在契合性。基于此,共同富裕必须代表全体人民群众的共同利益,必须回应全体人民群众的普遍关切。它不是属于少数人的富裕,而是建立在普遍利益基础上的并且属于全体人民群众的富裕。

1.全民富裕的根本立场:坚持以人民为中心

对一个政党来说,立场问题决定了其行动的方向和优先序,更决定了其性质宗旨、价值追求和奋斗目标。人民立场是中国共产党的根本政治立场。党的百余年历史,就是一部中国共产党人领导和团结中国人民为追求共同富裕而不懈奋斗的历史。作为马克思主义执政党,从其成立之初,中国共产党人就将为中国人民谋利益、为中国人民谋幸福的初心使命牢牢地写在了自己的旗帜上,并且在革命、建设、改革的不同历史时期和关键阶段都始终紧紧依靠于人民群众,共克艰难险阻,在实践中不断地推动着历史向前变革。

在新民主主义革命时期,中国共产党人就深刻认识到了要真正赢得人民群众真心实意的信任和支持,就得必须解决人民群众长期以来的贫穷问题,就得必须推翻"三座大山"。为此中国共产党以人民群众最为关心的土地问题为切入口展开了革命运动,消灭经济剥削和政治压迫,为实现全体人民共同富裕打下了坚实的基础。在社会主义革命和建设时期,新中国的成立和社会主义制度的确立为将共同富裕理想付诸实践作了政治上的准备,奠定了制度前提。1953年党首次提出"共同富裕"的概念并明确指出要"使农民能够逐步完全摆脱贫困的状况而取得共同富裕和普遍繁荣的生活"[①]。

---

① 中共中央文献研究室编:《建国以来重要文献选编》(第七册),中央文献出版社,1993年,第86页。

在改革开放新时期,中国共产党人深刻认识到共同富裕与社会主义的本质之间的关系,提出了"贫穷不是社会主义,社会主义要消灭贫穷"①。社会主义的本质包含共同富裕,为此中国共产党团结领导广大人民群众解放生产力和发展生产力,积极探索社会主义现代化和实现共同富裕的实践路径。进入新时代以来,以习近平同志为核心的党中央更是进一步表明党的路线、方针、政策都要紧紧围绕"人民",并将这一基本理念贯彻于建设中国特色社会主义伟大事业的实践历程中,向着实现共同富裕迈出坚实步伐。

从党的百余年奋斗历程来看,中国共产党一直与中国人民患难与共,携手并进,形成了一个亲密无间、紧密相连、休戚相关的利益共同体。追求全体中国人民的共同富裕不仅深刻反映了中国共产党人对广大人民群众庄严承诺的初心与使命,还充分体现了当代中国特色社会主义理论体系的价值追求。

2.全民富裕的评判标准:成果是否由全体人民所共享

中国社会自古以来就有"不患寡而患不均"的观念,任何人都不应以特权将自身利益凌驾于他者利益之上。公平正义是保障国家持续稳定健康发展的价值前提,也是中国共产党在经济发展过程中一直追求的价值原则。习近平指出:"时代是出卷人,我们是答卷人,人民是阅卷人。"②全体人民是否满意、全体人民是否得到了真正的实惠、全体人民的生活水平是否获得了实实在在的提高、全体人民是否成为利益的最大享受者和发展成果的最大享有者,是对党和国家一切工作得失进行评判的第一标准,也是评价共同富裕这项造福民生的伟业最终贯彻落实的情况如何以及程度如何的根本标准。

全体人民共同享有的富裕,不是某一部分人的富裕,不是某个地区的富

---

① 《邓小平文选》(第三卷),人民出版社,1993年,第116页。
② 中共中央宣传部、中央广播电视总台编:《"平"语近人:习近平总书记用典》,人民出版社,2019年,第19页。

裕，也不是某些利益集团的富裕，而是所有群体都能一视同仁享受发展成果的全民富裕。所谓一视同仁享受发展成果是指：人民群众作为共享发展的主体，不论其种族、性别、信仰、地域、职业、阶层等自身因素，都能够真正享受生产力发展所创造的财富，真正地实现"共同富裕路上，一个也不能掉队"[①]。其中，弱势群体和贫困地区的脱贫问题是全民富裕能否实现的关键短板，对全民富裕最终实现程度有着限制作用。社会主义现代化建设和脱贫攻坚的不断推进历史性地解决了我国长期以来存在的绝对贫困问题，但仍然面临着相对贫困的挑战。因此，全民富裕应当重点关注弱势群体和贫困地区人民对发展成果的享有情况，保护社会中具体的现实的人的权利，努力把"蛋糕"分好，实现全体人民共享发展成果的目标。

实现发展成果由全体人民共同享有的富裕，是承认合理的差距，具有非同步性和非同等性的全民富裕。习近平强调："不是所有人都同时富裕，也不是所有地区同时达到一个富裕水准……不可能齐头并进。"[②]平均主义要求共享发展成果的"平均"，既违反了共同富裕的原则，又有悖于共享发展的理念，还挫伤了相当一大部分个体劳动者的积极性。过去在计划经济条件下，由于受到长期的"等贵贱、均贫富"思想影响，以及社会发展经验不足，我国对共同富裕的认识忽视了经济发展的客观规律，因而给我国带来的结果不是共同富裕而是共同贫穷。事实上，我们应该承认：一方面，由于自然禀赋、主观努力、外部环境等差异引起的收入差别是既定存在的事实；另一方面，从生产力发展水平来看，我国仍未达到共产主义社会的生产力的标准，不具备平均分配的客观条件。承认共同富裕的差别性能在一定程度上激发人民群众的进取心和创造力，从而为实现更高层次的全民富裕提供源源不断的动力。

---

① 《习近平谈治国理政》（第三卷），外文出版社，2020年，第66页。
② 习近平：《扎实推动共同富裕》，《求是》，2021年第20期。

3.全民富裕的核心任务:建构利益共同体

马克思恩格斯在构想和设计未来社会时就将共同富裕作为了共产主义社会的重要特征,并且在《共产党宣言》中指出:"无产阶级的运动是绝大多数人的,为绝大多数人谋利益的独立的运动。"[1]他们认为,无产阶级的运动通过逐渐消除两极分化、消灭剥削制度来维护绝大多数人的根本利益,通过逐渐解放和发展社会生产力进入社会财富极大丰富的共产主义阶段,逐步实现建立在共同利益基础之上的全民性共享社会。而作为马克思主义先进政党,中国共产党"没有任何自己特殊的利益,从来不代表任何利益集团、任何权势团体、任何特权阶层的利益"[2]。它称得上是一个代表人民整体利益的政治力量,能够肩负并完成建构利益共同体的核心任务。

这一艰巨任务要求党中央的重大战略部署应当优先考虑到共同富裕的奋斗目标如何能够更加深入地被广大民众所普遍认同,并坚决维护且为之呕心沥血的问题,这要求必须将中国民众的普遍利益关切纳入共同富裕的制度设计时所需要遵循的原则中。如果作为社会有机组成部分的个体,每一个人都忽视集体利益而片面地追逐局部利益最大化,那么个体利益之间相互对抗性的出现,并不能保证社会整体利益最大化。因此,有效调节和处理个人与集体的关系,能够使得不同利益行为主体在追求其个人利益的同时还能够与集体利益诉求不谋而合,从而将分散的个体力量拧成一股绳,形成一个共同发力的集体力量,实现总体最优的效果。这就意味着:"一项制度能够取得合法性并顺利推行,至少要兼容所有政策调节主体的利益,最好能够实现多方共赢。"[3]全民富裕的基础是共同发力,通过体制机制和政策体系的改革,兼顾先富群体、后富群体和全社会的共同利益,以此建构一个广泛的利益共同体。这不仅可以充分调动各种发展要素使其与社会主义现代

---

① 《马克思恩格斯选集》(第一卷),人民出版社,2012年,第411页。

② 《习近平著作选读》(第二卷),人民出版社,2023年,第482页。

③ 郁建兴、任杰:《共同富裕的理论内涵与政策议程》,《政治学研究》,2021年第3期。

化建设的奋斗目标相匹配,而且还能够充分发挥各发展主体在朝着共同富裕目标迈进中的动力作用。

(二)共同富裕是物质富裕与精神富裕相统一的全面富裕

共同富裕从本义上来讲包括两个关键词:"共同"和"富裕"。"共同"回答了我们所追求的富裕属于谁的问题,即共同富裕是涵盖全体人民的全民富裕;"富裕"回答了我们所追求的富裕达到哪种水平的问题,即我们所追求的富裕不是单一的、低水平的富裕,也不仅仅是物质上的富裕,它还涵盖了经济、政治、文化、社会、生态文明等多个领域,全面反映人民群众美好生活需要的总和,是物质富裕与精神富裕相统一的全面富裕。

1.全面富裕的首要目标:满足人民全方位的需要

进入新时代,党的十九大报告作出了"我国社会主要矛盾已经转化为人民日益增长的美好生活需要和不平衡不充分的发展之间的矛盾"[①]的重要论断。这从根本上反映了在新时代由于我国发展的实际情况转变引起共同富裕发展条件也随之发生了重要变化。能不能扫清社会主要矛盾,有效解决的各种障碍成为共同富裕目标能否实现的关键所在。一方面,社会矛盾更突出"不平衡和不充分"。社会矛盾尤其是区域之间、城乡之间、行业之间、人民群众物质生活和精神生活之间、人与自然之间不平衡和不充分等一系列问题,严重制约了将全体人民共同富裕的价值理想通过中国探索的实践议程转化为客观现实。另一方面,新时代人民日益增长的美好生活需要具有多方面性、深层次性。生活在现实世界中的人民群众有着多样且广泛的需求,除了追求丰富的物质生活需要外,还有丰富多彩的精神文化需要和对于民主、法治、公平、安全的政治需要,以及良好的生态环境的社会需要,并且从人的本质规定来看,人的精神文化需要是人有意识的生命活动与动物

---

① 习近平:《决胜全面建成小康社会 夺取新时代中国特色社会主义伟大胜利——在中国共产党第十九次全国代表大会上的报告》,人民出版社,2017年,第11页。

本能活动相区别的显著标志。

就此,习近平指出:"适应我国社会主要矛盾的变化,更好满足人民日益增长的美好生活需要,必须把促进全体人民共同富裕作为为人民谋幸福的着力点。"[1]这意味着在新的时代要求下,共同富裕更加着眼于人民日益增长的美好生活需求,着力破除区域、城乡、行业、人与自然之间存在着的藩篱,积极探索具有平衡性、包容性、全面性、协调性的动态发展的有效路径,为实现人人物质富足、精神富有提供发展动能和物质基础。

2.全面富裕的总体要求:促进社会全方位发展

马克思主义系统观认为,系统是一个由不同要素以一定的联合方式而构成的具有特定功能的相互联系的有机整体。将马克思主义系统观运用于新时代中国共同富裕伟大实践中,就必须坚持全国一盘棋的大局观、整体观和长远观,以总体性战略为指导思想促进全面富裕,既急不得又慢不得,防止眉毛胡子一把抓。坚持并形成"五位一体"总体布局的全方位富裕,是对要怎么实现共同富裕这一时代之问的科学回答,也是人需求的多样性和社会共同体的整体性的本质要求。并且人民群众的需求是对物质、政治、文化、社会、生态等多领域美好生活的总和,人民群众所处的社会是一个由经济、政治、文化、社会以及生态文明等多成分共同组成的相互联系、相互促进、相互渗透、相互制约的有机整体。与此相对应,新时代共同富裕社会的建设作为一个长期而复杂的民生工程,也应该是一个以经济建设为基础推动物质文明、以政治建设为框架推动政治文明、以文化建设为内核推动精神文明、以社会建设为依托推动社会文明、以生态建设为重点推动生态文明,实现"五位一体"协调推进的现代化建设。

全面富裕除了要通过统筹推进经济、政治、文化、社会、生态文明的整体性建设来达到物质富裕、政治民主、文化繁荣、社会和谐、生态文明以外,还

---

① 习近平:《扎实推动共同富裕》,《求是》,2021年第20期。

需要全面性保障人民群众在各方面的合法权益,实现幼有所育、学有所教、劳有所得、病有所医、老有所养、住有所居、弱有所扶,使其享有更多的获得感、安全感,进而实现人的全面发展和社会的全方位发展二者的共赢。

3.全面富裕的终极目标:推动人自由而全面发展

中国式现代化的共同富裕是将"人的发展"置于核心,以人本逻辑为主导来构建全面富裕社会的实施框架。该逻辑是以人的发展为起点,通过自由自觉活动彰显个体的主体性、创造性,达到人的身心发展、需求满足、能力发展三者的有机统一,并在此基础上构建更高层次和更高境界的社会形态,最终通向人的自由而全面发展。从人的发展到社会的发展再回归至人的发展,在此过程中人始终作为发展的出发点和落脚点,并且人的发展程度取决于人所处的社会生产力发展的程度。共同富裕将实现人的自由而全面发展作为其价值取向和目标取向,实现共同富裕归根结底是为了人能够成为人。正是如此,我们所要建立的共同富裕的社会,不仅要求实现人能够自由而全面发展,而且要求经济、政治、文化、社会和生态文明等构成社会有机体的各要素能够协调推进与全面发展。

中国式现代化的共同富裕追求的人的自由而全面的发展必须满足以下两个条件,即满足人的全面发展的多重需求和创造人的自由发展的空间。一方面,人的需要具有丰富性,人民对物质层面的需要、对精神文化的需要以及对美好生活的需要,都是为了满足人自身的全面发展,即"人以一种全面的方式,就是说,作为一个完整的人,占有自己的全面的本质"[①]。正因如此,党和国家把满足人民群众多样化、多层次的美好生活需求视为我国社会经济发展的首要任务。另一方面,人的自主发展依赖于丰富的社会交往、社会实践为其创造可能性和优质的平台及空间。在这个意义上,全面富裕社会以充分发展、高度发达、自由流动的特征给所有的人提供真正且充分的自

---

① 《马克思恩格斯文集》(第一卷),人民出版社,2009年,第189页。

由发展,保障了个体创造性能够得以自由自主发挥,使得人人都能内心丰盈、精神充沛、诗意地栖居于天地之间。

(三)共同富裕是共创共富和共享共富相统一的共建富裕

历史和实践经验表明,从天而降的幸福是不存在的,自动成真的梦想是不可能的。共建富裕强调全体中国人民为创造更加美好的生活不断贡献自己的力量,共同创造、共同努力、共同尽力、共同承担、共同享受,而非一味享受而不付出,只顾坐享其成。共建的过程既体现了发展过程与发展结果的统一,又体现了权利与义务相统一。因此,共同富裕不是由一些人来创造财富、另一些人来分享财富,而是需要依靠将全体中华儿女团结起来并且为之不懈奋斗,是共创与共享统一的共建富裕。

1.共建富裕的主要对象:物质财富

共同富裕是物质和精神双重富裕,但是当下共建富裕的主要对象还是物质财富。在共同富裕的逻辑框架内涉及"做大蛋糕"和"分好蛋糕"两个核心内容。"做大蛋糕"要求不断积累物质财富和提高生产力,"分好蛋糕"要求将共同富裕的发展成果为全体人民广泛共享,其中"做大蛋糕"是"分好蛋糕"的基础。把"蛋糕"做大,就是从根本上通过经济总量的增长来提高人均可支配收入和改善人民的生活水平。如果没有发达的生产力和一定的经济基础作为支撑,那么共同富裕的实现只能是空中楼阁,"分好蛋糕"更是无从谈及。马克思恩格斯在《德意志意识形态》中指出,物质生活资料的生产"是一切历史的基本条件"[①]。改革开放四十多年以来,我国通过大力发展国民经济、持续积累社会财富来努力提高低收入者的收入水平和缩小贫富差距,为共同富裕社会的建设创造了更加有利的环境和条件。然而对于当下的中国而言,纵使我们已经实现了全面小康,但我国依旧是最大的发展中国家,

---

① 《马克思恩格斯文集》(第一卷),人民出版社,2009年,第531页。

并且就人均而论,我国和发达经济体仍存在一定的差距。因此在未来,我们仍然要坚定不移推进生产力的发展,聚精会神搞建设,把"蛋糕"继续做大做好,在共建共享的过程中扎实推进共同富裕。

推进共建富裕的进程就是将高质量发展作为核心使命,要求党和国家紧紧团结和依靠广大人民群众,使每一个社会成员都能够全身心投入社会主义现代化事业的建设之中,依靠共同奋斗将国民收入这块"蛋糕"做大做好。在继续强化"做蛋糕"的基础上更加重视提高均值和缩小方差,在"分好蛋糕"的同时凝聚社会共识和强化群体力量,齐心协力推进经济的持续健康发展。

2.共建富裕的创造主体:人民群众

人民群众是共建富裕的创造主体,它回答了促进共同富裕应当依靠谁这个重大问题。共建富裕要求将共同建设和共同享有有机地结合,将人民群众视为共建富裕的创造主体,必须紧紧依靠全体人民共同团结奋斗来创造更加美好、更加幸福的生活。西方资本主义国家为了维护资本主义体系运转而实行高水平的福利制度和政策。高水平的福利体系下的过度福利化使人的物质生活富裕,然而精神生活却相当匮乏,长此以往人失去了进取心和创造力,导致了西方福利国家"养懒汉"的现象频发,走入了欲共富不得反而精神堕落的陷阱,这说明仅仅依靠实行救济和转移支付的福利政策是行不通的,不具有可持续性。而中国共产党领导的是一个具有劳动伦理的社会主义国家,工人阶级和广大的劳动群众是国家的主人。全体人民要通过辛勤劳动来创造社会财富和促进社会全面的进步,只有尽了自己劳动的义务,才能共享社会发展的成果。除此以外,发挥人民群众的团结奋斗、贡献奉献在促进共同富裕中的重要作用,能够在一定程度上有效扩大中等收入群体的比重和提升整体收入水平形成合理的橄榄型社会分配结构。

但是如何激励全体人民为实现共同奋斗目标而焕发劳动创造力,迸发热情,形成人人创造、人人奋斗、人人享有、人人共赢的新局面,仍然是中心工作和主要任务。过去我们解决绝对贫困的过程中,就已经认识到扶贫不能真脱贫,只有"扶智"和"扶志"才能助脱贫;今天解决相对贫困问题更是如此。中国式现代化的共同富裕不能仅仅只简单依靠分配财富,而是要鼓励人民群众通过勤劳创新致富之路从而获得可持续性发展的能力与机会。就此,习近平指出:"畅通向上流动通道,给更多人创造致富机会,形成人人参与的发展环境,避免'内卷'、'躺平'。"①无论是个人幸福还是社会发展都要依靠自己的奋斗,以更加积极主动的精神状态努力劳动,创造更加美好的明天,而二次分配、三次分配是起到为人民免除后顾之忧的辅助补充作用。

(四)共同富裕的动态发展与终级目标相统一的渐进富裕

历史事实表明:从古至今,一切伟大成就都是接续奋斗的结果,一切伟大事业都在继往开来地推进。共同富裕不仅是一个历史性和长期性的目标,还是一个复杂和艰巨的进程,是动态发展与最终目标的辩证统一。习近平总书记强调:"我们要实现14亿人共同富裕,必须脚踏实地、久久为功。"②因此,就共同富裕的推进进程而言,要立足我国基本国情和经济发展的实际情况进行系统谋划和全面部署,一切从实际出发,在动态发展中循序渐进实现。

1.渐进富裕的理论基础:社会基本矛盾运动规律

马克思主义政治经济学理论指出:生产力与生产关系的矛盾、经济基础与上层建筑的矛盾构成人类社会的基本矛盾,其中生产力与生产关系的矛盾是最根本的。与资本主义所追逐的富裕不同的是:从生产力层面来看,共同富裕积极扬弃"资产阶级领导下造成的生产力"③以此来确立以所有人的富裕为目的生产;从生产关系层面来看,共同富裕要求生产资料由社会共同

---

①　习近平:《扎实推动共同富裕》,《求是》,2021年第20期。
②　习近平:《扎实推动共同富裕》,《求是》,2021年第20期。
③　《马克思恩格斯文集》(第九卷),人民出版社,2009年,第284页。

占有,因而它是能够兼顾绝大部分人利益的生产关系。生产力与生产关系的矛盾运动规律揭示了资本主义社会是无法将共同富裕由理想变为现实,从而也肯定了社会主义的共同富裕具有历史必然性。当下,在发挥生产关系功能以促进生产力发展的同时,又使全体人民能够共享我国社会经济发展的成果,在"做大蛋糕"的同时又要"分好蛋糕"是建设共同富裕社会实践中面临的重要难题。这要求在进行社会主义建设过程中应当同社会主义初级阶段这一历史时期的生产力发展状况相适应,并且随着生产力发展不断地思考和创新与生产力水平相适应的阶段性的制度改革和政策安排,不能做超越当前生产力水平的事情,这样才能在中国特色社会主义共同富裕道路上更加扎实稳当地前进。

渐进富裕是中国改革的"过程哲学",体现了对社会基本矛盾运动的客观规律的尊重。生产力发展是一个漫长、渐进的过程,生产关系和上层建筑将随之通过不断调整来适应生产力的变化和发展也是一个漫长、渐进的过程,这意味着建设共同富裕社会急不得,必须要分阶段、分步骤、稳步推进。在循序渐进的动态发展中促进共同富裕是对社会发展规律的深刻认识和对共同富裕实现过程的客观把握与积极面对。

2.渐进富裕的现实基点:我国正处于并将长期处于社会主义初级阶段

我国正处于并将长期处于社会主义初级阶段的现实国情,决定了共同富裕社会的建设必将经历一个由量变到质变、长期而复杂的历史过程。我国幅员广阔、人口众多,经过四十多年的改革开放,我国人民群众的生活水平从整体上显著提高。但从经济发展水平来看,我国社会经济发展不平衡不充分,社会贫富差距存在等这一系列问题亟待解决,让广大人民群众能够共享政治、文化、社会、生态文明建设等各方面发展成果,以及实现更加科学和合理发展的任务依然艰巨繁重,要完全完成非一时之功。对于当下的中国而言,破解发展的难题就必须立足我国社会发展的客观性和现实性,清醒地认识到目前与未来共同富裕的各项目标仍存在一定的差距,实事求是推进共同富裕。

在不同社会发展阶段的具体情况不一样,受到的社会历史条件的制约也不一样。因此,既不能急于求成又不能无所作为,一旦时机成熟,就应当果断把握时机,积小胜为大胜,促成质变,渐进、稳妥地朝着共同奋斗目标前进。目前,中央提出了两个阶段性目标,即到2035年,全体人民共同富裕取得更为明显的实质性进展;到21世纪中叶,全体人民共同富裕基本实现。这体现了发展目标长远性与发展过程阶段性的统一,将理想与现实结合起来,将社会发展的客观条件、现实要求与主体能动结合起来,从而走出了一条具有中国特色的共同富裕现代化道路。

3.渐进富裕的基本原则:尽力而为,量力而行

共同富裕是一个关系我国经济社会发展的重大课题,同时也是一项关系我国民生的系统性工程。习近平在中央财经委员会第十次会议上强调,促进共同富裕,须把握尽力而为、量力而行的原则。尽力而为是一种攻坚克难的积极态度,考验的是共产党人不惧万难、不畏强敌、顽强拼搏、坚忍不拔的意志品质。今天,在追求共同富裕和追逐中国梦的道路上,中国共产党人必须领导和团结全体中国人民拿出更大的力度、更实的举措来有效抵御重大风险、应对重大挑战、克服重大困难、解决重大矛盾,踔厉奋发并有所作为。量力而行是一种实事求是的科学精神,考验的是中国共产党人坚持实事求是、求真务实的工作作风。这就要求在推进共同富裕过程中要与经济社会发展水平相适应,必须立足社会主义初级阶段的基本国情、纵观全局和理性分析、绝不超越阶段和好高骛远、绝不脱离现实基础与客观条件、逐步且可持续地推动共同富裕取得实质进展。

我国改革开放以来的实践经验表明:量力而行和尽力而为二者如鸟之两翼,缺一不可。当前,我国全面建设社会主义现代化国家新征程的开启,既需要在尽力而为中科学判断客观实际,又需要在量力而行中满怀气魄和干劲。打好攻坚战和打赢持久战必须在有限的基础上更加尽心,这样才能逐步实现共同富裕,为广大人民群众谋一份实实在在的幸福,久久为功,行稳致远。

迈入新时代,准确把握共同富裕的丰富内涵是推进共同富裕建设的前提和基础。共同富裕是全民富裕、全面富裕、共建富裕和渐进富裕的统一,回答了"谁富裕""何种富裕""如何富裕"和"如何推进"的核心议题,体现了价值逻辑、内容逻辑、实践逻辑和历史逻辑四者的有机统一。这对于今天更好把握社会主义初级阶段的国情,客观地分析中国特色社会主义共同富裕的现实难题、实现条件和目标定位,坚定对共产主义的伟大理想和中国特色社会主义的共同理想具有重大意义。

三、实现全体人民共同富裕是新时代新征程的本质要求

第一个百年奋斗目标的成功实现,意味着中国特色社会主义现代化道路的推进进入了一个新阶段,中国特色社会主义伟大事业的也踏上了新征程。而共同富裕作为与资本主义国家现代化完全不同的一个本质特征,在接续推进实现富强、民主、文明、和谐、美丽的社会主义现代化强国建设的第二个百年奋斗目标中具有举足轻重的位置。第一个百年奋斗目标着重解决的是落后的社会生产无法满足中国人民日益增长的物质文化需要的问题,即绝对贫困的问题,它要求全体人民的生活水平要达到基本小康的状态。而第二个百年奋斗目标则着重解决的是不平衡不充分的发展无法更好满足中国人民日益增长的美好生活需要的问题,即高质量生存和高水平生活的问题,它要求全体人民的生活水平要达到共同富裕的状态。第二个百年奋斗目标是在第一个百年奋斗目标实现的基础上才得以展开的,没有第一个百年奋斗目标的首先实现,就不会有第二个百年奋斗目标的最终实现,实现

全体人民的共同富裕是以全面建成小康社会为根本前提的。可以看出,中国接续推进共同富裕之路,不是心血来潮之举,也不是应时权变之策,而是中国特色社会主义现代化强国建设的核心内容和本质特征,是推进中国特色社会主义现代化道路持续稳定前进的必然之势。这一必然之势肇自于中国共产党成立之时,形成于中国共产党百余年来坚强带领中国人民所开展的丰富的奋斗实践历程之中,深刻表现为主观目标追求和客观实践状况的紧密结合。一句话,共同富裕是致力于彰显中国特色社会主义现代化本质特征客观基础之上的本质要求。

1.共同富裕是实现中华民族伟大复兴的必然选择

实现中华民族伟大复兴,是近代以来所有海内外中华儿女的最大心愿。这一心愿因为近代中国积贫积弱的社会现实而显得更加渴切,因为五千年中华文明的生生不息而显得更加深沉。近代以来所有中国人的社会实践和理论活动无不围绕着最普遍中国人民的这一最大心愿而展开,在各个阶级开出的救国救民方案中,最终历史和人民选择了马克思主义,选择了中国共产党。在马克思主义的指导下和中国共产党的坚强领导下,实现中华民族伟大复兴的历史实践才一步步成功地在中华大地上铺叙开来,并取得了一系列足以彪炳史册的伟大成就。这些伟大成就不仅夯实了实现中华民族伟大复兴的历史根基,同时也有力地促进了实现中华民族伟大复兴的历史进程。自中国特色社会主义进入新时代以来,中国人民要求实现中华民族伟大复兴的梦想更加接近于现实。在中国共产党的坚强领导下,中国不仅成功实现了全面建成小康社会的第一个百年奋斗目标,同时也开启了接续推进实现富强、民主、文明、和谐、美丽的社会主义现代化强国建设的第二个百年奋斗目标。而第二个百年奋斗目标的最终实现,必须首先有赖于实现全体人民的共同富裕。这就需要在中国共产党的坚强领导下扎扎实实推进全体人民共同富裕之路,既要努力化解阶层固化的风险,缩小贫富两极分化,继续大力解放和发展社会生产力,加强各领域科技创新,不断增强经济社会发展的韧性。同时也要致力于不断提升治国理政、为民服务的水平,不断促进国家治理体系的现代化,最大限度激发社会的整体效能感。

可以说,只有不断促进全体人民共同富裕的实现,中国特色社会主义现代化强国建设的目标才能实现,中华民族伟大复兴的最大心愿也才能最终实现。因为共同富裕是中国特色社会主义现代化的最本质特征和最核心要素,在某种意义上讲,推进中国特色社会主义现代化道路就是不断实现全体人民共同富裕之路。没有全体人民共同富裕的实现,就不会有中国特色社会主义现代化强国,更不会有中华民族的伟大复兴。共同富裕作为中国特色社会主义现代化建设的内在规定性,有着与西方资本主义现代化道路全然迥异的独特性,同时也具备与其他群体的现代化道路截然不同的价值性。这种独特性和价值性深刻表现于具有"中国特色"的实践和理论创造中,它不仅生动诠释了中国的持续性改革创新发展是中国特色社会主义道路引领下的改革创新发展,并且也特别彰显了中国特色社会主义共同富裕之路在人类现代化历史进程中的独特价值和优势。

实际上,这样的独特性和价值性从一开始就规定了中国特色社会主义现代化的方向。中国特色社会主义现代化的方向不是别的什么方向,正是推进实现全体中国人民共同富裕的方向。这一方向清晰地显示,从量的规定性上来看,中国特色社会主义的现代化意味着超过了以往所有的现代化实践,它既要重视解决全体中国人民的急难愁盼问题,也要重视接续推进实现全体人民的共同富裕问题。不论是从推进现代化的规模、速度上,还是从推进现代化的程度、广度上,无一不显示出中国特色社会主义现代化建设的超越性。从质的规定性上看,中国特色社会主义的现代化建设是以实现全体人民的共同富裕为本质核心的现代化建设,既包括物质富裕,也包括精神富裕,是重建人的全面发展本质的现代化建设,与资本主义国家的现代化建设有着根本的不同。因此,实现中华民族的伟大复兴必须要持续推进实现全体人民的共同富裕。共同富裕是实现中华民族伟大复兴的必然选择,除此之外,没有第二个选择,因为它的独特性、本质性、价值性只能在这一选择中才能得到彰显。

2.共同富裕是实现人的自由全面发展的必然召唤

人类的未来在哪里,人类如何实现真正的发展进步,这是自人类诞生以来,在每一个社会形态中不以人的意志为转移的客观现实。按照人类社会历史发展的规律,不论是什么人,他或表现出积极的主观意志,或表现出消极的主观意志,在人类向前发展这一根本问题上从来都只是起到促进或阻碍的作用,但并不能操纵落后社会形态向先进社会形态更替转变的历史现实,同时也不能左右人民群众向更先进人格和更全面状态发展的历史进程。人的全面发展,是人的本质力量的重新建立。这种重新建立不是机械主义的建立,而是辩证主义的建立;不是主观世界领域内思维意志的毫无原则的叫嚣,而是既受人类社会历史发展规律制约,同时也受到历史发展趋势影响的客观世界实践现实的伸张,是随着人类更先进社会形态的确立而不断变成现实的历史过程。在这一重要的历史过程中,人需要不断实现掌控自己劳动的能力,需要实现在各个领域中凭着自己本能的兴趣爱好参加某种实践创造的能力。在这样的历史过程中,不仅人的精神财富得到了几何式增长,而且人的物质财富也得到了极大丰富,但首先应该是物质财富的丰富带给人们的安全满足。只有如此,人们创造能力的极大发挥才会有更大更多合理的空间。正如恩格斯《在马克思墓前的讲话》中所道明的那样,马克思发现的人类历史的发展规律揭示了"历来为繁芜丛杂的意识形态所掩盖着的一个简单事实:人们首先必须吃、喝、住、穿,然后才能从事政治、科学、艺术、宗教等等"[①]。这就是为什么在中国特色社会主义现代化建设中,在实现全面建成小康社会以解决人民群众绝对贫困问题的基础上,中国共产党还需要领导中国人民继续推进实现共同富裕重要目标的根本原因所在。中国

---

① 《马克思恩格斯选集》(第三卷),人民出版社,2012年,第1002页。

特色社会主义的现代化建设,不是一个阶段性任务,而是一个系统的长期的历史任务。在中国共产党的领导下,中国人民不仅需要实现中国特色社会主义共同理想,还需要在此基础上推进实现共产主义远大理想。而这一切都需要以实现全体人民的共同富裕为根本前提,没有全体人民的共同富裕,人的自由全面发展的历史现实就不可能最终显现。

无独有偶,中国特色社会主义现代化建设不仅规定了推进实现全体中国人民共同富裕的必然性,同时也引领了推进实现全体中国人民共同富裕的根本方向。中国特色社会主义现代化建设既包含社会主义建设的一般性原则,同时也遵循着面向每个人自由而全面发展的共产主义的根本方向。这一根本方向要求中国特色社会主义的现代化建设需要在推进全体中国人民实现共同富裕的历史过程中,要时刻牢记为人的自由而全面发展的人类未来方向。从这个意义上讲,中国特色社会主义的现代化建设,就不仅仅是中国实现发展和中国人民实现富裕的事情,而是与世界各国的发展和世界人民的进步紧密相连的事情。中国的发展和中国人民的富裕离不开世界各国的发展和世界人民的进步,世界各国的发展和世界人民的进步同样也离不开中国的发展和中国人民的富裕。中国的发展和中国人民的富裕不是世界发展的负担,而是世界人民进步的重要机遇。正如习近平所说:"中国人民圆梦必将给各国创造更多机遇,必将更好促进世界和平与发展。"①人类社会发展的历史规律昭示,人类世界的发展进步在于世界的和平与安宁,在于世界各国的携手合作和世界人民的同呼吸共命运,人类只有从大处着眼,团结一致拧成一股绳才能不断战胜各种困难,共同走向每个人自由而全面发展的人类美好未来。因此,中国特色社会主义现代化建设推进实现全体人民的共同富裕,从人类未来方向上说,这不是一国一域之事,而是关乎全人类福祉和进步事业之事,是实现人的自由而全面发展的必然召唤。

---

① 《习近平谈治国理政》(第二卷),外文出版社,2017年,第525页。

3.共同富裕是中国式现代化新道路发展的必然结果

中国共产党成立一百多年来，虽然时代变幻波诡云谲，各种社会矛盾叠加，但中国共产党自始至终牢记初心和使命，坚强带领中国人民发扬光大伟大建党精神，经受住各种风险挑战，不断战胜各种艰难险阻，在一系列持续不断的具有"中国特色"的理论和实践创造活动中开创了中国式现代化新道路。这条中国式现代化新道路是在中国特色社会主义现代化建设的历史过程中不断成形的，也是在中国特色社会主义现代化建设的历史进程中不断丰富自身内容的。以实现"两个百年奋斗目标"为最重要内容，共同富裕作为中国特色社会主义的本质内涵，以特有的理论实践运行方式贯穿了中国特色社会主义现代化建设的全过程，同时在完成第一个百年奋斗目标的基础上，适时地展现出了其必将成为中国式现代化新道路必然结果的历史趋势。这是因为中国式现代化新道路的开创和持续发展，首先是在中国化马克思主义指导下进行的。在不同的历史阶段，中国共产党不仅将马克思主义的普遍真理与中国的具体实际相结合，同时也与中华优秀传统文化相结合，在复杂的实践过程中不断创造出了能够适时指导"中国特色"的社会实践活动的中国化马克思主义。如毛泽东思想成功指导了中国革命和社会主义初期探索的实践活动，中国特色社会主义理论体系成功指导了不同时期的中国特色社会主义建设实践活动。而习近平新时代中国特色社会主义思想作为21世纪的马克思主义，不断指导着新时代中国特色社会主义建设的实践活动，并在持续推进中华民族伟大复兴的历史进程中，必将继续成功指导中国特色社会主义现代化建设的各项实践活动。可以说，不断中国化的马克思主义作为科学的"中国特色"的社会主义，有其必然的理论逻辑，这就是它一直以来一以贯之地遵循着人类社会历史发展的规律，在始终坚持唯物史观方法论的大前提下，成功指导着中国特色社会主义现代化建设事业不断向前迈进。也就是说，"科学社会主义理论逻辑遵循社会发展的规律，中国社会发展逻辑就是中国社会发展规律"①。在全面建成小康社会的前提下,推进实现全体人民的共同富裕就是中国社会发展的逻辑,也就是中国式现代化新道路持续推进需要遵循的中国社会发展规律。

同时,中国式现代化新道路是在全心全意为人民服务的根本宗旨下成功开创的,极其突出人民的至上性,强调时时刻刻尊重人民群众的历史主体地位。这就要求中国共产党必须在不同历史时期要不断解决人民群众的各种历史需求,满足人民群众的各种历史意愿。在新民主主义革命时期,中国人民的最大历史需求和历史意愿是推翻封建主义的压迫、帝国主义的侵略、官僚资本主义的剥削,以实现中华民族的独立、国家的解放、人民的幸福,建立一个全新的人民当家作主的、站起来了的新中国。在社会主义革命和建设时期,以及改革开放和社会主义现代化建设新时期,中国人民的最大历史需求和历史意愿是不断获得丰富的物质文化,大力改善生活的质量,将国家建设成为一个使人民不断富起来的新中国。自中国特色社会主义的发展进入新时代以来,中国人民的最大历史需求和历史意愿是不断实现高质量生存和高品质生活,将国家建设成为一个使人民不断强起来的社会主义现代化强国。不断推进实现全体人民的共同富裕,不仅是站起来的和富起来的新中国实践建设活动的题中应有之义,更是强起来的新中国实践建设活动的题中应有之义。在今后的中国特色社会主义现代化建设征程中,推进实现全体人民的共同富裕必将处于愈加显现的位置,因为以人民性为重要特征的中国式现代化新道路是为满足人民利益而形成的道路,共同富裕在中国特色社会主义现代化强国建设中具有重要地位,是人民群众的新期盼和根本利益所在。

中国特色社会主义的现代化建设是世界社会主义发展的重要组成部分,其历史过程是人类文明新形态能够实质性彰显的重要历史发展阶段。

---

① 颜晓峰:《重大时代课题与科学理论体系》,中国人民大学出版社,2019年,第35页。

在这一重要历史发展过程当中,推进全体人民的共同富裕,是其必然的重大历史任务。它不仅符合世界社会主义向更加完善和纵深发展的时代趋势,而且也符合人类文明新形态本质内核的发展要求。虽然人类社会发展进步的历史轨迹复杂多变,但是人类历史发展的规律是清晰可循的,人类历史发展的趋势是趋于进步的,这就是人在不断地试图实现自己本质力量的重新回归,以找回在之前的各个社会形态过程中被异化了的主体能力,同时也在不断地试图实现人对人、社会、自然等相互间关系的重新平衡,以最终实现人从"必然王国"向"自由王国"的飞跃。可以说,这一飞跃的最终实现正是"使世界范围内社会主义和资本主义两种意识形态、两种社会制度的历史演进及其较量发生了有利于社会主义的重大转变"①现实不断持续这一历史趋势的必然结果。这种回归和平衡,毋庸置疑首先在于人们对包括物质财富在内的各种财富的自由占有和分配需求。因此,从人类文明新形态不断彰显的未来趋势看,从中国特色社会主义现代化建设不断深入的历史进程来看,实现全体人民的共同富裕是价值目标引领下的中国式现代化新道路发展的必然结果。

---

① 《中共中央关于党的百年奋斗重大成就和历史经验的决议》,人民出版社,2021年,第63~64页。

第二章

马克思主义现代化视域下共同富裕理论探讨

共同富裕既是马克思恩格斯毕生追求目标的题中之义,也是马克思主义政党孜孜不倦的追求。马克思恩格斯虽未明确提出共同富裕的概念,但二人关于对资本主义私有制下剥削压迫、两极分化的批判,关于未来共产主义社会物质财富的充分涌流、精神境界的极大提高以及人们闲暇时间的增多等相关论述,无不闪耀着共同富裕思想的光辉。这不仅为我们在当代扎实推进共同富裕提供了坚实的理论基础,也为我们在中国式现代化中扎实推进共同富裕提供了价值导引。

一、马克思主义现代化视域下对资本主义社会两极分化的批判

在马克思恩格斯的文本中并没有明确使用过"现代化"这一概念,更没有对资本主义现代化和社会主义现代化作明确界分。但在其经典著作当中常出现"现代工业""现代农业""现代资本家阶级""现代无产阶级""现代国家政权""现代生产"等名词。马克思恩格斯把资本主义生产方式兴起以来

的社会形态称为"现代社会"。社会主义现代化实践还没有出现在他们的视域中。因此,在马克思恩格斯的语境下,"现代化"更多同资本主义社会相联系,对于资本主义现代化进程中两极分化的批判构成了其现代化思想的主要维度。

(一)现代工业:机器大生产使工人普遍"异化"

在《1844年经济学哲学手稿》中,马克思通过"异化劳动"这一概念展开对现代大工业生产中的贫困问题的探讨,从哲学视角深刻地批判了资本主义现代工业生产条件下工人劳动的"四重异化"。现代大工业将工人附着在工厂里,附着在机器上,附着于资本家的"皮鞭"上。马克思提出,人的本质是"自由自觉"的活动,即劳动,劳动创造了人。然而资本主义现代工业下的工人劳动却恰恰相反,非但不能实现人的本质,反而成为人的一种异己力量,把本该是主体的人当成了被控制的客体。因此,马克思在《1844年经济学哲学手稿》中认为,资本主义大工业生产条件下的"异化劳动"是无产阶级贫困加剧的根本原因,"在社会的增长状态中,工人的毁灭和贫困化是他的劳动的产物和他生产的财富的产物。就是说,贫困从现代劳动本身的本质中产生出来"[1]。只有在对人的自我异化进行了积极的扬弃的共产主义社会当中,无产阶级才有可能从异化的封印中解脱,进而摆脱贫困,向人的本质实现复归,"在以往发展的全部财富的范围内"[2]实现复归。

恩格斯则从实证视角,对于现代大工业生产条件下的工人异化进行揭露和"写照"。其早期著作《英国工人阶级状况》对英国工人的赤贫状态表达得入木三分。一方面,英国工人们居住环境极差,"每一个角落都塞满了人,病人和健康人睡在一间屋子里"[3];工人们只能买到"劣质的、掺假的和难消

---

① 《马克思恩格斯文集》(第一卷),人民出版社,2009年,第124页。
② 《马克思恩格斯文集》(第一卷),人民出版社,2009年,第185页。
③ 《马克思恩格斯文集》(第一卷),人民出版社,2009年,第414页。

化的"①食物,经常处于饥饿或半饥饿状态;工人的衣服是"坏的、破烂的或不结实的"②,很难想象工人们怎样度过寒冷的冬天;肺结核和伤寒等疾病在工人中大为肆虐;能够满足他们社交和娱乐需求的最廉价的方式就是酗酒,这样可以使他们短暂地消解疲惫,忘记痛苦,逃离现实,所以"患着忧郁症,总是愁眉苦脸、郁郁寡欢"③几乎是英国工人的常态;更让人触目惊心的是,贫困问题造成代际传递的恶果,工人给孩子喝廉价烧酒,喂廉价鸦片,导致孩子从小"患上了贻害终身的多种消化器官疾病"④。另一方面,加速的城市化进程和繁荣的工商业使英国成为当时欧洲现代化程度最高的国家。棉纺织业的迅速发展使得"许多工厂城市,就像是用了法术一样,一下子就从地下变出来了"⑤;煤矿铁矿开采业、机器制造业、玻璃陶器制造业的发展使从前的"不毛之地"现在"布满了工厂和住宅"⑥;运河、公路和铁路的开发使英国初步具备现代交通体系。现代无产阶级的赤贫状态同现代工业国家的繁荣形成鲜明对比。从资产阶级富丽堂皇的住宅到阴郁的贫民窟的短途旅程,不亚于一场星际旅程。

(二)资本积累:无产阶级贫困化的逻辑源头

从生产关系(社会运行机制)的视角看,现代化的本质就是资本逻辑取代传统社会相对静态的经济运行逻辑。资本积累是抽象的资本逻辑的表现形式,而资本积累的一般规律从宏观上说明,在资本主义社会中资本的无限增殖与工人作为一个阶级整体无限贫困化之间的逻辑关系。

资本积累一般规律是马克思资本积累理论的核心内容,揭示了资本主

① 《马克思恩格斯文集》(第一卷),人民出版社,2009年,第411页。
② 《马克思恩格斯文集》(第一卷),人民出版社,2009年,第411页。
③ 《马克思恩格斯文集》(第一卷),人民出版社,2009年,第418页。
④ 《马克思恩格斯文集》(第一卷),人民出版社,2009年,第414页。
⑤ 《马克思恩格斯文集》(第一卷),人民出版社,2009年,第395页。
⑥ 《马克思恩格斯文集》(第一卷),人民出版社,2009年,第400页。

义贫富两极分化的内在逻辑。马克思认为，无论资本有机构成变化与否，随着资本积累的增加，社会资本的再生产都会不断再生产出资本关系，即一端是资本家，另一端是雇佣工人；劳动力是作为价值增殖的手段被并入资本的，劳动力的再生产就成为资本本身再生产的一个因素。因此，"资本的积累就是无产阶级的增加"①。另一方面，资本家受剩余价值规律的支配，为了榨取更多的剩余价值，将连续不断地进行积累，进行资本主义扩大再生产。这期间的劳动生产力的提高必然引起资本有机构成的变化。资本有机构成的提高会导致"超过资本增殖的平均需要的，因而是过剩的或追加的工人人口"②的产生，而这些相对过剩的"工人人口"不仅仅是资本积累的附带产品，还对资本进一步积累的维持与扩大具有正向作用，成为资本主义生产方式存在和发展必不可少的条件。综上，资本积累在两个方面起作用，"一方面扩大对劳动的需求，另一方面又通过'游离'工人来扩大工人的供给"③，不仅存在一支等待供资本剥削的庞大的"产业后备军"，而且这支产业后备军的真实存在加重了资本对在职工人的剥削，加剧了工人的失业和贫困。

随着资本积累的持续进行，在一极是财富的积累，在另一极则是贫困、劳动折磨、受奴役、无知、粗野和道德堕落的积累。马克思直言道："社会的财富即执行职能的资本越大，它的增长的规模和能力越大，从而无产阶级的绝对数量和他们的劳动生产力越大，产业后备军也就越大。可供支配的劳动力同资本的膨胀力一样，是由同一些原因发展起来的。因此，产业后备军的相对量和财富的力量一同增长。但是同现役劳动军相比，这种后备军越大，常备的过剩人口也就越多，他们的贫困同他们所受的劳动折磨成反比。最后，工人阶级中贫苦阶层和产业后备军越大，官方认为需要救济的贫民也

① 《马克思恩格斯选集》（第二卷），人民出版社，2012年，第275页。
② 《马克思恩格斯选集》（第二卷），人民出版社，2012年，第284页。
③ 《马克思恩格斯文集》（第五卷），人民出版社，2009年，第737页。

就越多。这就是资本主义积累的绝对的、一般的规律。"①这一规律作用的结果表现为,资本主义的社会财富越增长,工人阶级也就越贫困。

(三)两极分化:资本主义私有制的必然结果

恩格斯指出:"资本主义的生产方式……不但继续不断地重新生产出资本家的资本,而且同时还继续不断地再生产出工人的穷困。"②在资本主义私有制下,无产者的贫穷主要体现在其生产资料的丧失和剩余分配的不公这两个维度。从生产角度看,工人的劳动是创造价值的唯一源泉,资本家得到的剩余价值同对工人的剥削程度正相关。随着资本主义的发展程度越来越高,生产资料越来越集中于资产阶级,无产阶级的生活状况却每况愈下,贫富差距愈加悬殊。从分配角度看,资本主义生产方式是以私有制为基础、以剥削雇佣劳动为主要特征的社会经济制度,这决定了资本主义分配制度同样极不公平。分配给工人的是勉强维持家庭生计的所谓的"工资",而且在劳动力相对过剩的资本主义社会里,这笔"工资"随时可能丧失。而分配给资本家的则是工人所创造出来的剩余价值。在资本与劳动这一对抗矛盾中,劳动处于绝对弱势地位,资产阶级的富裕和无产阶级的贫穷存在于同一个时空。

"工人阶级处境悲惨的原因不应当到这些小的弊病中去寻找,而应当到资本主义制度本身中去寻找。"③在马克思恩格斯看来,私有制是现代社会一切矛盾和罪恶的源头。马克思从对资本主义所有制关系的剖析中,揭示了无产阶级日益贫穷的根本原因,即生产资料资本主义私有。马克思恩格斯共同完成的早期著作《神圣家族》,对生产资料私人占有与无产阶级贫困之间的冲突进行了深入的剖析,这个阶段马克思恩格斯已经深刻认识到,在资

---

① 《马克思恩格斯文集》(第五卷),人民出版社,2009年,第742页。
② 《马克思恩格斯文集》(第三卷),人民出版社,2009年,第86页。
③ 《马克思恩格斯选集》(第一卷),人民出版社,2012年,第67页。

本主义私有制下,工人们逃离不了被无情压榨的命运。无产者失去了人类的本性,沦为机械性的工作机器。因此,马克思认为无产阶级的历史任务就是同残害了被剥削阶级数千年的私有制开战。要想真正地帮助工人阶级摆脱贫穷,唯一的办法就是让生产资料不再被私人所占有。随着社会生产力的发展,资本主义私有制已成为制约社会财富进一步创造发展的最大障碍。资本主义的发展使生产力得到了提升,但私有制度不但没有促进生产力,反而制约了其发展。生产力与私有制之间存在着冲突,只有在取消私有产权的情况下,才能得到缓解。

要实现共同富裕的理想社会就是要用公有制代替私有制。社会生产资料的分配方式不仅体现了生产方式的根本性质,也决定了消费资料的分配方式。要改变资本主义两极分化的状况,就要消灭私有制,通过改变生产关系,形成一种新的适应生力发展的生产关系。这需要无产阶级进行革命,通过"剥夺剥夺者",实行无产阶级专政,建立生产资料公有制,这是实现共同富裕的制度基础。

(四)新路设想:跨越资本主义的"卡夫丁峡谷"

马克思在晚年不再专注于对西方资本主义社会的批判,而是将研究领域转向东方民族,剖析东方社会的社会结构,探索东方社会的革命前途和社会形态的发展,提出俄国可以在保留农村公社的基础上跨越资本主义的"卡夫丁峡谷",直接过渡到共产主义的论断,并阐发了俄国发展新道路的可能性和条件。

在马克思恩格斯看来,俄国跨越"卡夫丁峡谷"的先决条件有三个:一是西欧几个主要资本主义国家自身发生严重的经济危机;二是西欧国家的无产阶级革命取得胜利,建立无产阶级专政国家,并为落后的俄国做出榜样,在物质生产及各方面给予充分支持和帮助;三是俄国的无产阶级革命取得决定性胜利。

马克思根据历史条件变化对俄国前途作出新的研判:"如果俄国继续走它在1861年所开始走的道路,那它将会失去当时历史所能提供给一个民族的最好的机会,而遭受资本主义制度所带来的一切灾难性的波折。"①如果俄国抓住这一"历史窗口期",完全有可能"取得资本主义制度的全部成果,而又可以不经受资本主义制度的苦难"②。

那么马克思所说的"灾难性波折""一切苦难"究竟指的是什么呢? 马克思恩格斯曾对资本主义在不到一百年的时间中创造的巨大生产力表示充分肯定,既然资本主义社会的物质财富远胜以前所有世代,为什么马克思仍然坚称资本主义制度是"苦难""波折"呢? 最根本的原因就是资本主义制度造成了巨大的贫富差距和两极分化。资本主义的巨大生产力不是为满足全体社会成员的需要,而是为了资本家的资本积累和扩大再生产。随着机械化和自动化程度提高,资本的有机构成不断提高,但是贫困的无产阶级的支付能力远低于社会财富的实现水平,造成了生产的相对过剩,进而导致资本主义世界周期性的经济危机,产业工人批量失业,社会集聚大量的绝对贫困人口。在资本主义制度下,无论经济繁荣还是衰退,无产阶级始终不能摆脱贫困。这就是马克思所说的"波折"和"苦难"。

所以马克思主张落后民族跨越资本主义的"卡夫丁峡谷",而无须遭受资本主义制度下的两极分化、工人所遭受被剥削的悲惨命运和贫穷的一切苦难。目前学术界对于马克思的这一设想的科学性争论不断,在这里对于这个问题暂且不论,跨越"卡夫丁峡谷"这一理论本身就包含着落后民族不经过私人资本积累和两极分化,进而实现共同富裕的思想意蕴。这一思想在一定程度上可以说是后来苏联和中国等经济文化落后国家通过建立社会主义制度实现共同富裕的思想滥觞。

---

① 《马克思恩格斯选集》(第三卷),人民出版社,2012年,第728页。
② 《马克思恩格斯选集》(第三卷),人民出版社,2012年,第728页。

二、马克思主义现代化视域下共同富裕理论的基本内涵和要求

生产力的发展是人类社会进步的根本推动力,是解决一切社会矛盾的"总钥匙"。工业化使得资产阶级社会生产力出现质的飞跃,但是资本主义私有制使巨量物质财富为少数人所有。因此,实现工业化和坚持公有制都是共同富裕的条件和基础,坚持按劳分配是公有制经济必然的分配方式。现代化的生产力中性属性决定了社会主义现代化建设必须充分借鉴吸收资本主义现代化的有益成果。但是不能指望通过现代化生产力的提高促使共同富裕事业一蹴而就,共同富裕的实现需要几代人甚至几十代人的接续且坚定努力。最后,同马克思主义的根本价值旨趣相较,共同富裕本身也具有"工具属性",它为人的自由全面发展提供物质上的前提和可能性。

(一)推进工业化是实现共同富裕的基石

工业化是从以农业为主的生产方式向以工业为主的生产方式的转变过程。马克思恩格斯认为,工业化对人类的影响具有双重性,即以生产力的标准来看,工业化具有划时代的进步意义,在资本主义社会"一切生活必需品都将生产得很多",完全有可能"使每一个社会成员都能够完全自由地发展和发挥他的全部力量和才能";[1]而从社会结构和分配结果来看,工业化却造成了无产阶级的普遍贫穷。由于所处的时代限制,马克思恩格斯视野中只有资本主义工业化这一条道路。此外,马克思以独特视角发现了大工业生

---

[1]　《马克思恩格斯选集》(第一卷),人民出版社,2012年,第302页。

产开创的世界历史。工业革命为资本主义工业化大生产奠定了物质基础。工业化的蓬勃发展,使得生产不再是一国之事,而是跨越了国界,生产成为世界性的生产。

俄国十月革命后,列宁领导的布尔什维克在苏俄开启了社会主义工业化的新道路。由于此时的俄国经济文化落后,工业化程度低下,所以必须加快社会主义工业化进程,才能抵御强大的帝国主义列强入侵,才能使新生的社会主义政权得以稳固,才能使俄国的劳苦大众翻身解放、摆脱愚昧贫穷,走上共同富裕的道路。列宁和斯大林在先后领导苏联进行工业化的实践当中,逐渐形成了传统的社会主义工业化思想,并为我国的工业化提供了宝贵经验与教训。第一,重视工业化对社会主义国家建设的作用。列宁曾指出:"没有工业,我们就会灭亡,而不能成为独立国家。"①他还创造性地提出了"共产主义=苏维埃政权+全国电气化"的公式。在他看来,电气化代表当时最先进的生产力,苏联若能够率先将电气化运用到全国,对于社会主义运动和工业化国家的实现具有无比重大的意义。第二,优先发展重工业。在该思想指导下,苏联从一个落后的农业国成为工业强国。但是如此高速度发展的代价便是农、轻、重比例严重失调,农民利益被强行剥夺和严重损害。所以苏联的工业化进程并没有实现工人和农民的共同富裕。

中国共产党吸取了苏联工业化发展的经验和教训,在探索符合中国实际的社会主义工业化道路中形成了具有中国特色的工业化思想。新中国成立后,我国承接了苏联的工业援助,同样奉行优先发展重工业的战略。但是鉴于苏联工业化模式的种种弊端,毛泽东在《论十大关系》中提出了农、轻、重协调发展的思想;1964 年,周恩来在《政府工作报告》中首次提出,把中国建设成为一个具有现代农业、现代工业、现代国防和现代科学技术的社会主义强国,即传统的"四个现代化";改革开放后,我国工业化建设取得傲人成

---

① 《列宁全集》(第四十三卷),人民出版社,1987 年,第 282 页。

就。我国正逐渐从一个落后贫穷的农业国转向一个富强先进的现代化工业国，这离不开前三十年完整的工业体系的建立，也离不开后四十多年的经济社会快速发展。如今，全体人民共同富裕在根本上仍然要依靠高质量发展推动，要在实现新型工业化、信息化、城镇化和农业现代化的过程中推动共同富裕取得更为明显的实质性进展。

（二）坚持公有制是实现共同富裕的制度保障

依照政治经济学原理，在资本主义社会中，生产的社会化程度加深，生产资料占有的社会化就成了客观需要。公有制取代私有制具有双重作用：其一，破除阻碍生产力发展的制度外壳，促进生产力的持续发展；其二，社会成员平等占有生产资料，避免两极分化。这是保障共同富裕、促进社会公平正义的制度基础。

"生产资料由社会占有……不仅可能保证一切社会成员有富足的和一天比一天充裕的物质生活，而且还可能保证他们的体力和智力获得充分的自由的发展和运用。"[①]恩格斯认为，生产资料公有制能够促进社会财富增加，而且能实现使人民拥有日益"充裕的物质生活"的目标；"设想有一个自由人联合体，他们用公共的生产资料进行劳动……这个联合体的总产品是一个社会产品。这个产品的一部分重新用做生产资料。这一部分依旧是社会的。而另一部分则作为生活资料由联合体成员消费"[②]。在这里，马克思将社会总产品分为两大部分：一部分用于满足全体人民的当下需求，另一部分用于满足全体人民的未来需求。

苏联与中国通过革命完成了生产资料公有制变革，并促进了生产力的发展和人民生活条件的提高。列宁、毛泽东和邓小平等经典作家都认为生产资料公有制是社会主义区别于资本主义的显著特征。列宁认为只有实现

[①] 《马克思恩格斯选集》（第三卷），人民出版社，2012年，第670页。
[②] 《马克思恩格斯选集》（第二卷），人民出版社，2012年，第126页。

公有制才能消灭剥削,"要终止资本对劳动的剥削,只有采取一种手段,就是消灭劳动工具的私有制,所有工厂和矿山以及所有大地产等等都归整个社会所有……"①毛泽东十分重视农民的共同富裕,认为土地私有是对小农经济的重复,也容易在农村滋生资本主义,因此"全国大多数农民,为了摆脱贫困,改善生活,为了抵御灾荒,只有联合起来,向社会主义大道前进,才能达到目的"②。邓小平提出:"一个公有制占主体,一个共同富裕,这是我们所必须坚持的社会主义的根本原则。"③

消灭私有制、建立公有制是实现共同富裕的基本原则。但是彻底消灭私有制、建立纯粹公有制不会一蹴而就,是需要量变的积累最终才能达到的质变。恩格斯对于彻底消灭私有制的前提条件和实现方式作出基本规定:"只能逐步改造现今社会,只有创造了所必需的大量生产资料之后,才能废除私有制。"④在遭遇"战时共产主义"危机之后,列宁对公有制的实现形式和时机重新思考,提出"新经济政策"应对危机。面对第二国际机会主义者们的种种非难,列宁反驳道:"从理论上说来,能不能在一定的程度上给小农恢复贸易自由、资本主义自由而不至于因此破坏无产阶级政权的根基呢? 能不能这样做呢? 能够,因为问题在于掌握分寸。"⑤因此,公有制的具体实现形式要兼顾普遍性和特殊性、原则性和灵活性。

公有制实现形式的创新,在我国改革开放事业中可谓体现得淋漓尽致。党的十五大将"公有制为主体,多种所有制经济共同发展"确立为我国社会主义初级阶段的基本经济制度。基本经济制度对于释放经济活力、解决就业问题、增加国家税收、提高人民生活水平等方面具有巨大的促进作用,大大增加了国民财富总量,但也不可避免地造成贫富分化。总体来说,发展非

①　《列宁全集》(第二卷),人民出版社,2013年,第81页。
②　《毛泽东文集》(第六卷),人民出版社,1999年,第429页。
③　《邓小平文选》(第三卷),人民出版社,1993年,第111页。
④　《马克思恩格斯选集》(第一卷),人民出版社,2012年,第304页。
⑤　《列宁全集》(第四十一卷),人民出版社,2017年,第55页。

公有制经济具有历史必然性,我们要支持、引导其健康发展,使其承担社会责任,并在社会主义制度的范围内合理发展,减少不利影响。

(三)实现共同富裕需借鉴资本主义现代化有益成果

生产力本身并不具有阶级属性、制度属性、意识形态属性。在资本主义条件下,由于生产资料掌握在资本家手里,生产力表现为资产阶级剥削工人剩余价值,进行资本积累的工具;而在社会主义条件下,生产资料由全民占有,先进生产力会服务于整个国家的现代化建设,创造出的社会财富也将以满足全体社会成员需要为目的。历史地看,社会主义革命并未在欧洲主要资本主义国家同时爆发,而是爆发于遥远东方——俄国。当时俄国的生产力远低于西方国家,因而根本任务就是借助一切有利条件进行社会主义现代化建设。欠发达国家不能仅靠砸烂资本主义"旧国家机器",还必须取得国外资本主义一切积极成果。列宁、斯大林、毛泽东、邓小平等社会主义国家领导人都积极践行这一思想,为现代化建设和人民生活水平的提高大胆借鉴资本主义有益成果,在不同历史阶段都促进了本国生产力的提高。具体来说,苏联和我国主要领导人的相关思想体现在以下三个方面。

其一,把握有利时机,大胆引进外资和先进技术。20世纪30年代初,在苏联开展大规模经济建设之际,适逢资本主义世界发生严重的经济危机。资本主义国家资金和技术设备大量过剩,急于在传统的市场外寻找出路以摆脱困境,迫切需要打开苏联这一巨大市场。斯大林利用这一有利的国际环境,引进外国先进的技术,吸收外资为己所用。同样,20世纪70年代初,毛泽东和周恩来敏锐地抓住西方国家面临严重生产过剩的时机,出台了"四三方案",成套引进西方先进设备,主要涉及国计民生的轻工业领域,解决吃、穿、用等问题,大大改善了人民生活。改革开放初期,邓小平曾对于开放引进先进成果作过详细、深刻的论述,我国对资本主义国家先进的技术和资金进行了大规模引进,这实际上为中国特色社会主义事业注入了不可或缺的原始动力。

其二,向资本主义国家知识分子学习。先进科学技术的载体是知识分子,所以利用资本主义的优秀成果,直接途径是向先进国家的知识分子学习。列宁认为,俄国无产阶级缺乏必要的知识积累,向资产阶级知识分子学习不是"年幼无知",而是实事求是。认为社会主义应同资本主义一切划清界限的观点完全是"貌似激进实则是不学无术的自负"[①]。邓小平将派遣留学生作为向发达国家学习先进知识的重要途径。改革开放之初,邓小平对扩大派遣留学生的提议给予积极支持,并对于留学生归来建设祖国寄予厚望。他在一次公开讲话中深情地谈道:"所有出国去学习的人,希望他们都回来……他们能够做出贡献,只有回国,起码国内相信他们,在外国真正相信他们是靠不住的。"[②]

其三,借鉴资本主义先进组织管理方式。管理作为生产力系统中的运筹性要素,在与其他基本要素相结合的过程中,对生产效率的提升起着重大推动作用。列宁认为泰罗制虽是资本主义剥削的最新方法,但这种制度对提升生产效率有着不可忽视的作用。他还主张要积极学习托拉斯组织,"只有那些懂得不向托拉斯的组织者学习就不能建立或实施社会主义的人,才配称为共产主义者"[③]。战时共产主义政策实施后,俄国国内面临严重经济、政治危机,列宁果断采取新经济政策,通过租让制和代购代销制等形式渐次过渡到社会主义。我国改革开放初期,邓小平认为城市企业内部改革必须借鉴国外相对高效成熟的管理方式,"引进先进技术设备后,一定要按照国际先进的管理方法、先进的经营方法、先进的定额来管理,也就是按照经济规律管理经济"[④]。

---

① 《列宁全集》(第四十卷),人民出版社,2017年,第355页。
② 《大型电视文献纪录片〈邓小平〉》,中央文献出版社,1997年,第260页。
③ 《列宁全集》(第三十四卷),人民出版社,2017年,第289页。
④ 《邓小平文选》(第二卷),人民出版社,1994年,第129~130页。

（四）按劳分配是实现共同富裕的分配方式

马克思按劳分配思想随着他对政治经济学的深入研究逐渐形成,最终在《哥达纲领批判》中系统展现。马克思最早在《资本论》中提道:"设想有一个自由人联合体,他们用公共的生产资料进行劳动,并且自觉地把他们许多个人劳动力当做一个社会劳动力来使用。""这个联合体的总产品是一个社会产品。这个产品的一部分重新用做生产资料。这一部分依旧是社会的。而另一部分则作为生活资料由联合体成员消费……这种分配的方式会随着社会生产有机体本身的特殊方式和随着生产者的相应的历史发展程度而改变……每个生产者在生活资料中得到的份额是由他的劳动时间决定的。"①在这里,马克思设定了按劳分配的基本前提:一是所有制规定,即实行按劳分配的制度前提是生产资料公有制;二是组织方式规定,计划经济取代市场经济成为调配资源的主要方式,资本主义社会固有的私人劳动和社会劳动的内生性矛盾得以消解;三是阶段性规定,即按劳分配并非固化的、永恒的分配制度,它在历史中产生,也必将在历史中消亡。

马克思在《资本论》中对按劳分配作出一般性描述,而在《哥达纲领批判》中进行了具体的系统阐发。首先,马克思对所谓脱离生产谈分配的"公平分配说"作了批判。当时甚嚣尘上的拉萨尔主义在工人运动当中极具煽动力,提出德国无产阶级要"公平分配劳动所得",什么是公平的分配? 这是马克思在《哥达纲领批判》中按劳分配思想的前提问题。所谓公平只是一种法权概念,是人的一种带有主观性质的意愿,属于上层建筑的范畴,是由"经济关系"来决定的。同时公平也带有阶级性,不同的经济关系、不同的阶级对公平都有着自己的定义和标准。②拉萨尔派大肆主张的"公平分配劳动所

---

① 《马克思恩格斯选集》(第二卷),人民出版社,2012年,第126~127页。
② 赵腾云:《马克思的"按劳分配"思想及当代价值——以〈哥达纲领批判〉为视角》,《马克思主义哲学研究》,2016年第2期。

得"没有在本质上认识清楚分配关系的生产根源,而把分配问题作粗俗化、表面化、简单化的理解。针对分配问题,马克思一针见血地指出其所有制根源,即生产资料的分配决定消费资料(在市场经济中表现为工资中介)的分配。而在共产主义社会高级阶段,随着奴隶般分工的消失,生产力的极度发达和劳动成为人的第一需要,这个时候,整个人类社会才能在自己的旗帜上自信地写上:各尽所能,按需分配。

其次,生产资料公有制是实行按劳分配的所有制基础。在资本主义社会中,由于资本主义私有制的长期存在与发展,资产阶级通过对生产资料的垄断从而占有、剥削无产阶级的剩余价值,但是无产阶级只能依靠劳动力获得维持自身和家庭成员生存所必需的生活资料,因而越来越贫困。按资分配理所当然地成为资本主义社会所谓"公平的分配"方式了,而这也导致整个社会贫富差距不断拉大,出现了资产者和无产者两极分化的巨大鸿沟。因此,马克思明确提出不能在分配问题本身兜圈子,指出共产主义社会应该彻底废除资本主义私有制,实行生产资料公有制。只有实行在生产端公平分配,才有可能实现在消费端公平分配,才会消除两极分化的制度根源。

再次,劳动是社会主义社会财富分配的唯一标准和尺度。马克思批判拉萨尔在分配问题上的一些错误的说法,指出共产主义社会第一阶段实行按劳分配的分配原则。在马克思看来,按劳分配就是社会按照每个人提供给社会的劳动的量来分配生活消费资料的。"每一个生产者,在作了各项扣除以后,从社会领回的,正好是他给予社会的。"①但是"劳"只是从"质"的维度说明了分配标准,但是在具体实施和实践层面,如何对"劳"从"量"的层面界定,则是比较复杂的问题。马克思给出的答案是,以社会劳动时间为标准来进行计量。在社会主义社会中,由于商品关系、货币关系的清除,每一个劳动者的劳动时间就是社会劳动时间中他个人所提供的那部分,具有直接

---

① 《马克思恩格斯全集》(第二十五卷),人民出版社,2001年,第18页。

的社会性,个人劳动也就直接表现为社会劳动,继而"每个生产者在生活资料中得到的份额是由他的劳动时间决定的"①。也由于商品、货币关系的消失,劳动者实现按劳分配的形式也不再需要货币、商品穿插其中,能够证明其劳动量的"劳动证书"成为其获取生活资料的直接凭证。马克思的按劳分配思想是在生产资料公有的前提下,社会按照劳动者提供的劳动时间为标准来分配消费资料。

最后,马克思从伦理规范意义的角度提出按劳分配的局限性。马克思阐明按劳分配的社会主义性质以及资本主义遗留痕迹。按劳分配"是刚刚从资本主义社会中产生出来的,因此它在各方面,在经济、道德和精神方面都还带着它脱胎出来的那个旧社会的痕迹"②。如何理解按劳分配天然地被刻有"资本主义烙印"的内部逻辑?马克思认为按劳分配在本质上仍遵循调节商品交换的同一原则。由于生产资料公有制执行不彻底,劳动力产权在"经过长久阵痛刚刚从资本主义社会产生出来的"③社会主义社会中表现出难以调和的两重性矛盾:一方面,劳动力产权作为个人参与分配的依据,必须归劳动者个人所有,这是按劳分配在逻辑上成立的前提;另一方面,共产主义的发展方向客观上要求劳动力产权私有性质逐渐消解,因此必须暂时采取"一种形式的一定量劳动同另一种形式的同量劳动相交换"④这种带有资产阶级痕迹的、妥协式的分配方式。不难看出,马克思对于按劳分配作了"工具理性"意义上的功能分析,而接下来马克思对其作出完整的"价值理性"意义上的辩证否定。按劳分配相对于按资分配是历史进步,因为"生产者的权利是同他们提供的劳动成比例的;平等就在于以同一尺度——劳动——来计量"⑤。但"这种平等的权利,对不同等的劳动来说是不平等的权

---

① 《马克思恩格斯全集》(第二十三卷),人民出版社,1972年,第96页。
② 《马克思恩格斯选集》(第三卷),人民出版社,2012年,第363页。
③ 《马克思恩格斯选集》(第三卷),人民出版社,2012年,第364页。
④ 《马克思恩格斯选集》(第三卷),人民出版社,2012年,第363页。
⑤ 《马克思恩格斯选集》(第三卷),人民出版社,2012年,第364页。

利"。"它默认,劳动者的不同等的个人天赋,从而不同等的工作能力,是天然特权。"①谈到这里,马克思对按劳分配深入到一种本质意义上的价值"审判",即按劳分配同"人的自由全面发展"终极价值旨归的不可调和的内在冲突。丰富而全面的人的消费资料分配被"劳动能力"这个单维标准来衡量,把人依据天赋的"天然特权"分成三六九等,其本质仍将人看作会劳动的谋生工具,而不是作为人本身的目的。马克思对按劳分配的辩证性否定评价,体现了他的人道主义关怀和对共产主义的终极追求。

(五)实现共同富裕是一个过程

马克思恩格斯认为,共产主义社会是彻底消除贫富差距,真正意义上实现公平正义和人的解放的社会形态。但应充分估计到其实现的艰难性、长期性和阶段性。在《哥达纲领批判》中,马克思认为要达到共产主义理想彼岸需要经过两个阶段。在第一阶段,不发达的生产力和未全面提高的人的素质仍制约着社会面貌和发展水平,只有到共产主义社会才能消灭"三大差别",实现共同富裕。在社会主义初级阶段,实现共同富裕不能急于求成,不能做跨越历史阶段的事情。因此,要遵循邓小平制定的"先富带动后富"政策,处理好"先富"与"后富"的关系,明晰和细化我国实现共同富裕的目标规划。

1.由量到质:缩小"三大差距"与消灭"三大差别"

在资本主义现代化过程中,随着乡村被迫沦为城市的原材料基地和廉价劳动力输出地,乡村开始屈服于城市,直接结果是工农对立。马克思恩格斯敏锐地看到现代社会这一趋势,关于消灭城乡对立的论述散见于各个时期的著作中。"把农业和工业结合起来,促使城乡对立逐步消灭"②是《共产党宣言》提出的社会主义革命胜利后实行的十条过渡措施之一。马克思在《哥

---

① 《马克思恩格斯选集》(第三卷),人民出版社,2012年,第364页。
② 《马克思恩格斯选集》(第一卷),人民出版社,2012年,第422页。

达纲领批判》中也指出,"在共产主义社会高级阶段,在迫使个人奴隶般地服从分工的情形已经消失,从而脑力劳动和体力劳动的对立也随之消失"①。学界把马克思恩格斯关于消灭城乡之间、工农之间、脑体之间对立或差别的思想概括为消灭"三大差别"。

"三大差别"是资本主义现代化过程中"人"的现代化滞后于"物"的现代化的突出表现,其本质上是一种个人奴役般服从分工的产物,而一旦这种外在力量压迫人们固定从事某种职业,那么它只能使人们或成为"城市动物"或"乡村动物"、"脑力劳动者"或"体力劳动者",人的发展被片面化和畸形化。这种片面、畸形发展反过来则强化了原有的奴役式的分工,强化"三大差别"。马克思恩格斯将消灭"三大差别"总的途径归结于社会生产力的不断提高,以将人从固化的分工中解放出来,"三大差别"也将消失。

改革开放以来我国城乡差距、地区差距、收入差距扩大,缩小"三大差距"、实现共同富裕成为缓解我国社会主要矛盾、促进社会公平正义、体现中国式现代化道路优势的必然选择。习近平指出:"共同富裕是中国式现代化的重要特征。"这一重大论断并非完全基于改革开放以来的事实性描述,而更多基于我国现代化的社会主义属性和第二个百年奋斗目标要求之上的规范性论述,是对几十年来我国现代化建设中出现"三大差距"的深刻反思。

马克思恩格斯关于消灭"三大差别"的思想起点是分工导致的人的异化,思想终点是分工消灭、私有制扬弃之后人的自由全面发展;中国共产党主要领导人关于缩小"三大差距"的思想的出发点是,改革开放后中国较之计划经济时代"均衡状态"出现区域、城乡、行业差距拉大的现实困境,着力点是将差距缩小到社会普遍能够接受的阈值内,由非均衡增长和非公平发展调节至健康增长和协调发展,落脚点是实现全体人民共同富裕。也就是说,二者的共同点是由特定历史阶段的现实问题出发,通过历史主体的主观

---

① 《马克思恩格斯选集》(第三卷),人民出版社,2012年,第364~365页。

能动性,实现既定目标。不同点是消灭"三大差别"着眼于人的解放,具有终极性;缩小"三大差距"着眼于现实境遇,具有阶段性。缩小"三大差距"是实现共同富裕的手段与途径,而共同富裕的实现又为消灭三大差别提供了必要的物质基础,"三大差别"的最终消灭也意味着人的自由全面发展,真正摆脱了"史前史",真正进入了"人类历史"。

2.战略构想:先富与后富

党的十一届三中全会后,以邓小平同志为主要代表的中国共产党人提出先富带动后富、最终实现共同富裕的战略构想。"这是一个大政策,一个能够影响和带动整个国民经济的政策。"①然而"先富带动后富"是一个符合政治逻辑和伦理逻辑但不符合经济逻辑和资本逻辑的论断。从经验上看,现代化的过程是一个资本增密的过程。如何确保先富群体、先富地区享受到现代化的成果后带动未富群体和未富地区呢? 或者说,先富带动后富的动力和保障何在? 在1988年《中央要有权威》谈话中,邓小平回答了这一问题,他将"鼓励先富"和"带动后富"概括为社会主义现代化建设的"两个大局",即"沿海地区要加快对外开放,使这个拥有两亿人口的广大地带较快地先发展起来"的大局、"发展到一定的时候,又要求沿海拿出更多力量来帮助内地发展"的大局。②而由谁来统筹这两个大局呢? 邓小平响亮地喊出"这一切,如果没有中央的权威,就办不到。各顾各,相互打架,相互拆台,统一不起来。谁能统一? 中央! 中央就是党中央、国务院"③。可见,邓小平认为,先富带动后富的保障就是代表全体人民根本利益的党中央,就是代表国家发展和民族前途的中国共产党。在操作层面,邓小平认为"解决的办法之一,就是先富起来的地区多交点利税,支持贫困地区的发展"④,而由"鼓励先富"

---

① 《邓小平文选》(第二卷),人民出版社,1994年,第152页。
② 《邓小平文选》(第三卷),人民出版社,1993年,第277、278页。
③ 《邓小平文选》(第三卷),人民出版社,1993年,第278页。
④ 《邓小平文选》(第三卷),人民出版社,1993年,第374页。

到"带动后富"战略转向的时机要准确把握。

综上,"先富带动后富"是一个集战略构想、实现保障、时间限度为一体的科学论断,它不仅仅是手段路径层面上的必要举措,还是价值目标层面上的必然要求,是工具理性和价值理性的高度统一。这一政策提出时,还只是一种理论意义上的设想。这种方案与计划是否正确,必须经过实践检验,也只有在实践过程中,它的理论力量才能够得以尽然发挥。"先富"政策大大解放了人民思想,扫除了解放发展社会主义生产力的最大障碍,它为在生产力相对落后国家经济崛起提供了一个成功的案例。它发展了科学社会主义理论,为中国特色社会主义建设打开了更为广阔的空间。但同时实现"后富"的历史任务已摆在眼前且任重道远。

(六)人的自由全面发展是共同富裕的价值旨趣

人的自由全面发展是马克思主义的价值归宿,是自19世纪以来一切共产主义运动的最高实践目标。人的现代化是马克思主义现代化思想的重要组成部分。习近平曾言:"现代化的本质是人的现代化。"[1]人的现代化恰恰为实现人的自由全面发展开辟道路。有学者将人的现代化与人的自由全面发展等同起来,认为人的自由全面发展就是马克思的人的现代化观。[2]笔者认为二者概念不能混淆,人的现代化和人的自由全面发展既有区别又有联系。人的现代化是"工具人"和"目的人"的综合概念;而人的自由全面发展是对人的现代化的积极扬弃,摆脱了不发达的生产力加之于人的工具属性,进而真正实现人的本质复归。而实现共同富裕是这一积极扬弃现实化的必经之路,若没有这种"集体财富的一切源泉都充分涌流",人与人将"重新开

---

①　中共中央文献研究室编:《十八大以来重要文献选编》(上),中央文献出版社,2014年,第594页。

②　胡大平:《人的现代化与全面建设社会主义现代化国家》,《思想理论教育导刊》,2021年第2期。

始争取必需品的斗争,全部陈腐污浊的东西又要死灰复燃",①人的自由全面发展终将成为海市蜃楼。

共同富裕不仅是人的自由全面发展的必要前提,还为人的自由全面发展创造条件。第一,共同富裕为人的自由全面发展创造"真正丰富"的需要。在社会主义初级阶段,人的需要出现向多方面发展的可能,但这种多样性需要仍以物质需要为主且直接表现为对货币这一中介物的需要。当共同富裕真正实现后,人的物质需要的重要性下降,发展需要和精神需要的重要性明显上升,货币这一中介物的僭越性将逐渐消解。第二,共同富裕为人创造"真正全面"的能力。共同富裕的实现以现代化生产力普及化为前提,这将极大缩短每个人的必要劳动时间,人们不再屈从于强制性社会分工导致的片面发展,而是有更多自由时间追求自身全面发展。第三,共同富裕为人创造"真正自由"的个性。物质财富极大丰富后,每个人"吃喝住穿在质和量方面得到充分保证"②。由于人的经济独立,其个性独立将史无前例地成为现实,每个人将彻底摆脱"人的依赖性",不需仰仗任何人的"鼻息"过活;而且将阶段性摆脱"物的依赖性",得到充分的时间和空间发展自己的自由个性。

共同富裕真正实现后,财富的尺度将不再是货币,也"决不再是劳动时间,而是可以自由支配的时间"③,马克思将自由时间视为摆脱"物的依赖性"社会形态后的真正财富,"这种时间不被直接生产劳动所吸收,而是用于娱乐和休息,从而为自由活动和发展开辟广阔天地"④。"自由时间,可以支配的时间,就是财富本身:一部分用于消费产品,一部分用于从事自由活动,这种自由活动不像劳动那样是在必须实现的外在目的的压力下决定的。"⑤彼时,全体人类共同享有自由时间将成为共同富裕的崭新内涵! 真正的人类历史

① 《马克思恩格斯选集》(第一卷),人民出版社,2012年,第166页。
② 《马克思恩格斯选集》(第一卷),人民出版社,2012年,第154页。
③ 《马克思恩格斯选集》(第二卷),人民出版社,2012年,第787页。
④ 《马克思恩格斯全集》(第二十六卷)(第三册),人民出版社,1974年,第281页。
⑤ 《马克思恩格斯全集》(第三十五卷),人民出版社,2013年,第230页。

将自此开启,"人终于成为自己的社会结合的主人,从而也就成为自然界的主人,成为自身的主人——自由的人"①。

三、现代化视域下习近平总书记关于共同富裕的重要论述

全面建设社会主义现代化国家的进程,就是不断追求共同富裕的过程。党的二十大报告创造性地提出,"中国共产党的中心任务就是团结带领全国各族人民全面建成社会主义现代化强国、实现第二个百年奋斗目标,以中国式现代化全面推进中华民族伟大复兴"②,而共同富裕正是中国式现代化的鲜明特征和本质要求。早在党的二十大胜利召开之前,习近平总书记就在现代化的视域下对共同富裕进行了一系列的重要论述。在《中共中央关于制定国民经济和社会发展第十四个五年规划和二〇三五年远景目标的建议》的说明中,习近平对"促进全体人民共同富裕"进行了大篇幅阐述,指出"全体人民共同富裕取得更为明显的实质性进展"是2035年基本实现社会主义现代化远景目标之一;在十九届中央政治局第二十七次集体学习时,他强调共同富裕本身就是社会主义现代化的一个重要目标,这是中国共产党领导人首次对共同富裕和现代化的关系问题上作出的明确判断;几天后,习近平总书记赴贵州看望慰问各族干部群众时,再次强调了这一观点;在中央财经委员会第十次会议上,习近平总书记再次强调,共同富裕是社会主义的本质要求,是中国式现代化的重要特征。

以上都是习近平在各个不同场合中的零散论述,而真正体现其对于共

---

① 《马克思恩格斯选集》(第三卷),人民出版社,2012年,第817页。
② 习近平:《高举中国特色社会主义伟大旗帜 为全面建设社会主义现代化国家而团结奋斗——在中国共产党第二十次全国代表大会上的报告》,人民出版社,2022年,第21页。

同富裕总的看法和系统观点的是2021年10月16日出版的第20期《求是》杂志的首篇文章《扎实推动共同富裕》。在这篇文章发表之前，社会各界出现对于党中央提出的共同富裕的各种解读，出现了同中国特色社会主义相去甚远的观点，比如主张对市场经济隐晦否定，主张重回计划经济，还有主张将欧洲的"福利主义"移植到中国的共同富裕事业中来。习近平总书记的这篇文章系统地阐释了中国共产党在新发展阶段关于共同富裕的总体布局，说明了中国特色社会主义共同富裕的阶段目标、具体原则、总体思路和实践要求。对于当时社会各界针对共同富裕的偏激看法和错误观点进行了思想"纠偏"。下面将对习近平《扎实推动共同富裕》一文的论述要点进行学理性阐释。

（一）"共同富裕是社会主义的本质要求"

"共同富裕是社会主义的本质要求"这一观点旨在解释"共同富裕"和"社会主义"之间的关系问题。而二者的关系问题的初步论断可以回溯到邓小平的"社会主义本质论"。1992年1月18日—2月21日，邓小平发表南方谈话，就什么是社会主义、怎样建设社会主义提出一系列新思想、新论断。其间他提出"社会主义的本质，是解放生产力，发展生产力，消灭剥削，消除两极分化，最终达到共同富裕"①。邓小平对于社会主义本质的界定不仅肃清了当时甚嚣尘上的"改革开放失败论""社会主义倒退论"等错误思潮，而且从理论的高度对于社会主义的本质进行了"功能式"的界定，是一次新的理论发展和思想解放，对于改革开放事业和中国特色社会主义理论都具有巨大的促进作用。

"社会主义是什么，马克思主义是什么，过去我们并没有完全搞清楚。"②

---

① 《邓小平文选》（第三卷），人民出版社，1993年，第373页。
② 《邓小平文选》（第三卷），人民出版社，1993年，第137页。

"社会主义究竟是个什么样子,苏联搞了很多年,也并没有完全搞清楚。"①社会主义究竟如何界定,是邓小平一直苦苦思索的重大理论问题,而且是带有根本性质的理论难题。在计划经济时期,理论界对于社会主义的认知往往局限在一些马克思、恩格斯、列宁和斯大林等经典作家的论述上,对于什么是社会主义这一问题往往作"结构式"的论断,比如按劳分配、生产资料公有制、计划经济等。而在邓小平的社会主义本质论中并未出现类似的结构性用语,而是打破了单纯的意识形态成见,从功能、目标的意义上判断结构性质,进行结构设计,而不是相反。②共同富裕是邓小平的社会主义本质论的落脚点,是对社会主义最高层面(目的层面)的界定。

习近平作出的"共同富裕是社会主义的本质要求"的创新论断,是对邓小平的社会主义本质论的继承和发展。"本质"和"本质要求"的区别在于,"本质要求"的全称应为"本质性要求",也就是说,本质在这里是作为修饰性冠词出现的,强调重要性,主体是要求,要求本意是"强制性命令"是使一个事物成为其本身的充要条件。放在具体语境中,可作如下理解。只要一个国家被称为社会主义国家,或者说一个共同体称自己奉行社会主义制度,那么就一定要实现共同富裕,或者说一定要以实现共同富裕为目标并已经采取了实质性行动。否则便不是社会主义。可以说,习近平的最新论述将社会主义与共同富裕联系得更为紧密了。

从理论层面看,共同富裕作为社会主义的本质要求,与社会主义基本经济制度分不开。共同富裕是表现为分配问题的生产问题。在社会主义生产关系和分配关系的理解问题上,习近平指出,"马克思主义政治经济学认为,生产资料所有制是生产关系的核心,决定着社会的基本性质和发展方向"③;

①　《邓小平文选》(第三卷),人民出版社,1993年,第139页。
②　贾可卿:《共同富裕与分配正义》,人民出版社,2018年,第25页。
③　习近平:《论把握新发展阶段、贯彻新发展理念、构建新发展格局》,人民出版社,2021年,第62页。

而"分配决定于生产，又反作用于生产，'而最能促进生产的是能使一切社会成员尽可能全面地发展、保持和施展自己能力的那种分配方式'"①。在中国，公有制经济作为经济主体，从根本上避免了在分配领域贫富两极分化的悲剧，而分配关系又需要具体的制度来保障和体现。习近平为中国特色社会主义经济关系中分配的"制度安排"问题提出总要求："我们必须坚持发展为了人民、发展依靠人民、发展成果由人民共享，作出更有效的制度安排，使全体人民朝着共同富裕方向稳步前进，绝不能出现'富者累巨万，而贫者食糟糠'的现象。"②

进一步讲，共同富裕是中国特色社会主义经济制度的本质要求。共同富裕与资本主义基本经济制度中"两极分化"的必然趋势截然相反。从当代资本主义经济现实来看，尽管部分国家实行了福利制度，建立了相对完善的社保体系、全民医疗体系等，然而资本主义的经济基础本身决定了其无法从根源上消除资产者和工人之间的巨大"财富鸿沟"，"两极分化"是资本主义经济关系的本质规定。中国特色社会主义经济制度不仅要恰当地处置好体制层面上的"公平"和"效率"关系问题，还要进一步解决好制度层面上的共同富裕本质要求问题。从社会主义的本质要求上看，不能把共同富裕的制度性规定等同于"公平"和"效率"的体制性关系问题；也不能把体制性的"公平"和"效率"关系，同制度性的共同富裕要求对立起来，因为前者是后者的体制性基础，后者是前者的制度性跃升。③

总之，"共同富裕是社会主义的本质要求"这一深刻论断既是中国特色社会主义理论发展的必然，也是中国特色社会主义经济制度的理论呈现，是习近平对于历史唯物主义和马克思主义政治经济学的深刻理解基础上作出

---

① 习近平：《论把握新发展阶段、贯彻新发展理念、构建新发展格局》，人民出版社，2021年，第63页。

② 习近平：《论把握新发展阶段、贯彻新发展理念、构建新发展格局》，人民出版社，2021年，第42页。

③ 顾海良：《共同富裕是社会主义的本质要求》，《红旗文稿》，2021年第20期。

的研判。它既顺应了历史发展的基本规律,又代表了广大人民群众的殷切期盼。

(二)"共同富裕是中国式现代化的重要特征"

"共同富裕是中国式现代化的重要特征",必须用辩证唯物主义和历史唯物主义的方法,从两种现代化道路的价值维度、世界社会主义现代化进程的历史维度、社会主义发展的理论维度,认识"共同富裕是中国式现代化的重要特征"这一论断的伟大意蕴和时代内涵。

1.共同富裕是两种现代化道路的价值分野

中国式现代化首先是中国共产党领导的社会主义现代化。在过去几百年里,每个国家、民族的现代化道路不尽相同,以经济形态为标准可划分成三种道路:资本主义类型、社会主义类型、混合类型。[①]由于本部分讨论现代化的制度属性和价值属性,只就前两种类型进行研究。

从模式看,资本主义现代化道路在各国呈现出多样化的形成样态,例如英国的"原生型"模式,德国和日本的"政府主导型"模式等;从历史看,资本主义现代化道路在20世纪中叶出现了"修正式"的转向。欧美各国在阶级矛盾日益尖锐、两次世界大战和大萧条的打击后,采取"罗斯福新政"等政府干预手段修正。

然而无论资本主义现代化道路呈现出多么复杂的发展样态,采用何种修复手段,其资本增殖的价值取向始终如一。资本以一种难以控制的亢奋追逐利益的最大化,资本主义私有制又为这种"增殖崇拜"提供了制度温床。这就是资本主义现代化道路显著不平等的驱动机制,也是资本主义发展道路内在不公的隐藏逻辑。资本主义的内生性本质决定了资本主义现代化道路必然不会以"人"为终极取向。只要在生产活动的社会化同生产资料占有

---

① 罗荣渠:《现代化新论——世界与中国的现代化进程》,商务印书馆,2004年,第161页。

的社会化之间还横亘着一条"鸿沟",就不可能实现财富占有社会化。

　　社会主义现代化道路遵循人民逻辑,以实现全体人民共同富裕为目标。这是由科学社会主义的理论逻辑所决定,并由社会主义现代化进程的实践逻辑所证明的。

　　恩格斯认为现代化生产力的社会主义运用将"超出社会当前需要的生产过剩不但不会引起贫困,而且将保证满足所有人的需要,将引起新的需要,同时将创造出满足这种新需要的手段"[1]。这段论述没有提到共同富裕,却暗含了共同富裕的一般内涵。首先,恩格斯这一论述提到,发达生产力的资本主义运用"是产生贫困的极重要的原因"[2],而发达生产力的社会主义运用则相反,它为满足全体成员需要、追求全体成员富裕提供制度基础;其次,生产的发展将引起社会成员"新的需要",说明人民对美好生活的需要会随生产的发展日益增长,共同富裕是一个不断丰富的范畴;最后,"满足这种新需要的手段"会在社会主义制度下被创造出来,表明共同富裕的实现要依靠群众的首创精神,推动科技进步,促使生产力不断发展。需要说明的是,恩格斯提出的"现代化生产力的社会主义运用"是一个理论意义上设想,与"社会主义现代化道路"是两个不同的概念,但前者本身内含的共同富裕价值指向是后者的目标与遵循。

　　自俄国十月革命成功后,世界社会主义现代化道路已走过百余年。现代化学者罗荣渠将百年里社会主义现代化道路分为四种类型:苏联原生型模式、东欧模式、中国模式、古巴模式。[3]尽管各国在具体路径选择上未定于一尊,但各种模式在价值旨趣上殊途同归。社会主义现代化道路显著特征是主张用社会理性代替个人理性。[4]这里的社会理性指的就是社会主义现

---

[1]　《马克思恩格斯选集》(第一卷),人民出版社,2012年,第307页。
[2]　《马克思恩格斯选集》(第一卷),人民出版社,2012年,第307页。
[3]　罗荣渠:《现代化新论——世界与中国的现代化进程》,商务印书馆,2004年,第169页。
[4]　罗荣渠:《现代化新论——世界与中国的现代化进程》,商务印书馆,2004年,第167页。

代化以全体人民共同富裕和幸福生活为目标,而个人理性就是资本主义现代化以实现资本增殖的效率最大化为目标。就中国具体实践来看,邓小平提出改革开放和现代化建设要遵循"三个有利于"标准,2020年小康社会的全面建成以绝对贫困消灭为必要前提。可见,是否以实现全体人民共同富裕为目标,是两种现代化道路的价值分野。

2.共同富裕是中国式现代化三重客体向度的有机统一

中国式现代化内含三重客体向度,即器物现代化、制度现代化、人的现代化。共同富裕是社会主义现代化三重客体向度的有机统一,这体现在世界社会主义现代化百年进程的历史逻辑之中。

这里将历史分析的逻辑起点放在1917年俄国十月革命的胜利。社会主义思想可上溯到五百多年前莫尔《乌托邦》的出版,社会主义实践可上溯到19世纪中叶的工人运动。但以国家为单位、以共产党为领导、以马克思主义为指导的社会主义现代化运动是以世界上第一个社会主义国家苏联的诞生为标志的。从苏联近百年的兴衰史来看,其在器物现代化层面成绩斐然,军事、科技和工业化取得较高现代化水平;而在制度现代化层面则缺乏改进动力,尤其在20世纪中后期,高度集中的计划经济体制和僵化、腐化的官僚制度,使苏联逐渐失去了社会主义制度优势;人的现代化是苏联追求现代化过程中相对忽略的一个维度。苏联未能处理好现代化三重客体的关系,因而非但没能实现全体人民共同富裕,而且使国家解体,国家公有财产被国际金融资本以私有化运动的名义"洗劫"。

从我国的社会主义现代化历史进程中看,自新中国成立以来,先后经历了器物现代化、制度现代化、人的现代化渐次演进的道路,且每一次转向都为共同富裕的实现提供了物质和思想支撑。建设时期,面临现代化人口多、底子薄的困境,中国共产党对于现代化的认知尚限于器物层面,现代化建设的目标就是满足人民的基本生活需要。进入改革开放新时期,邓小平谈道:"现在经济体制改革每前进一步,都深深感到政治体制改革的必要性。不改革政治体制……就会阻碍生产力的发展,阻碍四个现代化的实现。"①他认为制度现代化改革会推动生产力的发展,促进全体人民共同富裕,这也标志着我国现代化建设的客体由器物开始向制度转换。习近平强调"现代化的本质是人的现代化"②,大大丰富了社会主义现代化的内涵。

由于历史阶段和社会主要矛盾的变化,中国共产党人对于现代化的三重客体向度的认识存在时间上先后顺序,但并不是彼此分割独立的,而是中国共产党人现代化思想丰富发展的过程。习近平提出,推动共同富裕"总的思路是,坚持以人民为中心的发展思想,在高质量发展中促进共同富裕,正确处理效率和公平的关系,构建初次分配、再分配、三次分配协调配套的基础性制度安排……促进人的全面发展"③。这一"总思路"就是社会主义现代化三重客体向度高度统一的鲜明呈现。

3.追求共同富裕将贯穿整个中国式现代化历史阶段

追求共同富裕与全面建设社会主义现代化国家、继续开拓中国式现代化道路是一个过程的两个方面。对于二者的关系要放在新发展阶段的历史节点和世界社会主义伟大事业的视域下全面把握。

首先,从现实视角看,推进共同富裕和全面建设社会主义现代化国家互为条件。共同富裕是社会主义现代化的目标,中国共产党带领全国人民进行现代化建设的初心就是满足人民对美好生活的需要。但共同富裕不仅是"目的",也是"手段"。一方面,缩小贫富差距有利于社会安定团结和公平正义,为现代化国家如期建成提供稳定和谐的内部条件;另一方面,提高低收入者收入、扩大中等收入群体是应对当下全球化危机,构建双循环发展格局的必要举措。习近平强调:"实现共同富裕不仅是经济问题,而且是关系党

---

① 《邓小平文选》(第三卷),人民出版社,1993年,第176页。
② 中共中央文献研究室编:《十八大以来重要文献选编》(上),中央文献出版社,2014年,第594页。
③ 习近平:《扎实推动共同富裕》,《求是》,2021年第20期。

的执政基础的重大政治问题。"①从国际经验看,国家内部贫富差距过大,容易引起民粹主义泛滥,甚至引发社会冲突和政治动荡,最终造成颠覆性后果。因此,扎实推动共同富裕是守住"人民江山"的必然选择。随着疫情以来世界经济疲软和逆全球化趋势加剧,我国过去"两头在外、大进大出"的国际循环模式不再适应国际形势变化和国内发展需要,必须加快以国内大循环为主体的战略转向。打通国内大循环"堵点"的关键就是扩大内需、提振消费,因此通过各种手段提高居民收入在国家总收入中的比重,便成为新发展阶段上畅通国内大循环的主要路径。

其次,从时间视角看,追求共同富裕将贯穿社会主义发展的整个阶段。根据党的十五大对社会主义初级阶段的特征概括,社会主义初级阶段将结束于21世纪中叶。到那时,社会主义现代化国家全面建成,共同富裕基本实现。但是社会主义现代化国家的全面建成不意味着社会主义现代化进程的终止,共同富裕基本实现也不意味着共同富裕彻底完成。"基本"一词表明共同富裕事业尚未完成,仍旧存在一定程度的贫富差距,公平正义没有得到完整、彻底的彰显,共同富裕仍然是我国第二个百年奋斗目标实现后的重要目标。社会主义初级阶段结束后,我国将进入社会主义中级阶段或高级阶段,那时我国的现代化建设将朝着更高水平发展,朝着全面建成共同富裕社会的目标继续前进。

最后,从世界视角看,共同富裕的主体范围终将实现由"一国"到"多国"的扩展。社会主义初级阶段向高级阶段跃进,一定伴随着"国内"向"国际"的范围拓展。这是由马克思主义的理论特质和人类社会发展规律共同决定的。马克思主义具有鲜明的人民性,其全部理论的终极旨归是全人类的解放,但是"当人们还不能使自己的吃喝住穿在质和量方面得到充分保证的时

① 中共中央宣传部编:《习近平新时代中国特色社会主义思想学习问答》,学习出版社、人民出版社,2021年,第98页。

候,人们就根本不能获得解放"①。因此,在世界范围内消除贫困、实现世界人民共同富裕是全人类解放的前提。马克思恩格斯对人类解放的最初设想是"西欧各国人民的无产阶级取得胜利和生产资料转归公有之后"②,通过新的生产关系促进生产力的快速发展,为落后国家"作出榜样和积极支持"③,最终实现共产主义。中国式现代化道路已经为世界上落后民族和国家进入现代化"作出榜样",提供了中国智慧和中国方案;在未来我国全面建成现代化国家之际,我国的现代化水平将处于世界领先地位,到那时,我国给予落后民族国家以"积极支持",除了继续致力于本国全体人民共同富裕,还要开启世界人民共同富裕的伟大转向。

(三)"共同富裕是全体人民共同富裕"

"共同富裕是全体人民共同富裕"的论断深刻体现了习近平的人民情怀。关于"人民"一词,不同历史时期的内涵与外延不同,不同理论学说和意识形态也不尽相同。在马克思主义看来,人民是指社会人口中占绝大多数比例、一切对社会历史发展起推动作用的人。若将视线拉回至中国特色社会主义下,全体社会主义劳动者、社会主义事业的建设者、拥护社会主义的爱国者、拥护祖国统一和致力于中华民族伟大复兴的爱国者都属于人民群众的范畴。

习近平指出:"江山就是人民、人民就是江山,打江山、守江山,守的是人民的心。"④人民群众是历史的创造者,既创造了物质财富,又创造了精神财富,所以人民群众理应是物质财富和精神财富的享有者。以习近平同志为核心的党中央在促进全体人民共同富裕的伟大实践中,充分尊重人民的主

---

① 《马克思恩格斯选集》(第一卷),人民出版社,2012年,第154页。
② 《马克思恩格斯选集》(第四卷),人民出版社,2012年,第313页。
③ 《马克思恩格斯选集》(第四卷),人民出版社,2012年,第313页。
④ 《习近平谈治国理政》(第四卷),外文出版社,2022年,第9页。

体地位,关注最困难的"老、少、边、穷"人民群众的实际利益,实实在在地践行了人民为中心的发展思想。"人民至上"是贯穿习近平促进全体人民共同富裕的总体遵循,"以人民为中心"是习近平促进全体人民共同富裕重要理论的根本立场,一切依靠人民是促进全体人民共同富裕的底层动力。"共同富裕是全体人民的共同富裕"的重大论断一方面充分体现了社会主义的本质要求,体现了中国共产党立党为公、执政为民的执政理念,凸显了中国共产党的初心和使命担当,彰显了全心全意为人民服务的根本宗旨;另一方面,它说明了要实现共同富裕必须紧紧依靠人民,只有全体人民共同奋发,心往一处想、劲往一处使,实现共有、共建和共享的高度统一,才能使伟大的理想变为现实。无论何种社会制度,无论以何种意识形态为主导的社会,都要创造财富、追求富裕。但是资本主义社会追求富裕,在本质上是资本扩张、积累与增殖,其结果是导致社会贫富两极分化。而促进全体人民共同富裕是中国式现代化的重要目标,是社会主义的本质要求,中国特色社会主义共同富裕是实现了国家富强、民族振兴和人民幸福的根本一致,推动了社会的全面进步与人的全面发展有机统一。

从历史上看,中国共产党人在带领中国人民革命、建设和改革的伟大进程中,一直将促进全体人民共同富裕清晰地写在自己的旗帜上。可以说,中国共产党的百余年历史,就是一部带领全体中国人民追求共同富裕的历史。新中国成立之初,农民占全体人民的绝大多数。毛泽东曾言:"要巩固工农联盟,我们就得领导农民走社会主义道路,使农民群众共同富裕起来。"①改革开放后,邓小平指出:"社会主义财富属于人民,社会主义的致富是全民共同致富。"②党的十八大以来,社会主要矛盾发生了变化,人民群众对共同富裕有着更新的、更高的期待和要求,也给中国共产党出了难度更高的"考卷"。以习近平同志为核心的党中央在推动共同富裕的伟大实践中,采取了

---

① 中共中央文献研究室编:《毛泽东著作专题摘编》(上),中央文献出版社,2003年,第838页。
② 《邓小平文选》(第三卷),人民出版社,1993年,第172页。

一系列措施,让人民群众享有更多实实在在的改革发展成果,共同享有发展机会,分阶段地实现共同富裕。这种以人民为中心的促进共同富裕的价值理念,既是对西方社会以物为中心的传统发展观的批判,又是对从"以物为中心"到"以人民为中心"的发展思想的超越和创新。在脱贫攻坚战中,严把退出关,坚决杜绝数字脱贫、虚假脱贫,庄严兑现现行标准下9899万农村贫困人口全部脱贫,832个贫困县全部摘帽,12.8万个贫困村全部出列。在全面建成小康社会的实践中,党中央兑现了"决不能落下一个贫困地区、一个贫困群众"的承诺,历史性地解决了绝对贫困问题,实现了第一个百年奋斗目标,领导全党、全军、全国各族人民向着第二个百年奋斗目标迈进。

关于"共同富裕是全体人民共同富裕"的伟大论断,习近平曾经多次在不同场合、从不同角度提出过相同意蕴的论述。习近平指出:"人民立场是马克思主义政党的根本政治立场,人民是历史进步的真正动力,群众是真正的英雄,人民利益是我们党一切工作的根本出发点和落脚点。"[1]此言奠定了习近平关于共同富裕的基本理论基调;此外,习近平多次饱含深情地说"一定要想方设法尽快让乡亲们过上好日子"[2]。这充分展现了习近平着力推动并实现全体人民共同富裕的决心。实现全体人民共同富裕的关键在于使绝对贫困和相对贫困的人致富。习近平指出:"全面建成小康社会,一个也不能少;共同富裕路上,一个也不能掉队。"[3]贫困群众和弱势群体始终是党和国家消灭贫困、实现共同富裕工作的重点,如今我们已然实现了绝对贫困的历史性消灭,缩小贫富差距、解决相对困难群众的问题便成了首要问题。习近平还深刻地指出了共同富裕对于中国共产党执政地位的极端重要性:"实现共同富裕不仅是经济问题,而且是关系党的执政基础的重大政治问

---

① 《习近平谈治国理政》(第二卷),外文出版社,2017年,第189页。
② 《习近平谈治国理政》,外文出版社,2014年,第190页。
③ 中共中央党史和文献研究院编:《习近平扶贫论述摘编》,中央文献出版社,2018年,第23页。

题。"①首先,实现共同富裕是中国共产党对中国人民的庄严承诺。改革开放以来,中国共产党允许一部分人、一部分地区先富起来,先富带动后富。如若现今中国共产党未能采取措施使"先富带后富"逐步成为现实,那么就不能交出一份令人民满意的答卷。其次,从国际视角看,一些西方国家推行"高福利"制度,使得国内基尼系数降至低点。我国如果不对贫富差距进行弥合,将不利于我国国民保持制度自信和道路自信。

(四)"在高质量发展中促进共同富裕"

"在高质量发展中促进共同富裕"的论断是建立在我国基本国情基础上的。尽管我国经济总量跃居世界第二,但仍处于发展中国家的行列,经济建设仍然是国家的首要任务,发展仍然是解决制度问题、社会问题、生态问题的基础。习近平总书记关于高质量发展与共同富裕的关系的论述,可作如下理解。

首先,高质量发展是实现共同富裕的主要途径。共同富裕的前提是具有足够的、可供分配的物质财富。而生产力的发展和提高是具有周期性的,必须在认清我国经济发展实际状况、掌握经济规律的基础上,促进经济高质量发展,为我国共同富裕奠定坚实基础。我们要主动转变经济发展方式,要逐步摒弃掉传统"只重数量,不重质量"的经济发展模式,推动经济发展质量变革、效率变革、动力变革,抓住第四次工业革命的先机,提高我国总体科技水平,在高精尖技术领域加大投入,以此解决发展不充分的问题;坚持以调整优化结构促进高质量发展,坚持以城带乡、城乡融合,继续跨省帮扶等举措,着力解决发展不平衡的问题。

其次,共同富裕是高质量发展的根本目的。高质量发展要把共同富裕作为主要目标,因为不同于资本主义国家,社会主义国家发展经济的根本目

---

① 《习近平谈治国理政》(第四卷),外文出版社,2022年,第171页。

的在于使每个社会成员充分、公平地享受发展成果,而不是社会财富被少部分人垄断。社会主义国家的经济发展的根本旨归在于人,在于每个人的自由全面发展;而资本主义国家经济发展的根本目的在于物,在于资本追求不断扩张与增殖。当前,人民群众对于物质、生态、精神、社会和法治等方面的需求,要通过经济高质量发展,解决财富的"总量"的问题来满足;更要通过解决城乡差距、地区差距和收入差距等问题,增强发展的平衡性、协调性和包容性,解决财富"分配"的问题来满足,最终实现共同富裕。虽然我们已经进入新发展阶段,但是新发展阶段仍然属于社会主义初级阶段,所以要继续坚持发展是硬道理,继续解放和发展社会生产力,让一切创造财富的源泉得到充分涌流,不断把"蛋糕"做大,为共同富裕奠定强大的财富基础。

最后,共同富裕与高质量发展具有高度的同一性。从理论上讲,"生产力"和"人"是贯穿历史唯物主义的两条根本"红线"。高质量发展重在提高生产力,而共同富裕则旨在为人的自由全面发展提供条件,二者高度统一于唯物史观。从现实来看,二者同样具有同一性。习近平深刻指出:"高质量发展需要高素质劳动者,只有促进共同富裕,提高城乡居民收入,提升人力资本,才能提高全要素生产率,夯实高质量发展的动力基础。"[①]习近平的论述蕴含了深刻的辩证法,也就是说,如若没有经济高质量提供动力,共同富裕就不可能如期实现;如若没有实现共同富裕,高质量发展也缺乏长期发展和长足进步的坚实基础。高质量发展和共同富裕是一体两面的关系,二者统一于新发展理念的指导和贯彻,统一于全面建设社会主义现代化国家、实现中华民族伟大复兴中国梦的实践中。

从实践上讲,在高质量发展中促进共同富裕,首先,要贯彻新发展理念。要在经济发展的各个领域、各个环节深入贯彻创新、协调、绿色、开放、共享的新发展理念。要重视有利于创新的环境条件,让创新在经济发展中蔚然

---

① 《习近平谈治国理政》(第四卷),外文出版社,2022年,第141页。

成风;要实现一二三产业的协调发展,继续实施城乡融合发展战略,推动区域协调发展;要建立健全促进绿色低碳循环发展的体制机制;推进更具广度和深度的开放型经济体系建设,全面提升产品和服务质量,提高经济的投入产出效率;要积极探索适合我国基本国情的共享制度,解决共同富裕的实现问题。其次,要构建新发展格局。近年来,世界范围内保护主义、逆全球化盛行,全球经济长期低迷,更进一步加大了经济全球化的阻力。而我国经济又进入新常态,经济增速减缓,有效供给与消费升级之间的协调度不足,消费对经济的拉动作用有待提升。因此,构建双循环的新发展格局,要将扩大内需战略同扩大开放力度有机结合起来,既要满足消费规模扩大、消费结构升级的有效需求,又要全面提升开放的水平和质量,发挥我国超大规模市场优势,释放广阔的内需市场潜力,更加高效地实现国内外市场联通、要素资源共享。

具体来说,促进高质量发展,最关键的是要依靠高新科技推动,始终牢记科技是第一生产力。习近平强调:"现在,我国经济社会发展和民生改善比过去任何时候都更加需要科学技术解决方案,都更加需要增强创新这个第一动力。"①当下国际竞争形势和国内产业发展对我国科技研发资金投入提出更高要求。中国只有进一步提升科技研发经费使用效率,才能为科技创新和产业发展注入持久活力。一方面,要加大各级政府对于科技创新,尤其是基础研究的资金投入力度;另一方面,也要为真正的创新型企业适当减免税收,必要时可增加对于创新型企业必要的财政补贴。值得注意的是,在加大科研创新资金支持的同时,也要珍惜每一笔经费,不可搞"大水漫灌"式资金投入,重视科研项目经费投入–产出效率。

① 习近平:《论把握新发展阶段、贯彻新发展理念、构建新发展格局》,人民出版社,2021年,第390页。

（五）"共同富裕是人民群众物质生活和精神生活都富裕"

党的二十大报告指出："物质富足、精神富有是社会主义现代化的根本要求。物质贫困不是社会主义，精神贫乏也不是社会主义。"①习近平总书记关于"共同富裕是人民群众物质生活和精神生活都富裕"的重要论述大大丰富了共同富裕的内涵，扩大了共同富裕的外延，是马克思主义共同富裕理论的新发展。它突破了传统共同富裕"单维"的物质经济层面的认知，并且将人民群众的精神生活纳入了共同富裕的范畴，使得共同富裕不仅是政治学、经济学和社会学领域的问题，更成为心理学、伦理学等学科的研究范围，大大拓展了共同富裕的研究学科边界。

自进入新时代以来，我国社会主要矛盾发生了变化，人民日益增长的"美好生活需要"的新表述说明人民期望享受更高的生活质量和生活品质。一方面，从物质生活共同富裕的视角而言，美好生活需要的物质生活的基本面更广，对其质量的要求也更高；在精神需求方面，当前我国人民对美好生活的需要已经变得越来越广泛，逐渐从物质文化生活领域延伸到公平正义、民主法治等诸多方面的精神诉求领域，而这一切必然与人们精神层面的需求密不可分。由于上文对于共同富裕的物质层面讨论已相对充分，因此本部分将探讨重点放在共同富裕的精神领域。要推动人民群众精神文化生活的共同富裕，就必须在社会主义核心价值观的引领下，充分满足人民各个方面、各个层次的多样化的精神文化需要，提升人民幸福感，让人民生活得更好。无论是追求更高的生活品质，还是进一步增进民生福祉，都离不开促进人民精神生活共同富裕。

第一，发展公共文化事业，完善公共文化服务体系，不断满足人民群众多样化、多层次、多方面的精神文化需求，是习近平总书记关于精神生活共

---

① 习近平：《高举中国特色社会主义伟大旗帜　为全面建设社会主义现代化国家而团结奋斗——在中国共产党第二十次全国代表大会上的报告》，人民出版社，2022年，第22~23页。

同富裕重要论述的应有之义。习近平指出,要"深化文化体制改革,推动社会主义文化大发展大繁荣,增强全民族文化创造活力,推动文化事业全面繁荣、文化产业快速发展"①。中国特色社会主义进入新时代,人民生活水平显著提高,对美好生活的需要也更加多样化,人民群众期盼拥有丰富多彩的精神文化享受。这既需要依靠政府来发展公共文化事业,又需要依靠市场发展文化产业,将二者结合起来,才能充分实现人民的精神富裕。必须通过文化体制改革,打造出公平有序的能够激发有才华、有情怀的文艺工作者创作热情和创作激情的创作环境,增加高质量的文化产品,提供全方位的文化服务供给,让人民群众享有更多文化发展成果,从而更好地满足人民群众的精神文化娱乐需求。

第二,要调动人民群众的精神力量、发挥人民群众的主体精神。在宁德工作期间,面对贫困地区部分群众"等、靠、要"思想和"贫困有理"的错误观念,习近平指出扶贫必扶智,治贫先治愚,提倡"弱鸟先飞""滴水穿石"精神,调动起贫困地区和贫困人口的内在积极性,努力让困难人口思想不再困难,努力让贫困人群精神不再贫困。

第三,要强化社会主义核心价值观引领,加强爱国主义、集体主义、社会主义教育。实现共同富裕的伟大事业需要强大的理想信念作引领,更需要凝聚全体中国人民的精神力量。一方面,一定要牢牢树立马克思主义在意识形态领域的指导地位,开展中国特色社会主义"四个自信"、实现中华民族伟大复兴的中国梦、"四史"宣传教育、学习宣传党的二十大精神等活动,推动理想信念教育常态化和制度化。完善思想政治工作体系,巩固全党全国各族人民团结奋斗实现共同富裕的思想基础。另一方面,要在全社会充分培育、弘扬和践行社会主义核心价值观,根据时代发展的客观要求丰富社会主义核心价值体系,引导人民群众牢固树立爱国主义意识,引导人民群众增

---

① 《习近平谈治国理政》(第一卷),外文出版社,2018年,第160页。

强集体主义观念,营造良好的社会道德风尚,提高人们的思想道德素质,推进精神文明建设。

第四,要加强促进共同富裕舆论引导,澄清各种模糊认识,防止急于求成和畏难情绪,为促进共同富裕提供良好舆论环境。共同富裕对于人民群众来说,更重要的是它的伦理意义和精神价值,是一种精神寄托和美好夙愿,人民群众对于共同富裕的相关理论并不如理论工作者那般透彻地掌握。因此,部分文化水平较低者极容易被一些媒体和自媒体的偏激解读误导,从而在社会里出现某些不良言论和危险趋势。所以,官方媒体和理论工作者有义务从理论高度正确解读党中央的共同富裕战略,营造良好的社会舆论环境。

第三章

中国式现代化中共同富裕的实践研究

一、中国共产党在中国式现代化中 大力推进共同富裕的缘由

"治国之道,富民为始。"自中国共产党成立之日起就将共同富裕镌刻在自己的旗帜上,中国共产党作为马克思主义执政党,其初心和使命就决定了要更好满足人民群众的共同期盼。只有在党的领导下,共同富裕才会在大力推进中国式现代化中取得更为明显的实质性进展。

(一)实现共同富裕是马克思主义执政党基本立场的体现

2021年1月11日,习近平在省部级主要领导干部学习贯彻党的十九届五中全会精神专题研讨班开班式上强调:"实现共同富裕不仅是经济问题,而且是关系党的执政基础的重大政治问题。"[①]这一重要论述,从推进中国式

---

① 《习近平在省部级主要领导干部学习贯彻党的十九届五中全会精神专题研讨班开班式上发表重要讲话强调 深入学习坚决贯彻党的十九届五中全会精神 确保全面建设社会主义现代化国家开好局》,《人民日报》,2021年1月12日。

现代化和夯实党的执政基础的高度,深刻阐释了中国共产党作为马克思主义执政党,带领我国实现全体人民共同富裕的极端重要性。

1.实现共同富裕是中国共产党矢志不渝的奋斗目标

一百多年来,中国共产党作为世界上最大的马克思主义政党,始终胸怀共同富裕的奋斗目标,饱含以人民为中心的奋斗力量。

第一,中国共产党成立以来就在追求共同富裕。一部中国共产党的历史,就是党领导人民追求共同富裕的历史。党的一大通过的《中国共产党第一个纲领》中明确提到要消灭社会的阶级区分、消灭资本家私有制,蕴含了对共同富裕的追求。党的二大明确党的最终奋斗目标是要渐次达到一个共产主义社会,而共产主义社会的显著标志就是实现共同富裕。在新民主主义革命中,为了建立崭新的中国,拔掉中国百年来积贫积弱的穷根,实现共同富裕,中国共产党领导人民推翻了帝国主义、封建主义和官僚资本主义"三座大山",取得了新民主主义革命的胜利,也为实现共同富裕创造了稳定的社会条件。新中国成立后,实现共同富裕被提到了发展现代化的日程上,在原有的"打土豪分田地""减租减息"的基础之上,对农业进行了社会主义改造,使社会中占绝大多数的农民真正成为国家的主人,在一定程度上缩小了人与人之间的贫富差距。新时代,在党的领导下,以伟大自我革命推动伟大社会变革,我国经济发展活力强劲,党和国家事业取得了历史性成就,发生了历史性变革,这为实现共同富裕奠定了物质基础,创造了物质条件。

追求共同富裕不仅是从党的历史纵深中走来,也从科学理论中走来。中国共产党作为马克思主义执政党,始终坚持以马克思主义为指导、坚持科学理念为指引。马克思主义理论中涉及共同富裕的思想主要包含以下观点:一是系统阐释实现共同富裕的物质基础,即未来社会的生产将以所有人的富裕和发展为目的,必须以生产力的高度发展为基础。二是在未来社会将以所有人的富裕和自由而全面的发展为目的。马克思在《政治经济学批判》中指出:"社会生产力的发展将如此迅速,以致尽管生产将以所有的人富裕为目的,所有的人的可以自由支配的时间还是会增加的。"①恩格斯在《反杜林论》中强调:"通过社会化生产,不仅可能保证一切社会成员有富足的和一天比一天充裕的物质生活,而且还可能保证他们的体力和智力获得充分的自由的发展和运用。"②也就是说,通过实现共同富裕,人民物质财富将会有极大的提高,也会逐渐消除脑力劳动和体力劳动之间的差异。三是实现共同富裕要有坚强的领导核心。马克思主义经典作家还论述了马克思主义建党学说。马克思指出:"一个单独的提琴手是自己指挥自己,一个乐队就需要一个乐队指挥。"③这表明马克思主义政党必须要确立和维护无产阶级政党的领导核心,在推进共同富裕过程中,亦要发挥马克思主义政党的领导核心作用。总而言之,经过长期探索,马克思主义揭示了实现共同富裕是人类社会发展的必然趋势,论述了共同富裕的发展规律、物质前提和发展的历史性、阶段性等内容,为我国实现共同富裕提供了理论依据。

但共同富裕是由丰富内涵、实践路径、推进主体、享有客体和评价体系等要素构成的多样化系统。马克思主义经典作家只是从宏观上提出了共同富裕的设想,其实现过程、评价标准等微观问题在社会主义发展史上研究较少,且可供我国参考的实践经验较少。作为马克思主义执政党的中国共产党,将马克思主义基本原理与中国具体实际相结合、与中华优秀传统文化相结合,不仅深入研究共同富裕理论,还将共同富裕的目标分阶段推进,更强化了全体社会成员对共同富裕的理论和实践的认同,从理论和实践上丰富和发展了共同富裕思想。

2.中国共产党带领人民追求共同富裕践行了党的初心和使命

中国共产党因初心而生、因使命而兴,党成立之初就肩负历史使命:"中国共产党不仅负有解放无产阶级的责任,并且负有民族革命的责任……团

---

① 《马克思恩格斯文集》(第八卷),人民出版社,2009年,第200页。
② 《马克思恩格斯选集》(第三卷),人民出版社,2012年,第670页。
③ 《马克思恩格斯文集》(第五卷),人民出版社,2009年,第384页。

结组织各派反帝国主义、反军阀的群众,以领导中国革命运动到底,并领导无产阶级得到解放,这即是中国共产党在历史上所应担负的使命,所应有的政治的责任。"①因此,中国共产党是拥有高度责任感、主动担当作为的使命型政党,而并非西方政治学意义上的"政党是社会和政府之间的核心中介组织"②的萨托利式政党。使命型政党的特质决定了中国共产党能够承担推进中国式现代化、实现全体人民共同富裕的历史任务,即为中国人民谋幸福、为中华民族谋复兴。

第一,中国共产党始终为中国人民谋幸福。共同富裕是社会主义的本质要求,是中国式现代化的重要特征,充分体现了以人民为中心的根本立场。一方面,中国共产党将人民对美好生活的向往作为共同富裕的落脚点和着力点。新时代社会主要矛盾的转化凸显了人民对于美好生活的无尽向往,在党的领导下,我们不断满足人民对于物质生活和精神生活需求,致力于处理好效率与公平的关系,化解阻碍社会公平正义的难题,在做大"蛋糕"的基础上分好"蛋糕",从而实现幸福主体最多和幸福总量最大的有机统一,赢得了人民的心。另一方面,中国共产党坚持人民至上体现了党执政为民的本质要求。人民是我国的主人翁,这就决定了党和国家的一切工作必须把人民放在至高无上的位置。马克思恩格斯在《共产党宣言》中庄严宣告:"过去的一切运动都是少数人的,或者为少数人谋利益的运动。无产阶级的运动是绝大多数人的,为绝大多数人谋利益的独立的运动。"③中国共产党是马克思主义执政党,不代表少数利益集团、特权阶层、权势团体的利益,而是始终代表中国最广大人民的根本利益;同时也要紧紧依靠人民,充分调动群众的积极性、主动性、创造性,依靠群众的智慧和力量实现先富带后入,最终

---

① 李忠杰、段东升主编:《中国共产党第一次全国代表大会档案文献选编》,中共党史出版社,2015年,第51~54页。

② [意]G.萨托利:《政党与政党体制》,王明进译,商务印书馆,2006年,第2页。

③ 《马克思恩格斯选集》(第一卷),人民出版社,2012年,第411页。

实现全体人民共同富裕。

第二,中国共产党始终为中华民族谋复兴。"天下将兴,其积必有源。"近代以来,中国各种社会思潮竞相涌入、各种政治力量相互博弈,是什么让中国共产党脱颖而出呢? 根本就在于为中国人民谋幸福、为中华民族谋复兴的初心和使命早已融入党的基因血脉中。实现中华民族的伟大复兴是近代以来中华民族最伟大的梦想,党带领人民奋起反抗、摆脱深重的苦难,使中国从沉沦走向了独立,从独立走向全面小康。在实现中国式现代化的过程中,共同富裕是实现民族复兴中的重要一环,在实现全体人民共同富裕中,中国共产党更清晰地审视自身位置,将共同富裕的蓝图一绘到底,对实现的步骤和阶段性目标进行了总体谋划、统筹安排。

第三,中国共产党始终为人类谋进步、始终为世界谋大同。据统计,111个发展中国家有61亿人口,其中的12亿人生活在贫困中,这些人口中约5.93亿人口是18岁以下的儿童,对于这些国家来讲,还未将共同富裕提上日程,因为他们的主要任务还是摆脱贫困。而中国作为占世界人口1/5的大国,已经率先消除了绝对贫困、全面建成了小康社会,提前10年实现了《联合国2030年可持续发展议程》中的减贫目标,创造了人类反贫史上的奇迹,为世界减贫事业做出了突出贡献,有力拉动了中国和世界经济的增长。这为世界上其他发展中国家摆脱贫困提供了有价值的借鉴方案。

与此同时,世界上有不到30个国家实现了现代化,但并未实现共同富裕,甚至难以逾越贫富差距分化这条鸿沟。今天的西方国家尤其是英美面临着一个可以称之为"托克维尔困局"的问题,即经济发展导致社会的不稳定。①西方国家在追求现代化的过程中,过度崇尚资本主义制度和自由市场经济,社会财富被少部分人掌握,难以兼顾大多数群体,不可避免地会造成两极分化严重、极端贫困人口增加等问题。而中国在实现现代化的过程中,

---

① 郑永年:《共同富裕的中国方案》,浙江人民出版社,2022年,第11页。

紧紧围绕共同富裕这一命题,坚持问题导向,将顶层设计与具体实践相结合,走出了一条独特的共同富裕道路,为世界上渴望实现共同富裕的国家提供了可借鉴参考的方案,为世界政党政治注入了中国力量。

此外,中国在推进共同富裕的过程中,为世界文明的发展做出了突出贡献。西方国家大多数通过暴力掠夺、巧取豪夺等方式实现现代化,发达国家的"富裕"大多建立在别国"贫穷"基础之上,这样的人类文明仍未彻底摆脱弱肉强食的丛林法则,并不能代表人类文明的前进方向。中国共产党领导坚持以人民为中心、发展成果由人民共享,致力于构建人类命运共同体,推动世界各国人民早日实现共同富裕,为中华文明注入了新内涵,提升了人类文明的深度和广度。

3.共同富裕关系中国共产党的执政基础

执政基础关系执政党的存亡兴衰问题,综观中国共产党走过的百余年历程,之所以能从一叶扁舟成长为一艘巨轮,就在于有坚如磐石的执政基础。共同富裕是人民之所盼,更是关系党执政基础的重大政治问题。

第一,中国共产党集中力量办大事的优势为实现共同富裕提供了保证。中国共产党发挥独有优势为实现共同富裕提供了有力保证。在推进中国式现代化发展进程中,作为赶超型现代化模式,若没有强大的领导核心,现代化发展的难度可想而知。一方面,在党的集中统一领导下,我国用七十多年的时间走完了西方国家几百年的工业化历程,在此基础上,对于平稳有序推进共同富裕进行了谋篇布局。党中央集中统一领导,各级党组织与领导干部统一研判,集中了符合社会发展规律和人民根本利益的意见,以中国式现代化为目标导向,擘画了实现共同富裕的战略安排。另一方面,集中基础上的民主充分发扬了党内民主的优势,有效征集了民意,集中听取各方意见,为实现共同富裕营造了充满活力的政治局面。

第二,中国共产党为实现共同富裕提供了有效制度保障。新中国成立以来,我国已经形成了科学制度体系,这一制度体系为应对国内外复杂环境、实现共同富裕这一任务发挥了制度引领作用。以我国的收入分配制度为例,党的二十大报告明确指出,要完善分配制度,坚持按劳分配为主体、多种分配方式并存,坚持多劳多得,鼓励勤劳致富,促进机会公平,增加低收入者收入,扩大中等收入群体。在党的领导下,分配制度的实施保障了社会成员能够共享创造成果,"坚持多劳多得,鼓励勤劳致富"最大限度地激发了社会主体活力,促使了社会公平正义。现在我国正处于后工业化时代,通过"限高、扩中、提低"增强了经济发展韧性,逐步缩小贫富差距。

　　第三,党的伟大自我革命为实现共同富裕提供政治保障。实现共同富裕是关系人民群众切身福祉的伟大社会变革,必须要毫不动摇地坚持中国共产党的领导。中国共产党只有持续不断地刀刃向内进行伟大的自我革命,才能永葆自身先进性和纯洁性,把党锻造成更为坚强有力的执政党。进入新时代以来,中国共产党敢于和形形色色的错误思想斗争到底,不断将理论创新推向全新高度,解决了诸多思想不纯的问题,为推进共同富裕提供了理论指引。同时,中国共产党不断优化党的组织路线、强化作风建设,遏制了党内的歪风邪气,解决了诸多顽瘴痼疾,保证党对共同富裕的领导能"如身使臂,如臂使指"。

(二)实现共同富裕是社会主义本质的必然要求

　　共同富裕是社会主义的本质要求,是中国式现代化的重要特征。社会主义本质回答了什么是社会主义、建设什么样的社会主义这一首要的基本理论问题。邓小平在南方谈话中指出:"社会主义的本质,是解放生产力,发展生产力,消灭剥削,消除两极分化,最终达到共同富裕。"[1]这句话充分阐释了发展社会主义的根本任务、根本方向和根本目标。党的十八大后,习近平就阐释了共同富裕是社会主义的本质要求。

---

① 《邓小平文选》(第三卷),人民出版社,1993年,第373页。

1.共同富裕是衡量社会主义社会的基本标准

社会主义和共同富裕是不可分割的,只有社会主义制度才能为实现共同富裕提供保证,因此这是社会主义发展规律的使然、是实现中国式现代化的必然。一方面,共同富裕作为社会主义本质的必然要求,深化了对中国式现代化的探索。实现全体人民共同富裕是中国式现代化的本质要求,与西方现代化的模式不同,发展中国式现代化从根本上消除劳动和劳动产品的异化问题,使劳动产品全部由社会成员共享,超越了西方资本逻辑的宰割;发展中国式现代化致力于实现中国梦、共圆世界梦,揭露了西方国家"普世价值"带来的政治乱象和发展利益的损失,充分凸显了社会主义的优越性,为世界想实现现代化的国家提供了全新的选择。另一方面,共同富裕作为社会主义本质的必然要求,集中体现了人类文明新形态的基本特征。习近平在庆祝中国共产党成立100周年大会上的讲话中指出:"我们坚持和发展中国特色社会主义,推动物质文明、政治文明、精神文明、社会文明、生态文明协调发展,创造了中国式现代化新道路,创造了人类文明新形态。"①这是中国共产党人对世界文明的重大贡献。

人类文明经历了从低级到高级、从简单到复杂、从落后到进步的演进过程,社会形态的更替实际上也是文明形态的更替。实现共同富裕不仅是分配制度的变革,更是人类文明的重大转型。近代以来,西方资本主义文明本质上是以资本为轴心的文明,这种文明性质决定了资本主义文明与共同富裕不可兼容。我们所创造的人类文明新形态,本质上是社会主义的文明形态,社会主义文明是建立在人类文明全部成果基础上、超越资本主义文明的新型文明,实现共同富裕是社会主义文明与西方资本主义文明的重要区别。

实现共同富裕是社会主义的本质要求,是中国式现代化的重要特征。党的十八大以来,以习近平同志为核心的党中央团结带领全国人民,在历史

---

① 《习近平著作选读》(第二卷),人民出版社,2023年,第483页。

性解决了绝对贫困问题后,对扎实推动共同富裕作出重大战略部署,把共同富裕作为现代化建设的重要目标,中国特色社会主义必将迎来新的更大发展,必将为人类社会的文明进步、世界社会主义发展做出更大贡献,在党史、新中国史、改革开放史、社会主义发展史和人类文明发展史上都具有重大意义。

2.共同富裕促进了人自由而全面的发展

一方面,人自由而全面的发展是共同富裕的追求。马克思在阐释富裕时指出,富有的同时就是需要有完整的人的生命表现的人,在这样的人身上,他自己的实现表现为内在的必然性、表现为需要。因此,人的自由而全面发展和共同富裕是同向而行的。从中国共产党百年余奋斗历程来看,共同富裕早已深深根植于中国特色社会主义事业中,更体现了实现人的全面发展的价值追求,从"一部分地区、一部分人先富起来,先富帮带后富",到"推动人的全面发展、全体人民共同富裕取得更为明显的实质性进展",有效避免了"共同贫""少数富、多数穷"两个错误方向,也体现了以人民为中心的价值理念。

新时代的共同富裕更彰显了人自由而全面发展的价值理念。从共同富裕的目标来看,这一目标包含了物质文明、政治文明、精神文明、社会文明和生态文明等多个方面的追求,凸显了人自由而全面发展的特质。另一方面,要以共同富裕推进实现人自由而全面的发展。中国式现代化强调物质文明和精神文明相协调的现代化,我国在追求现代化的进程中面临着人口规模巨大的基本国情,这就要求实现共同富裕过程中一个人都不能落下,避免落入"重增长轻分享"的窠臼。与此同时,还要实现物质文明和精神文明都富裕——既抓经济建设,也抓政治文明和精神文明建设,保证了社会主义发展与治理的公平正义和主体动力。

3.实现效率与公平的统一有助于缩小贫富差距、实现共同富裕

恩格斯在《共产党宣言》1888年英文版序言中指出:"每一历史时代主要

的经济生产方式和交换方式以及必然由此产生的社会结构,是该时代政治的和精神的历史所赖以确立的基础,并且只有从这一基础出发,这一历史才能得到说明。"①也就是说,物质资料的生产方式维系和推动着人类社会的生存发展,是考量和把握现代化的重要标准。因此,我们要依托生产力和生产关系的矛盾运动规律来研判现代化道路的适合与否,来判断能否稳步实现共同富裕。共同富裕中的"富裕"属于生产力范畴,明确了生产力发展的水平,说明贫穷不是社会主义,要聚焦生产力发展。"共同"属于生产关系范畴,界定了社会主义的性质,明确了贫富差距分化不是社会主义。这就要求处理好效率和公平之间的关系。

一方面,在社会主义市场经济下注重效率,坚持把蛋糕"做大"。效率是公平的前提,我国目前仍处于并将长期处于社会主义初级阶段,仍需推动经济的高质量发展。为此,我国始终坚持基本经济制度,科学把握新发展阶段的历史方位,贯彻新发展理念、加快构建新发展格局。要处理好政府和市场的关系,通过扩大内需来拉动经济增长,使内需市场不断焕发生机和活力;提升科技创新能力,支持战略新兴产业和高新技术产业发展,从而推动经济实现质的有效提升和量的合理增长。

另一方面,在社会主义市场经济下注重公平,坚持把蛋糕"分好"。公平是效率的有力保证,实现共同富裕的过程中弘扬社会公平正义,坚持发展为了人民、发展依靠人民、发展成果由人民共享,这也集中体现了社会主义制度的优越性。立足共同富裕的目标,具体而言要完善分配制度,提高劳动报酬在初次分配中的比重,再分配中通过加大税收、财政转移支付等调节力度,实现收入分配的相对公平,第三次分配坚持自愿的原则,倡导高收入人群以公益慈善的方式回报社会。最终形成人人参与、人人享有的合理分配格局和"两头小、中间大"的橄榄型分配结构。

---

① 《马克思恩格斯选集》(第一卷),人民出版社,2012年,第385页。

（三）实现共同富裕是全体人民的共同期盼

实现共同富裕是全体人民美好的夙愿，从整个人类文明进程来看，无论是东方还是西方都未放弃对于共同富裕的追求。

1.共同富裕是中华民族的世代目标和追求

第一，中国古代的先贤圣哲描绘出了美好的"大同社会"。古代的思想家认为，人类最高层级的理想社会是"大同社会"，虽并未明确提出"共同富裕"的概念，但"大同社会"中也蕴含了共同富裕的部分内涵。几千年来，中华民族都在追求"天下为公"的社会愿景，期望实现"公平正义"的价值目标，确立"以民为本"的富民思想，这也为近代以来中国共产党追求共同富裕提供了深厚的文化滋养。譬如百家争鸣中先贤圣哲就憧憬了一个没有剥削、没有压迫的理想社会。孔子在《礼记·礼运》中描绘了"大道之行也，天下为公"的社会愿景，畅想国家可以"老有所终，壮有所用，幼有所长，鳏寡孤独废疾者，皆有所养"，提出了"不患寡而患不均"的治国理念；老子提出了"小国寡民"的主张，以及"有余者损之，不足者补之"的分配思想。东晋时期，陶渊明为世人勾画了美好的世外桃源。两宋时期，起义的农民呼喊出"等贵贱、均贫富"的口号。康有为在《大同书》中提出"人类平等，人类大同"的理念……这些都体现出人民群众对共同富裕生活的无尽向往。但囿于我国古代群众以农耕为主，社会生产力水平较低，生产关系还是生产资料的私有制，不具备实现共同富裕的物质基础，人民对于"大同社会"的美好憧憬只能是一种空想。

第二，人民为实现共同富裕进行了实践探索。中国古代历史上人民对于共同富裕的诉求主要体现在对"均贫富、等贵贱"的追求，为了实现这一目标，劳苦大众领导人民进行了多重实践探索。比如，陈胜、吴广领导农民起义时发出了"王侯将相宁有种乎"的呐喊，真切地号召群众反对剥削和压迫。黄巢起义中提出了"均平"的战斗口号，猛烈冲击了当时封建王朝的统治。

清朝末期,太平天国颁布了《天朝田亩制度》,要求废除封建土地所有制,提出"有田同耕,有饭同食,有衣同穿,有钱同使,无处不均匀,无人不饱暖"的政策。近代以来,为了彻底实现民族独立和人民解放,孙中山提出了"三民主义",期望在建立新政权以后带领人民实现"幼有所教,老有所养,分业操作,各得其所"的目标,也为实现共同富裕作出了努力。中国人民对于共同富裕一系列的实践探索,为今后中国共产党追求共同富裕奠定了实践基础,推动形成中国人民对于共同富裕的共识。

2.人类对共同富裕的追求从空想变成科学

共同富裕思想在古代中国出现了萌芽,在近代西方社会得到了进一步深化。启蒙运动出现后,在西方社会"共同富裕"这种以前遥不可及的梦想成为人们为之奋斗的终极目标。

西方对共同富裕的追求和实践探索主要体现为西方的空想社会主义。空想社会主义诞生于资本主义社会确立初期,最早可以追溯到托马斯·莫尔的《乌托邦》,书中描绘了一个"一切归全民所有,看不到穷人和乞丐,每人一无所有,而又每人富裕"的"理想国度",每个社会成员都能够各取所需、按劳分配,并自觉地参与到生产活动中。康帕内拉也绘制了"太阳城的公社制度使大家都成为富人,因为大家共同占有一切;同时又都是穷人,因为每个人都没有任何私有财产"的美丽画卷。随着工业革命的不断推进,工人阶级和资产阶级的矛盾被激化,贫富两极分化对立越来越严重,这一时期作为空想社会主义者代表的圣西门、欧文和傅里叶在对资本主义进行抨击和口诛笔伐的同时,也大胆地畅想了未来理想社会的制度。例如圣西门的大多数人拥有财产平等的实业制度、傅立叶的全民自愿合作和谐制度、欧文生产资料公有的新村制度,表达了理想社会人人富裕、按需分配的美好愿望,体现出社会平等、财富共享的基本特征。

3.新时代人民群众对于美好生活的向往更加强烈

中国特色社会主义进入新时代,随着社会主要矛盾的转化的提出,人民对于美好生活的向往日益强烈,人民更加向往"三维"美好生活,即高质量物质生活的维度、高质量精神文化生活的维度、高质量生活环境的维度。

在高质量物质生活方面,物质生活在人类一切生活中具有基础性作用,若没有物质上的丰盈,其他一切需求也会流于空谈。进入新时代,"衣食住行"等基本的物质生产活动已经不能满足人民群众的基本生活需求,人民对物质生活的追求从以前的"有没有""够不够"的转向"优不优"。人民期盼提升人均可支配收入。收入是民生之源,只有切实提升了低收入者收入、增加中等收入群体的比重,才能逐步缩小贫富差距,破解发展不平衡不充分的难题。同时,在党的领导下我国已经解决了历史性的绝对贫困问题,全面建成了小康社会,这为人民生活水平质的飞跃作了充分的量的积累,群众期盼更优质的物质产品,如群众从有衣穿到期盼穿得更高档,从以前的有饭吃到期盼吃出质量和品位,从以前的有水喝到期盼喝好水,等等。

在高质量精神文化生活方面,物质富足并不代表精神深化富裕。在资本主义社会,虽然创造了巨大的物质财富,但资本主义制度下的财产私有制和异化劳动下使人受到折磨。因此,离开了精神文化生活的支持,美好生活只能成为空想。党的十八大以来,我国坚定文化自信、推进文化强国建设,大力弘扬中华优秀传统文化,以社会主义核心价值观引导积极向上的社会风尚。

在高质量生活环境方面,生态环境是人的生活的有机组成部分,生活环境的优劣直接影响人民生活质量。进入新时代,群众在追求美好生活的情况下愈加向往良好的生态环境,"人民群众对清新空气、清澈水质、清洁环境等生态产品的需求越来越迫切,生态环境越来越珍贵"[1]。但建设美丽中国依然任重而道远,大气、水、土壤等问题仍需系统综合治理,生态环境治理仍需加以改善。

---

[1]　中共中央文献研究室编:《习近平关于社会主义生态文明建设论述摘编》,中央文献出版社,2017年,第25页。

二、中国式现代化中共同富裕的实践历程

新中国成立以来,实现现代化就是我国孜孜以求的奋斗目标。现代化的实现不是一蹴而就的发展过程,中国共产党带领人民在开创中国式现代化的历史进程中,立足我国实际和不同历史时期的特征,其实践历程烙印上了共同富裕的鲜亮底色。

(一)社会主义革命和建设时期推进中国式现代化中共同富裕的实践探索

近代以来,半殖民地半封建社会的中国,贫富分化严重。新中国的成立为实现现代化创造了稳定的外部条件,但我国仍生产力低下,经济基础薄弱,各项事业百废待兴。当时的情况正如毛泽东指出的那样:"现在我们能造什么? 能造桌子椅子,能造茶碗茶壶,能种粮食,还能磨成面粉,还能造纸,但是,一辆汽车、一架飞机、一辆坦克、一辆拖拉机都不能造。"①针对这样的国情,以毛泽东同志为主要代表的中国共产党人肩负社会主义现代化建设的历史重任,为改变国弱民穷的面貌、实现共同富裕创造了条件。

1.解放和发展生产力是实现共同富裕的重要手段

物质财富的极大丰富是共同富裕的基础,而物质财富的积累是建立在生产力高度发达之上。毛泽东指出:"中国一切政党的政策及其实践在中国人民中所表现的作用的好坏、大小,归根到底,看它对于中国人民的生产力的发展是否有帮助及其帮助之大小,看它是束缚生产力的,还是解放生产力的。"②在实现现代化的目标下,要想实现共同富裕,解放和发展生产力是关

---

① 《毛泽东文集》(第六卷),人民出版社,1999年,第329页。
② 《毛泽东选集》(第三卷),人民出版社,1991年,第1079页。

键一步。

第一,变革旧的生产关系以适应生产力的发展。新中国成立后必须要变革建立在生产资料私有制基础上的旧的生产关系,为实现共同富裕创造条件。毛泽东主要从生产资料所有制、劳动生产中人与人的关系、社会主义制度下的分配这三个方面来变革生产关系。

一是在生产资料所有制方面,生产资料私有制变为社会主义公有制。1950年6月,毛泽东在党的七届三中全会上指出,争取新中国国家财政经济状况根本好转的第一个条件就是土地改革的完成,会后颁布的《中华人民共和国土地改革法》中明确规定:废除地主阶级封建剥削的土地所有制,实行农民的土地所有制。土地所有制的改革从根本上消灭了对农民的剥削和压迫,消除了两极分化的所有制基础。

同时,随着城市和工业化的发展,随之而来的是粮食和原料供应紧张的问题,这反映了以个体私有制为基础的小规模农业生产和个体经济难以适应大规模工业化发展的需要。化解问题的方法就是变个体经济为社会主义集体经济,推进农业的互助合作,逐步实现农民共同富裕。而对手工业和资本主义工商业的改造,为工业化发展提供了稳定的原料和资金。

二是在人的关系方面,压迫与被压迫的关系变为平等合作的社会主义劳动关系。新中国成立后,我国的目标就是要建设没有剥削和压迫、人人平等的共同富裕社会。1956年完成的"一化三改"有效化解了人民内部的矛盾,逐步铲除了封建社会残存的对劳动群众的剥削和压迫。一方面,通过对农业的改造,使农民翻身成为国家的主人,不仅增加了农民收入,还极大调动了劳动者积极性。对手工业和资本主义工商业的改造,将企业改造和人的改造相结合,以往的剥削者和压迫者真正成为自食其力的劳动者。另一方面,实行"两参一改三结合",在劳动中建立平等关系。"干部参加劳动"有效避免了官僚主义,干部到生产中与群众同甘共苦,密切了党群关系。"工人参与管理"维护了人民群众的主人翁地位。"改革不合理的规章制度"是从上层建筑层面,修改或废除阻碍影响劳动者积极性的制度。"领导人员、工人和技术人员三结合"直接体现了生产关系中人与人的平等关系,这三者中涉及到了领导者与被领导者、体力劳动者与脑力劳动者,在生产过程中,不分职位高低,充分发挥各方积极性,共同研讨、通力合作。

三是社会主义制度下的分配方面,毛泽东高度重视社会主义制度下的分配问题,并围绕分配作出了大量阐述,主要表现在以下两个方面。一方面,对苏联教科书关于分配论述的批判。在对社会主义制度下分配问题的认识上,毛泽东将马克思恩格斯的分配理论与苏联教科书关于分配的理论进行了对比,他认为,马克思在《哥达纲领批判》中关于分配的认识是:"分配首先是生产条件的分配。生产资料在谁手里,这是决定性的问题。生产资料的分配决定消费品的分配。"①但苏联教科书却离开生产资料的分配来谈消费品的分配,并将消费品分配视为分配的决定因素。对此,毛泽东认为这是一个理论错误。按照马克思恩格斯的分配理论,"有什么样的生产资料的分配,就会有什么样的产品的分配,有什么样的消费品的分配。前者是决定后者的"②。也正是在这个意义上,毛泽东指出,关于社会主义制度下的产品分配,"苏联教科书写得最不好,要重新另写,换一种写法"③。另一方面,对利益问题上公与私辩证关系的阐述。毛泽东认为,苏联教科书之所以在分配问题上存在认识上的错误,原因主要在于苏联教科书过度强调物质刺激,没有弄清楚利益问题上公与私的辩证关系。对此,毛泽东指出:"公是对私来说的,私是对公来说的。公和私是对立的统一,不能有公无私,也不能有私无公。我们历来讲公私兼顾,早就说过没有什么大公无私,又说过先公后私。个人是集体的一分子,集体利益增加了,个人利益也随着改善了。"④在

① 吴易风:《毛泽东论中国社会主义政治经济学》,《政治经济学评论》,2013年第4期。
② 吴易风:《毛泽东论中国社会主义政治经济学》,《政治经济学评论》,2013年第4期。
③ 《毛泽东文集》(第八卷),人民出版社,1999年,第136页。
④ 《毛泽东文集》(第八卷),人民出版社,1999年,第134页。

此基础上,毛泽东认为,在社会主义制度下的分配中,物质鼓励原则虽然重要,但不是唯一原则,也应当包括精神鼓励原则。因此,在分配中强调"物质利益也不能单讲个人利益、暂时利益、局部利益,还应当讲集体利益、长远利益、全局利益,应当讲个人利益服从集体利益,暂时利益服从长远利益,局部利益服从全局利益"①。这表明,毛泽东关于社会主义制度下分配问题的论述,既反对平均主义,又反对贫富差距悬殊,同时也是对马克思恩格斯社会主义分配理论的新发展,为消灭剥削、消除两极分化,最终实现共同富裕提供了科学指导。

第二,加快工业化建设以加快推进生产力发展。国家的工业化水平是生产力发展的重要标志,是实现现代化和人民共同富裕的物质基础,我国进行社会主义建设,要促进生产方式的变革,就必须有计划地进行大规模工业建设。

首先,循序渐进地推进工业建设。综观世界工业化发展的模式,主要分为资本主义的工业化和以苏联为代表的社会主义工业化。推进本国工业化发展并非简单套用其他国家现成的模板,而是要探索出适合本国国情的发展模式。

新中国成立后,在国民经济恢复任务完成后,我国已经初步具备了进行大规模经济建设的条件。1953年,中国正式开始实施发展国民经济的第一个五年计划,落后的农业国转变为先进的工业国的序幕就此拉开,全体人民以极高的热情投入到"一五"计划建设中。在工业化建设过程中,我国首先发展了冶金工业,初步形成了比较合理的工业布局。而煤炭工业、有色金属工业、电力工业等方面都有了长足发展,重型矿山设备、电站设备等通用机械领域新建了一大批骨干企业。除此之外,"一五"计划期间还着重建设了航空和电子两个基础最薄弱的新型工业部门,创建了核工业和航天工业两

---

① 《毛泽东文集》(第八卷),人民出版社,1999年,第133页。

个新兴尖端行业。

1956年,毛泽东在《论十大关系》中强调了要处理好重工业和轻工业、农业的关系,以及沿海工业和内地工业关系,以重工业为重点,但必须注重轻工业和农业的发展。但在"大跃进"期间片面强调重工业,出现了国民经济结构失衡的问题。在党的八届十中全会上,毛泽东提出了"以农业为基础、以工业为主导"的发展国民经济的总方针,要求"坚决地把工业部门的工作转移到以农业为基础的轨道上来"。

其次,依靠科学技术促进工业化发展。新中国成立后,毛泽东就十分重视科学技术的发展,提出要进行技术革命。1956年10月,新中国历史上的第一个科学技术发展规划——《1956—1967年科学技术发展远景规划纲要》出台,确定了57项任务,涵盖了原子能的和平利用、半导体技术、电子计算机、农业的机械化等方面,并明确了实现"十二年科技规划"目标的路径。通过实施这一规划,中国解决了当时面临的重大科技难题,例如"两弹一星"的研制成功,还迅速建立我国科学界最短缺且国家建设最急需的门类,逐步缩小了与世界先进科技的差距。此外,提出的科学技术现代化在实现"四个现代化"过程中起到决定性作用。将现代科学技术运用于现代化发展的各个领域,才能使科技成果惠及更多群众。

最后,知识分子助推工业化发展。知识分子是社会物质财富和精神财富的创造者,所掌握的先进科学知识是工业化进步的催化剂。新中国成立以来,毛泽东就对教育和社会文化事业进行改革,要用三个五年计划的时间造就一批"又红又专"的无产阶级知识分子。

第三,强化马克思主义教育以保证生产力发展。人是生产力发展中最活跃的因素。新中国成立后,为了推进社会主义革命和建设,为实现共同富裕作足思想上的准备,在党的领导下,对劳动者进行了马克思主义教育,从而有效提高思想觉悟,充分调动其积极性,进而促进生产力的解放和发展。

一方面,马克思主义教育为生产力的发展提供了强大的精神力量。新中国的成立标志着人民民主专政的国家政权的确立,个体经济和私人资本主义经济已然无法适应我国经济社会发展的形势,根据毛泽东的建议,对群众运用马克思主义教育与爱国主义、集体主义、劳动教育相结合的方式,引导农业走向集体化道路,个体经济走上社会主义合作化道路,并以和平赎买的方式对资本主义工商业进行改造。随着社会主义改造的推进,为了使国内社会关系和人们的思想观念进一步适应生产力发展,党中央号召在全国开展以"普遍的马克思主义教育"为主题的整风运动,通过马克思主义教育改造党员干部、知识分子的立场,使他们摆脱旧思想、旧观念的束缚和国内外反动思想的影响,提高马克思主义理论修养,逐步成为坚定的马克思主义者。

另一方面,马克思主义教育为党和国家事业的发展指明了方向。中国共产党一经成立,就高举马克思主义伟大旗帜。新中国成立后,帝国主义、封建主义的旧思想残余仍在部分党员干部观念中根深蒂固,针对存在的问题,党中央提出从高级干部到新党员系统学习马克思列宁主义,逐步掌握马克思列宁主义的立场、观点和方法。1957年,党内开展了整风运动,越来越多的群众明确了党和国家追求的社会主义社会理想氛围,即"造成一个又有集中又有民主,又有纪律又有自由,又有统一意志、又有个人心情舒畅、生动活泼,那样一种政治局面"[1]。毛泽东提出马克思主义同中国具体实际进行"第二次结合",进一步确立和加强了马克思主义对社会主义建设的系统性理论指导。

2.探索构建社会主义制度是实现共同富裕的制度基础

西方在追求现代化的过程中实现了从农业文明向工业文明的历史性转变,在利益至上的资本主义生产方式驱动下,生产力水平高度发达,但不可避免地出现了贫富差距悬殊、物质文明与精神文明相脱节等问题,虽然工业

---

① 《毛泽东著作选读》(下册),人民出版社,1986年,第887页。

化、城镇化等水平极高,却是一条悖论丛生的现代化道路。新中国成立后,以毛泽东同志为主要代表的中国共产党人就确定了共同富裕的奋斗目标。毛泽东深刻认识到资本主义私有制严重阻碍了国家富强,必须要建立人民民主专政的国家政权,并建立和完善社会主义制度,是实现共同富裕的制度基础,这也是实现共同富裕的首要前提。

第一,通过社会主义改造开辟了社会主义发展道路。在新民主主义革命时期,以毛泽东同志为主要代表的中国共产党人多次谈及"共同富裕",通过"打土豪、分田地"的方式保障农民基本生活,把"耕者有其田"作为实现农民共同富裕的必要条件。新中国成立后,在三年恢复期以后,就明确要进行社会主义改造来破除社会中存在的资本主义私有制。毛泽东明确指出,实行社会主义制度可以走向更富更强,且"这个富,是共同的富,这个强,是共同的强,大家都有份"[1]。说明我国的一切改造都是为了实现共同富裕,使每一位农民都能享受国家发展带来的成果。

1953年,我国开始进行"一化三改",12月中共中央通过的《关于发展农业生产合作社的决议》提出"使农民能够逐步完全摆脱贫困的状况而取得共同富裕和普遍繁荣的生活",这是在党的文件中最早提出"共同富裕"的概念。1955年,毛泽东在《关于农业合作化问题》中指出:"逐步地实现对于整个农业的社会主义的改造,即实行合作化,在农村中消灭富农经济制度和个体经济制度,使全体农村人民共同富裕起来。"[2]同时,毛泽东认为:"要巩固工农联盟,我们就得领导农民走社会主义道路,使农民群众共同富裕起来,穷的要富裕,所有农民都要富裕,并且富裕的程度要大大地超过现在的富裕农民。"[3]

---

[1] 《毛泽东文集》(第六卷),人民出版社,1999年,第495页。
[2] 《毛泽东文集》(第六卷),人民出版社,1999年,第437页。
[3] 中共中央文献研究室编:《建国以来重要文献选编》(第七册),中央文献出版社,1993年,第308页。

为了让农民彻底摆脱压迫,提高农业生产效率,实现共同富裕,我国首先对农业进行社会主义改造,国家加大了对农业的投入,在消灭了富农经济和个体经济的同时,毛泽东大力推进农业合作化运动,让全体农民参与到合作社中来。此外,还积极修建农田水利,促进农业发展,提高农民收入水平。经过"一化三改",为中国式现代化的发展扫清了制度层面和社会结构上的障碍,为实现共同富裕提供了更为稳定的国内环境,开辟了更广阔的道路。

第二,在分配制度上将剥削与被剥削的分配关系变为公平合理的分配关系。生产决定分配,生产方式决定分配方式。新中国成立后,我国的生产方式由资本主义私有制转变为社会主义公有制,劳动人民在生产资料面前是平等的,我国也需要确立新的分配方式。由于生产力不够发达,只能依据劳动者提供的劳动数量和熟练程度进行按劳分配,这在一定程度上消灭了剥削和压迫,为逐步实现共同富裕铺平道路。关于分配制度方面主要体现在以下三个方面:

其一,按劳分配为主、平均分配为辅。毛泽东提出建立合理的分配制度,坚持各尽所能、按劳分配的原则,将可供分配的生产资料分为按劳分配部分和实行平均分配的供给制部分,在分配比例上可以灵活机动。

其二,缩小工资差距。确立社会主义制度后,毛泽东在《论十大关系》中提出要缩小上下两方面的工资差距。他在党的八届二中全会上的讲话中,主张缩小军队干部和军队以外干部薪水的差额。同时,按大行政区分别对国营企业的工资制度进行了改革,工人普遍实行八级工资制,少数实行七级或六级工资制,工资的标准根据工人岗位、承担的责任来确定。1968年,毛泽东甚至提出厂长、副厂长的薪金要同工人差不多。

其三,照顾五保户和困难户。在社会主义社会中,要想缩小贫富差距,就不能让穷者愈穷、弱者愈弱,因此要充分照顾社会中的弱者,即五保户和困难户,这充分体现了社会主义中蕴含的共产主义的因素。

第三,社会主义制度确立后,促使人们实现物质生活和文化生活的双重富裕。从这一时期开始,提出要"保证在发展生产的基础上逐步提高人民物质生活和文化生活的水平"①,也就是说人民不仅注重物质的追求,更注重对精神文化生活的追求。1954年颁布的《中华人民共和国宪法》从国家根本大法的层面上,使群众能依法有序地进行政治参与,保证了人民当家做主的权利;同时在全国范围内建设卫生院,消灭危害人民健康的天花、霍乱、血吸虫等疾病;此外,开展了扫盲运动,兴办夜校、农校,有效提升了群众的文化素质。

经过新中国成立后二十多年的奋斗,我国初步建立起独立的比较完整的工业体系和国民经济体系,从传统的农业大国转变为初具规模的工业化国家。这个阶段对中国式现代化道路的探索,虽然经历了曲折和磨难,但仍取得了令人鼓舞的伟大成就,为改革开放后推进社会主义现代化建设提供了宝贵经验和物质基础,为实现共同富裕扫清了道路。

3.推进共同富裕的漫长历程是必经之路

1955年10月,毛泽东指出:"现在我们实行这么一种制度,这么一种计划,是可以一年一年走向更富更强的,一年一年可以看到更富更强些。而这个富,是共同的富,这个强,是共同的强,大家都有份。"②实现共同富裕是一个漫长而曲折的过程,新中国成立后,我们充分认识到了结果的美好性,但也看到实现过程的艰巨性。

第一,时间上的长期性。我国在确立社会主义制度后,依然存在着人口基数大、生产力低下等情况,想要迅速实现共同富裕显然是不切实际的。以毛泽东同志为主要代表的中国共产党人深刻认识到实现这一目标需要一代又一代人接续努力。起初,毛泽东认为在我国这样一个人口大国,首先要用十五年的时间为实现社会主义工业化、机械化作好充分准备。然后再经过十个五年计划将我国建成社会主义现代化强国。同时,毛泽东对党内出现

---

① 《毛泽东年谱(一九四九—一九七六)》(第二卷),中央文献出版社,2013年,第169页。
② 《毛泽东文集》(第六卷),人民出版社,1999年,第495页。

的经济建设急于求成的现象也作了相关的批示："我们这样一个大国要提高经济、文化水平,建设现代化的工业、农业和文化教育,需要一个过程。我们现在提出了'多、快、好、省'这个建设经济、文化的口号。可以快一点,但不可能很快。"①

第二,过程中的曲折性。实现共同富裕并非一蹴而就的,而是要根据时代特点和要求,探索出一条适合本国国情的共同富裕之路。新中国成立初期,我国在一穷二白的情况下,通过一系列创造性实践来践行共同富裕的理念,这其中也存在一些问题,比如对于共同富裕没有系统的理论阐释,并未对共同富裕进行顶层设计,也没建构出实现共同富裕的全面系统的步骤等。充分认清实现共同富裕面临的问题,将更进一步推动实现共同富裕。

第三,避免陷入两极分化和平均主义陷阱。新中国成立以后,我国对实现共同富裕进行了积极探索。根据我国的国情和性质,实现共同富裕不能走"两个极端",既要反对平均主义,也要反对两极分化,我国在社会主义建设的过程中,特别注意坚持公平原则,始终将公平思想放在首位。

一方面,实现共同富裕的过程中要防止平均主义。共同富裕是在存在差别的基础上的富裕,平均主义则是否定一切差别。因此,实现共同富裕要防止平均主义。在1958年,"大跃进"和人民公社化运动中日益凸显出"共产风",过度强调平均主义,为了纠正"一平二调"和急于过渡到共产主义的平均主义倾向,毛泽东多次强调平均主义和按劳分配之间的关系,要调动农户劳动的积极性,提高其工资和收入,实现多劳多得、少劳少得。

另一方面,实现共同富裕的过程中要防止两极分化。共同富裕意味着全体社会成员公平地享有生产资料和发展的机会,在坚持按劳分配的原则上实现同步富裕。我国在确立了社会主义制度后,实现了生产资料公有制,劳动者享有了生产资料,能够充分发挥主观能动性。例如,20世纪50年代初

---

① 《毛泽东文集》(第八卷),人民出版社,1999年,第71页。

期,我国土地改革完成后,农村中富农日渐增多,许多富裕中农力求把自己变成富农,而贫农由于生产资料不足依然处于贫困地位,长此以往,农村中两极分化的现象将会越来越严重。据此,毛泽东对农业进行了社会主义改造,再逐步实现对手工业和资本主义工商业的社会主义改造,为实现全体人民共同富裕创造条件。与此同时,在社会主义改造完成后,为了推进城市和农村、沿海地区和内地地区、汉族和少数民族在内的所有人都富起来,毛泽东在《论十大关系》中强调要处理好重工业和轻工业、农业,沿海工业与内陆工业,经济建设与国防建设,国家、生产单位和生产者个人,中央和地方,汉族和少数民族的关系等,这在一定程度上防止了两极分化,促进了平等发展。

(二)改革开放新时期推进中国式现代化中共同富裕的实践探索

改革开放初期,我国经济、政治建设重回正规,但与西方发达国家仍有较大差距,科技落后了三十多年,人民生活普遍较为贫困。党的十一届三中全会后,党带领人民开启了改革开放的新篇章,以邓小平同志为主要代表的中国共产党人围绕什么是共同富裕、为什么实现共同富裕、如何实现共同富裕等问题进行了一系列的实践探索,也深刻认识到实现共同富裕不是一蹴而就的,对实现共同富裕进行了系统推进,有效提高了人民生活质量和水平。

1.明确共同富裕是社会主义的本质特征

邓小平在南方谈话中创造性地提出了社会主义的本质,即"解放生产力,发展生产力,消灭剥削,消除两极分化,最终达到共同富裕"①。邓小平将共同富裕上升到社会主义本质的高度。

第一,解放和发展生产力是实现共同富裕的物质前提。新中国成立初

① 《邓小平文选》(第三卷),人民出版社,1993年,第373页。

期,我国生产力基础薄弱,在这样的条件下实现的并非"均贫富"而是"均贫穷"。邓小平指出,"社会主义的特点不是穷,而是富,但这种富是人民共同富裕"[①],这样的共同富裕是建立在发达的生产力基础之上的。改革开放时期,邓小平基于对社会主义本质的深刻认识,提出我国处于并将长期处于社会主义初级阶段。为了在这样的阶段中不断推进共同富裕,要依靠解放和发展生产力,邓小平提出"三个有利于"作为判断工作得失的标准。我国变革了分配关系,有效推动经济发展的内在动能,确立并发展社会主义市场经济体制,激发了市场主体的积极性,极大释放了经济发展的活力。

第二,物质文明和精神文明"两手抓"。社会主义现代化建设需要高度的物质文明,也离不开精神文明。若只发展物质文明,就会成为人与物被颠倒的资本主义社会,与恩格斯所描述的"人人也都将同等地、愈益丰富地得到生活资料、享受资料、发展和表现一切体力和智力所需的材料"[②]未来社会背道而驰。因此,必须要"两手抓,两手都要硬",促进物质文明和精神文明的协调发展。一方面,物质文明为精神文明创造了条件,只有高度的物质文明才能推动实现精神文明;另一方面,积极推进精神文明建设不仅满足了人民群众精神文化的需要,更是社会主义推动共同富裕的题中应有之义。为将精神文明建设付诸实践,一是在全国范围内开展"五讲四美三热爱"活动,是改变社会氛围、建设社会主义精神文明的良好开端。二是大力推行"创建文明城市"等活动,逐步扩大精神文明建设的影响力。三是表彰一大批时代楷模,为群众树立榜样,增加了全国人民投身社会主义现代化建设的积极性。此外,党的十三届四中全会后,党中央克服了一段时期以来思想政治教育偏软偏弱的问题,将精神文明建设的水平提升到新高度。

第三,以科学技术推动经济发展。改革开放后,随着中国融入了世界经济发展的浪潮,中国共产党深刻认识到"科学技术是第一生产力",先进的科

---

① 《邓小平文选》(第三卷),人民出版社,1993年,第265页。
② 《马克思恩格斯选集》(第一卷),人民出版社,2012年,第326页。

学技术大大促进了生产力发展，必须要依靠强大的科学技术为全体人民实现共同富裕创造条件。改革开放以来，我国高度重视科学技术的发展，并加大了科研经费的投入，社会资源配置对自主研发的支持逐年加大，加快构建国家创新体系建设，深化创新体制改革。在"863计划"的顺利实施下，我国高科技产业、原始创新能力得到有效提升。总之，改革开放时期，我国在航天科学技术、信息技术、生物医学技术等方面均取得突破性进展。我国尊重知识、尊重人才，建设了一批高素质、高水平的人才队伍，为社会主义现代化建设服务、为实现共同富裕提供精神支撑。

2.探索实现共同富裕的根本途径

第一，改革开放是推进共同富裕的强大动力。党的十一届三中全会，中国共产党作出了实行改革开放的伟大决定。改革开放是党的一次伟大觉醒。一方面，改革为社会发展提供了动力。党的十一届三中全会后，农村实行家庭联产承包责任制，推动了农民经济体制的改革，农村面貌焕然一新。与此同时，中国共产党进一步推进城市体制改革，逐步摆脱旧的经济体制对生产力的禁锢，建立新的经济体制来适应生产力发展，社会主义优越性得到了进一步显现。另一方面，开放我国的大门，顺应世界发展潮流，追赶科学技术的进步。20世纪80年代以来，我国设立了四个经济特区，通过引进国外资金、技术来发展经济，随后又相继开放了十四个沿海港口城市，以及长三角、珠三角等地区，批准海南建省并成为经济特区，逐步形成了全方面、多层次、宽领域的对外开放格局。实践证明，在对外开放的过程中，中国始终坚持独立自主、自力更生，密切了与世界各国的联系，为发展带来了机遇，为世界进步贡献了中国智慧。这一时期，党带领人民解放思想、实事求是，释放了人民被束缚的创造性和活力，实现了中国经济的腾飞，为共同富裕夯实了物质基础，人民生活水平有了极大的改善，实现了总体小康，为实现共同富裕奠定了物质基础，也为开创中国式现代化新道路提供了充满活力的体制保障。

第二，确立"三步走"的发展战略。随着改革开放的不断推进，中国共产党对我国国情有了更为清晰的认识。我国人口多、底子薄、耕地少,而且现代化起点较低,共同富裕的实现具有艰巨性和长期性的特点,因此我国必须分步骤、分阶段地实现共同富裕、实现"小康之家"的中国现代化。据此,1987年8月,党的十三大召开前夕,邓小平擘画了从解决人民的温饱问题、全面小康到基本实现现代化的"三步走"发展战略。实践证明,"三步走"战略是基于我国发展起点和增速的科学研判上,适合我国国情的发展战略。到20世纪90年代,我国已经提前完成了前两步的目标。党的十五大进一步将第三步发展战略具体化,实施"新三步走"战略,力图建成"惠及十几亿人口的更高水平的小康社会",为共同富裕注入了全新的内涵。

第三,提倡"先富带动后富"。改革开放之初,全国各个地区的自然条件、社会条件和经济基础不尽相同,区域之间、人民群众内部的发展状况有所差异。基于对社会主义革命和建设的经验和教训的总结和反思,邓小平深刻认识到过去吃"大锅饭"实际上是共同贫穷,社会主义就要消灭贫穷、实现共同富裕。基于此,邓小平提出鼓励"先发展起来的地区带动后发展的地区,最终达到共同富裕"[①]。也就是说,让部分发达地区持续发展,并通过多交利税和技术转让等方式大力支持不发达的地区,实现缩小区域发展之间差距的目的;同时也让部分有能力的人通过勤劳致富,再对先富裕起来的人加以限制,如多征收所得税或倡导其自愿为社会做出贡献。"后富者"在"先富者"的带动下增强了干事创业的信心和能力,更多人也走向了致富道路。"先富带动后富"符合社会发展的客观规律,体现出实现共同富裕时间、水平等方面的差异,不可能实现并驾齐驱。在"先富共富论"和"效率优先,兼顾公平"原则的指导下,实现共同富裕的进程驶入快车道。

3.建设社会主义民主是实现共同富裕的政治保证

第一,坚持党的领导是实现共同富裕的根本保证。办好中国的事关键

---

① 《邓小平文选》(第三卷),人民出版社,1993年,第374页。

在党,实现共同富裕这一目标关键也在于有中国共产党这一强有力的领导力量。1980年,邓小平在中共中央工作会议上指出:"我们多次讲过,在中国这样一个大国,没有共产党的领导,必然四分五裂,一事无成。"①改革开放时期,我国面临全新的发展机遇和挑战,只有中国共产党这样大公无私的政党才能带领中国人民大刀阔斧地将改革进行到底,将开放的大门越开越大。只有中国共产党的领导,才能确保中国特色社会主义不变质、不变异、不变色,为实现共同富裕提供坚定制度基础和组织保障。

第二,坚持人民当家作主。人民群众是国家的主人,邓小平强调:"我们党提出的各项重大任务,没有一项不是依靠广大人民的艰苦努力来完成的。"②改革开放时期,社会主义民主政治建设取得了突出成就,国家法律制度逐渐健全,体制机制持续优化,国家机关和工作人员能够自觉接受人民监督,听取群众意见……彰显了社会主义民主的优越性,人民当家做主进一步实现。这一时期,我国从制度和法治层面来保障人民当家做主,使人民当家做主不受任何主观因素的影响,对发展社会主义民主政治具有里程碑意义。

(三)党的十八大以来推进中国式现代化中共同富裕的实践探索

共同富裕是中国式现代化的重要特征,也是人类文明新形态的重要体现。党的十八大以来,我国进入了新发展阶段,在党的领导下,我们从"总体小康"走向"全面小康",并逐步把共同富裕摆在更加重要的位置上,对实现全体人民共同富裕进行了全方位、多领域的全面推进,全体人民共同富裕取得实质性进展。

1.打赢脱贫攻坚战,夯实共同富裕的基础

"消除贫困、改善民生、逐步实现共同富裕,是社会主义的本质要求,是

---

① 《邓小平文选》(第二卷),人民出版社,1994年,第358页。
② 《邓小平文选》(第三卷),人民出版社,1993年,第4页。

我们党的重要使命。"①要实现共同富裕,必须要消除绝对贫困这块短板。党的十八大以来,党中央就将脱贫攻坚纳入"五位一体"总体布局和"四个全面"战略布局当中,形成了具有中国特色的反贫困理论、制度体系和减贫策略,为全面系统推进共同富裕夯实基础。

为打赢脱贫攻坚战,我国形成了脱贫攻坚"四梁八柱"的制度体系。在责任制度方面,我国实行党政一把手负总责的责任制,东西部协作机制等,即中央统筹,各省负总责,各市县抓落实,并选派大量驻村干部,一对一定点帮扶、精准到户,实现贫困村全覆盖。在具体政策方面,中共中央国务院出台脱贫攻坚文件5个,中央有关部门出台政策文件227个,各地也不断完善"1+N"脱贫攻坚系列文件,内容涉及产业扶贫、易地扶贫搬迁、财税支持、投资倾斜、金融服务、生态建设、人才保障,以及对少数民族、妇女儿童等重点人群的帮扶等。在财政投入方面,2016—2020年,我国连续五年每年新增中央财政专项扶贫资金200亿元,2020年达1462亿元,省级和市县财政扶贫资金也大幅度增长。在社会参与方面,东部经济较发达县市区定点帮扶西部地区贫困县;310家中央单位定点帮扶592个扶贫开发工作重点县;中央企业开展"百县万村"扶贫行动,民营企业开展"万企帮万村"扶贫行动等。在绩效考核方面,针对减贫成效、精准帮扶、扶贫资金使用管理等进行严格考核,确保政策落到实处。

为打赢脱贫攻坚战,我国开展了脱贫攻坚并防止返贫的重点工作。一是对全国约855万贫困户进行建档立卡,贫困信息精确到每户每人,通过建档排查了贫困人口分布、致贫原因、帮扶需求等信息。二是聚焦"六个精准","六个精准"包括扶持对象精准、项目安排精准、资金使用精准、措施到户精准、因村派人精准、脱贫成效精准,实施精准扶贫、精准脱贫,例如对贫困革命老区、西部贫困地区等结合具体特点精准帮扶。三是建立贫困退出

---

① 中共中央文献研究室编:《习近平关于全面建成小康社会论述摘编》,中央文献出版社,2016年,第155页。

机制,根据我国贫困退出的基本原则,制定了贫困人口、贫困村和贫困县的退出标准和程序、退出机制和方案,防止出现数字脱贫、虚假脱贫、返贫等问题,确保脱贫攻坚的质量。四是开辟脱贫攻坚新途径,实施"五个一批"工程,通过发展生产、易地搬迁、生态补偿、发展教育、社会保障兜底的方式帮助脱贫。

经过长期的努力,我国实现了贫困地区基础设施、公共服务的完善,贫困人口的"两不愁三保障"和"引水安全"得以改进。我国打赢了脱贫攻坚战,全面建成了小康社会,解决了困扰中华民族几千年的决定贫困问题,超越了西方物质扶贫的方式,集中体现了中国特色社会主义制度优势。现在,党中央、国务院支持浙江高质量发展共同富裕示范区,使共同富裕更可看、可感,昭示着我国推进共同富裕迈出了一大步。

2.推动高质量发展来满足人民对美好生活的向往

党的十八大以来,我国推进共同富裕站在了新的历史起点上,新时代"我国经济已由高速增长阶段转向高质量发展阶段"。高质量发展意味着我国在推进共同富裕的过程中已经从量的积累转变为质的变革与飞跃。通过高质量发展来满足人民对美好生活的需求,并着力化解发展不平衡和不充分的问题。

党的十八大以来,我国主要从以下三个方面来推动高质量发展。一是在所有制上坚持"两个毫不动摇"。一方面,"必须毫不动摇地巩固和发展公有制经济",坚持公有制主体地位和国有经济主导作用,这对增强我国经济实力、维护社会公平正义、巩固党的执政地位、逐步实现共同富裕起到基础性作用。另一方面,"必须毫不动摇地鼓励、支持、引导非公有制经济发展",促进非公有制经济健康成长,这对于增强我国经济活力、增加财政收入起到促进作用。二是在分配制度上坚持按劳分配为主体、多种分配方式并存,构建合理的分配格局。其一,调节不同群体的收入。加大税收、社保、转移支付等调节力度并提高精准性,通过"扩中、增低、调高、取非"等方式,形成"中间大、两头小"的橄榄型分配结构。其二,构建初次分配、再分配、三次分配协调配套的基础性制度安排。把市场以资本为逻辑主导的财富初次分配、政府以社会公平为主导的财富二次分配、社会以道德逻辑为主导的财富第三次分配集合起来,不断完善三次分配的协调配套的基础性制度安排,通过完善的分配制度安排推进共同富裕的实现。三是发展社会主义市场经济体制。尽管中国特色社会主义允许私人资本存在和发展,但"社会主义"不可缺少。要完善社会主义市场经济体制,要强化反垄断和防止资本无序扩张。

在高质量发展的引领之下,党的十八大以来,我国经济实力、科技实力、综合国力和人民生活水平跃上了新的大台阶,城镇化率超过60%,中等收入群体超过4亿人,这为实现共同富裕提供了坚实物质基础,促进了社会财富充分涌流,进一步满足了人民对美好生活的向往。

3.加强精神文明建设引领共同富裕

精神生活共同富裕是共同富裕的主要内容,这使得共同富裕不仅是经济事件,还上升为文化事件,共同富裕既要"仓廪实、衣食足",也要"知礼节、明荣辱"。党的十八大以来,我国在经济、政治等方面取得了重大成就,人民群众实现物质生活水平提高的同时,也更加注重精神生活的富足,我国大力加强精神文明建设,确定了马克思主义在意识形态领域的指导地位,努力增强中国特色社会主义文化自信。

新时代,加强精神文明建设主要从以下三个方面着手:

其一,以社会主义核心价值观来引领精神富裕。"核心价值观是一个民族赖以维系的精神纽带,是一个国家共同的思想道德基础。如果没有共同的核心价值观,一个民族、一个国家就会魂无定所、行无依归。"[1]进入新时代,我们加强爱国主义、集体主义、社会主义教育,来抵制西式民主、"普世价值"、历史虚无主义、拜金主义等错误思潮的侵扰。我国将社会主义核心价

---

[1]　中共中央文献研究室编:《十八大以来重要文献选编》(中),中央文献出版社,2016年,第133页。

值观纳入国民教育中,在社会中也进行了随处可见的渗透和宣传,通过加强宣传社会主义核心价值观,营造了良好的社会氛围和文化环节。

其二,要发展公共文化事业和文化产业,完善公共文化服务体系。党的十八大以来,我国的文化事业和文化产业有了大幅度的跃升,截至2020年底,全国广播节目综合人口覆盖率为99.4%,电视节目综合人口覆盖率为99.6%;全国共有公共图书馆3212个、美术馆618个、博物馆5788个、文化馆3327个。①优质的公共文化服务满足了人民精神文化生活的需求。

其三,强化了马克思主义在意识形态领域的指导地位。进入新时代,随着多元思想文化相互碰撞和冲突,在一定程度上出现了意识形态单薄和文化领导权的弱化等现象,针对这一现象,我国强化了马克思主义在意识形态领域的指导地位,着力促进共同富裕的舆论宣传,对共同富裕的内涵以及各地具体实践进行了宣传推广,使群众了解到共同富裕并非空中楼阁,防止出现急躁冒进和难以为继,为推进共同富裕提供了稳定的舆论环境。

4.着力改善民生兜底共同富裕

民生是立国之本。习近平指出:"消除贫困、改善民生、逐步实现共同富裕,是社会主义的本质要求,是我们党的重要使命。"②民生问题是关系千家万户的基本问题,必然要着力改善民生、促进基本公共服务均等化来兜底共同富裕。

党的十八以来,我国加强民生建设,取得的成就是历史性的、全方位的、开创性的。我国民生保障和改善水平全方位提升,公共服务全方位普及普惠,主要体现在以下两个方面。一是在基础设施建设方面,加强民生基础设施建设,截至2023年底,中国铁路营业里程达到15.9万千米,其中高铁营业

---

① 中华人民共和国国务院新闻办公室:《全面建成小康社会:中国人权事业发展的光辉篇章》. http://www.scio.gov.cn/zfbps/tuijian/renquan/202403/t20240321_839124.html。

② 中共中央党史和文献研究院编:《十八大以来重要文献选编》(下),中央文献出版社,2018年,第31页。

里程达到 4.5 万千米;全国公路总里程 543.68 万千米,其中高速公路通车里程 18.36 万千米,公路实现了村村通。①截至 2023 年底,全国全年发电总量为 94564.4 亿千瓦时,比上年增长 6.9%,在发展中国家率先实现了人人有电用。②2023 年,全国电话用户净增 3707 万户,总数达到 19 亿户,其中 5G 移动电话用户达到 8.05 亿户,占移动电话用户的 46.6%,比上年末提高 13.3 个百分点。③截至 2023 年底,互联网普及率达 77.5%。④二是在教育方面,增加人力、物力、财力的投入和各项政策支持,积极推进城乡义务教育一体化发展,实现教育资源共享,提升农村教学质量。三是在就业方面,坚持就业优先战略,国家出台多项积极就业政策,例如提供就业指导、组织技能培训等,同时鼓励自主创业。四是在社会保障方面,我国已经建成世界上最大的社会保障体系,逐步提升城乡养老和医疗保障待遇水平、缩小城乡之间的差距,同时提升医疗卫生服务体系的队伍建设,提升医疗质量和水平。

总之,通过改善民生建设,促进基本公共服务均等化,解决城乡、区域之间公共服务供给不均衡、发展不平衡等问题,从而提升群众的幸福感、获得感、满足感和安全感,为实现共同富裕奠定稳固的民生基础。

三、中国式现代化中共同富裕实践的基本经验

与以资本为核心的西方现代化不同,中国式现代化的最大特点是以人为本,也就是促进人的现代化。从中国式现代化的大局出发,共同富裕是一

---

① 《2023 年交通运输行业发展统计公报》.http://www.chinarta.com/jiaotongzixun/2024/0619/169789.html。

② 《中华人民共和国 2023 年国民经济和社会发展统计公报》.https://www.stats.gov.cn/sj/zxfb/202402/t20240228_1947915.html。

③ 《2023 年通信业统计公报》.https://www.miit.gov.cn/gxsj/tjfx/txy/art/2024/art_76b8ecef28c34a508f32bdbaa31b0ed2.html。

④ 中国互联网信息中心:《第 53 次〈中国互联网络发展状况统计报告〉》2024 年 3 月 22 日。

项系统性工程,牵一发而动全身,中国共产党走过一百多年的历程,在推进共同富裕过程中积累了丰富经验,成功走出了一条具有鲜明中国特色的共同富裕之路。

(一)在中国式现代化中扎实推进共同富裕必须始终坚持党的领导

坚持党的集中统一领导是马克思主义政党学说的核心观点和基本原则,是发挥社会主义制度优越性的根本保证。在中国这样一个人口众多、阶级关系复杂、社会矛盾显现的发展中国家,没有集中统一、目标坚定的领导力量,经济社会发展面貌将会是一盘散沙。只有始终坚持在中国共产党的集中统一领导下,才得以集中力量办成一件件大事,成功应对了在发展过程中出现的一切挑战与险阻,中华民族迎来了新时代下实现民族伟大复兴的光明前景。

习近平指出:"实现共同富裕不仅是经济问题,而且是关系党的执政基础的重大政治问题。"①综观中国共产党自成立以来的理论发展史、不懈奋斗史,不变的追求之一就是带领人民实现共同富裕。从党的理论发展史来讲,党把实现共同的价值意蕴和历史地位提升到了前所未有的层面,以初心使命和制度优势的高度定义实现共同富裕的意义。虽然实现共同富裕的艰辛探索过程曲折迂回,但党依旧初心不改、百折不挠。从党的不懈奋斗史来讲,党在历史实践中以史为鉴、反躬自省,确立了追求共同富裕的政策导向,将共同富裕上升到社会主义本质的高度,明晰了实现共同富裕的渐进路线,从"先富带后富"到"兼顾效率和公平"再到"第三次分配"不断完善;规划了达成共同富裕的战略步骤,从"三步走"到"两个一百年"再到新"两步走",党带领人民以坚实的步伐不断拉近与共同富裕之间的距离。事实证明,只有

---

① 《习近平著作选读》(第二卷),人民出版社,2023年,第407页。

坚持党的全面领导,发挥好党总揽全局、协调各方的作用,才能为共同富裕的实现提供坚强的领导力量、思想指引和行动指南,才能凝聚起全社会的最大共识共克时艰,并在此过程中不断巩固党的领导力、凝聚力和公信力。因此,在实现共同富裕的实践中必须坚持党的领导。

第一,中国共产党是贯穿共同富裕全过程的领导核心,为推进共同富裕提供组织保障。党的领导是推动共同富裕的"舵杆",党要坚持执政为民,和谐党群关系,压实基层党组织主体责任,发挥党员干部先锋模范作用,带动广大群众努力奋斗。党的领导是防范化解共同富裕道路上各种风险挑战的"定盘星",党要提高执政水平,部署战略规划,统筹协调各方面利益关系,积极应对百年未有之大变局的世情发展新形势和社会主要矛盾变化的国情发展新态势,确保一张蓝图绘到底。

第二,党的领导为推进共同富裕提供政策赋能。"政策和策略是党的生命。"①一是增强政策的灵活性,既要明确引导共同富裕的纲领性政策,又必须实施差异化的政策供给,根据实际需求来精准完善针对不同区域、产业、群体的政策保障。二是增强政策的执行力,加强对共同富裕政策实施过程的动态监测与优化调整,加强自纠自查,改进考核标准,防止"权力流失"效应。三是增强政策的配套性,保证党的政策在宏观与微观上的协调性,探索服务大局、造福人民的政策布局,努力取得最大政策效应。党中央提出支持浙江率先探索构建共同富裕示范区,积极谋划基于"浙江样本"的共同富裕实施方略,努力探索可复制可推广的共同富裕实践经验,正是以政策合力赋能共同富裕的有力证明。

第三,党的领导为推进共同富裕提供制度支撑。一是生产层面"做大蛋糕",既要发挥公有制经济的主体地位优势,增强引导力、控制力和影响力,又要探索非公有制经济的多种实现形式,批驳"民营经济退出论"等错误论

---

① 《毛泽东选集》(第四卷),人民出版社,1991年,第1298页。

调,鼓励不同所有制经济之间的良性竞争,完善现代产权制度的激励机制。二是交换层面"做优蛋糕",完善社会主义市场经济体制,厘清政府与市场的关系,平衡好资本的有效管控与有序扩张,发挥好有为政府的协调规划作用和有效市场的资源优化作用。三是分配层面"分好蛋糕",既要坚持按劳分配为主体,提倡合法律合规律合道德地致富,鼓励勤劳致富,不搞"杀富济贫",又要完善要素分配机制,激发资本、技术、数据等生产要素的活力。

总之,百余年来正是坚持党的集中统一领导,共同富裕的发展蓝图才能够臂画到底,没有半途而废。进入新时代,共同富裕本质目标的确立、战略安排的规划、方案举措的实施,也全部都是在党的统一领导下完成的,这为新时代下全体人民逐步实现共同富裕提供了根本政治组织保证。

(二)在中国式现代化中扎实推进共同富裕必须始终坚持人民至上

"江山就是人民,人民就是江山"①,实现共同富裕还要坚持以人民为中心的发展思想,为共同富裕实践提供引领前进的价值导向。中国共产党自诞生之日起,就把人民刻在自己的血脉中,坚持人民至上是对马克思主义唯物史观核心观点的时代性秉承,是新时代实现共同富裕与中华民族伟大复兴中国梦的根本理念。

从理论上讲,从毛泽东思想中群众路线活的灵魂到邓小平理论中社会主义本质的高度概括,从"三个代表"重要思想中始终代表最广大人民的根本利益到科学发展观中的核心"以人为本",再到习近平新时代中国特色社会主义思想中坚持以人民为中心的基本方略,可以看出党始终是站在人民立场来进行理论设计的,规划并推进共同富裕正是党坚持以人民为中心的发展思想的生动诠释。从实践上讲,改革开放四十多年来,党在聚焦发展生

---

① 《习近平著作选读》(第二卷),人民出版社,2023年,第421页。

产力的同时,始终把改善人民生活条件作为政策举措的出发点和立脚点,对社会主要矛盾把握也把人民日益增长的需要作为矛盾的主要方面来考量,在实践中不断探索推进保障人民权益,提高人民生活水平。在实现民族解放的基础上建立社会主义制度,夯实保障人民共同富裕的制度基础。

共同富裕作为中国式现代化的本质要求和重要特征,以共享性为内核,强调有全民共享、全面共享、共建共享和渐进共享,这打破了资本逻辑在人的生存方式、社会运行形态、文明共同体交往形式上对共同富裕的现实遮蔽,超越了西方现代化依赖于物的单向度发展。从共同富裕的主体来看,扎实推进共同富裕始终坚持以人民为中心。

第一,共同富裕的创造主体是人民,要发挥人民群众的首创精神,坚持全民共享和全面共享。保证人民当家做主的主体地位,关键在于发展全过程人民民主,深入基层、深入群众,问政、问需、问计于民,形成层级合力、群体合力,使相信、依靠群众和教育、引导群众紧密结合,带领人民群众积极而广泛地参与共同富裕的伟大进程。因此,坚持全民共享和全面共享就充分保障了全国各地区、各层次的人民都能享受共同富裕的丰富成果,"十四五"开局之年一系列相关政策的出台,也都是从人民关注的现实问题入手,最终目的是让全体人民能够共享社会发展成果。

第二,共同富裕的享有主体是人民,要尊重人民群众的主体地位,坚持共建共享。共同富裕的发展成果由人民共同创造,必然要由人民来共同享用。只有解决好人民群众急难愁盼的要紧事、难办事,让人民群众切实获得发展红利,才能充分调动人民推进共同富裕的积极性、主动性和创造性,才能打牢实现共同富裕的群众基础。因此,实现共同富裕,要充分调动人民的积极性、创造性和参与性,坚决反对"躺平主义",要在全社会营造勤劳奋斗、积极求富、发奋图强的精神氛围。实现共同富裕不是仅靠分配正义就能完成的,要从根本上实现共同富裕,必须充分发挥每个人的积极性和创造性,让每个人都参与到社会主义现代化建设中来,只有共建共享,人类社会才能健康发展,充分调动社会各界力量服务于共同富裕这个大局,有利于缩小城乡之间、区域之间的差距,有利于缩小先富群体和后富群体之间的差距。

第三,共同富裕的评价主体也是人民,要保障人民群众的历史评判者地位。时代是出卷人,我们是答卷人,人民是阅卷人。昨天创造的辉煌并不代表未来可以一直辉煌,昨天取得的成就并不代表永远拥有成就。因此,检验党一切工作的成效,最根本的就是看人民,要发挥人民利益需求对推进共同富裕的牵引性作用,以人民利益是否得到满足来评价共同富裕的实现效果,根据人民需求发生的新变化来改进共同富裕的实施举措。既要尽力而为,也要量力而行,保障和改善民生要以经济可持续发展为依托,树立攻坚克难的决心,保持长期持久作战的韧性,不能忽视我国仍处于并将长期处于社会主义初级阶段这个最大的国情,把社会主义的制度优势和发展中大国的后发优势转化为治理优势,积小胜为大胜而循序渐进,尊重客观规律而稳步前进。

共同富裕是关乎全体人民福祉的社会事业,党在推进共同富裕的过程中始终将人民作为最高的价值主体,把改善人民生活作为最本质的价值追求,更要把人民最直接、最现实、最关心的利益诉求满足与否作为评判共同富裕相关理论和实践工作成功与否的根本标尺。

(三)在中国式现代化中扎实推进共同富裕必须始终坚持改革创新

马克思指出:"人们自己创造自己的历史,但是他们并不是随心所欲地创造,并不是在他们自己选定的条件下创造,而是在直接碰到的、既定的、从过去承继下来的条件下创造。"[1]也就是说,人民群众创造历史也要在特定的历史条件下。共同富裕是世界各国千百年来不懈追求的社会理想,也是能

---

[1] 《马克思恩格斯文集》(第二卷),人民出版社,2009年,第470~471页。

够汇聚世界全体人民共同利益的"最大公约数"。在世界上目前两种主要的社会形态中，资本主义国家由于制度、统治阶级代表利益的本质束缚，不会也无法真正把社会财富在国内实现充分涌流，两极分化的泥潭也越陷越深。作为世界上最大的社会主义发展中国家，中国发展起步较晚，饱尝百年战乱的摧残，社会生产力落后，人民生活贫困潦倒，国民经济处在崩溃边缘，人民过上美好生活的难度之大、困难之多、任务之重超乎想象。这样一个经济文化比较落后的人口大国在推进现代化事业，消灭贫穷逐步实现全体人民共同富裕的进程中，没有世界经验可供参考、没有他国发展模式可供选择，只能把发展立足点放在依靠自己力量的基础上。七十多年来，党始终坚持独立自主、自力更生的原则，不断探索出了一条中国特色社会主义共同富裕发展道路，从普遍贫穷到让一部分人或地区先富起来再到精准扶贫中先富带动后富的共富举措，中国人民整体迈入了全面小康阶段。回顾以往改革发展历程，共同富裕之所以能够在中国大地上开花结果，靠的是党始终坚持独立自主原则带领人民走出一条符合我国发展实际的共富之路，靠的是全体中国人民坚持独立自主、改革创新的实干精神拼出了实现美好生活的光明前景。

改革创新是实现高质量发展的内在要求，奋斗拼搏是推动时代前进的重要动力。中国共产党团结带领人民在革命、建设、改革的每个阶段取得的每一个辉煌成就，都是开拓创新、顽强拼搏的结果，都付出了难以想象的辛劳和汗水。共同富裕是一个长远目标，具有长期性、艰巨性、复杂性，在以高质量发展迈向共同富裕的征程中，必须弘扬伟大建党精神，发扬革命加拼命的优良传统，敢闯敢试、敢为人先，撸起袖子加油干，将人民"生活富裕富足、精神自信自强、环境宜居宜业、社会和谐和睦、公共服务普及普惠"这张蓝图绘到底。

一是要增强人民群众的改革创新能力，夯实共同富裕的动力基础。在高质量发展中促进共同富裕，需要高素质的劳动者队伍。为此，必须创造更加普惠公平的条件,通过加大人力资本投入提高人民群众受教育程度,提高广大劳动者的专业技能和创业能力,增强致富本领;加强财政转移支付力度,完善养老和医疗保障体系、兜底救助体系、住房供应和保障体系,通过加大人力资本培育力度,创新体制机制,以解决地区差距、城乡差距、收入差距等问题为主攻方向,从而实现在高质量发展中扎实推进共同富裕。建立统一、开放、有序、高效的劳动市场,为人口流动提供制度支撑,给更多人创造致富的机会,为社会成员从低阶层向高阶层流动提供空间,让全体人民都能通过辛勤劳动和相互帮助,共享改革发展成果和幸福美好生活。

二是做到坚持尽力而为、量力而行。以高质量发展促进共同富裕是经济社会动态向前发展的过程,这一过程虽然强调人人享有,但不是搞整齐划一的平均主义,政府要按照经济社会发展规律脚踏实地、久久为功,不吊高胃口,不搞"过头事",分阶段确定促进共同富裕的目标和政策措施,把保障和改善民生建立在经济不断发展和财力可持续的基础之上,杜绝出现"养懒汉"现象,防止掉入"福利主义"陷阱。

三是努力创造促进共同富裕的社会环境。坚持改革创新,在奋斗中实现共同富裕。共同富裕是全体人民的富裕,是人民群众物质生活和精神生活都富裕,不是少数人的富裕。公平的社会需要市场"安分守己",以高质量发展促进共同富裕必须规范市场竞争秩序,取缔非法经营和地方保护等不公平竞争,合理调节高收入,理顺资源要素配置的价格形成机制,保护产权,促进和保护合法致富,鼓励高收入人群和企业更多回报社会,推动更多低收入人群迈入中等收入群体行列。引导全社会尊崇创新创业致富的精神,弘扬勤劳致富的价值观,避免"等、靠、要"思想,促进全社会形成通过创新创业、辛勤劳动、合法经营迈向富裕幸福生活的社会氛围,创造实现共同富裕的社会环境,加快形成人人参与、机会公平、规则公平的发展环境。

（四）在中国式现代化中扎实推进共同富裕必须立足中国国情并循序渐进

我国正处于并将长期处于社会主义初级阶段，发展不平衡不充分的问题仍然突出，发展的质量和效益有待提高，居民生活品质还需进一步改善，物质文明、精神文明和生态文明建设还有很大提升空间。受资源禀赋、区位特征等因素影响，我国区域之间、城乡之间的收入分配差距仍然较大；受市场发育不健全和竞争秩序不规范等因素影响，垄断经营、非法经营和地方保护等不公平竞争行为造成的收入分配不平等现象依然存在；受技术含量、劳动密集程度、市场化程度等因素影响，不同行业从业人员之间的收入"鸿沟"依然明显，新一轮科技革命和产业变革在推动经济发展的同时，对就业和收入分配也将带来深刻影响。而我国要实现的共同富裕就是要克服以上的问题和弊病，在社会发展的进程中带领全体人民共同往富裕走、往更高水平走，即使没有劳动能力的，也能通过社会保障制度向更高生活水平提升，共同往上、往前走，过上越来越美好的幸福生活。

要化解这些问题，我们要清晰地认识到实现共同富裕并非一蹴而就的，需要我们立足我国国情和现状，以建立在社会发展客观规律和历史辩证法基础上的马克思主义共同富裕理论观点为指导，循序渐进地逐步加以解决。党明确了实现共同富裕分三步走：到"十四五"时期末，全体人民共同富裕迈出坚实步伐，居民收入和实际消费水平差距逐步缩小；到2035年，全体人民共同富裕取得更为明显的实质性进展，基本公共服务实现均等化；到21世纪中叶，全体人民共同富裕基本实现，居民收入和实际消费水平差距缩小到合理区间。

因此，我们要秉持新发展理念，推动并联式、叠加式同步发展，以更快的进程、更小的代价实现跨越式发展，解决好不平衡不充分的发展问题，跳出"只见增长不见发展"的怪圈。

第一，以创新发展赋能共同富裕，在创新引领中实现人民对美好生活的要求，通过创新"做好蛋糕"来为"分好蛋糕"奠定物质基础。着力推动依靠要素投入的发展方式转向创新驱动的发展方式，提高高新技术的自主研发能力和科研成果转化能力，建立自主可控的现代化产业体系，在市场环境、财政税收、产权融资等方面加强制度创新和理念创新。

第二，把协调发展作为共同富裕的坚实依托，在协调发展中满足人民对幸福生活的追求，体现共同富裕的目标要求。一是补齐短板实现"四化"融合共生，不断推动工业化转向绿色化、信息化转向智能化、城镇化转向市民化、传统农业转向现代农业等。二是建设城乡区域现代化发展的一体化格局，先发地区发挥先发优势，后发地区在与先发地区的协调联动中实现现代化跨越，走区域协调、优势互补的共富之路。

第三，在绿色发展中实现共同富裕，在绿色发展中呼应人民对良好生态的需求，赋予共同富裕新内涵。协同推进经济建设和生态文明建设，把保护和改善环境提高到保护和发展生产力的高度，既要谋求金山银山的物质财富，更要谋求绿水青山的生态财富，以低碳发展倒逼科技革新、产业革命，实现生态和资源的代际分配公平，提供更多优质生态产品来满足人民日益增长的优美生态环境需要，走可持续发展之路。

第四，以更加积极主动的开放发展推进更高水平的共同富裕，在开放发展中满足人民对富裕生活的渴求。步入新发展阶段，构建新发展格局，一是不搞封闭的地区小循环，而是以国内大循环为主体，依托全国统一大市场，充分挖掘内需潜力，把区位优势转化为有竞争力的比较优势。二是不搞封闭的国内单循环，而是以国内国际双循环相互促进，用好国内国际两个市场、两种资源，占据国际竞争中的战略主动权。三是统筹开放发展和国家安全，围绕二者建立多元平衡、安全高效的全面开放体系。

第五，在共享发展中克服相对贫困，在共享发展中回应人民对共建共享的诉求，实现更高层次的共同富裕。一是初次分配讲效率，实施就业优先战略,提高劳动者就业能力,提高中低收入群体的收入水平。二是再分配更注重公平,建设服务型政府,健全社会保障体系,推动基本公共服务均等化、可及化,增加更丰富更高质量的公共产品供给,同时避免"福利主义"陷阱。三是第三次分配鼓励先富帮后富,弘扬志愿服务精神,发展社会慈善事业,进行税收激励。四是防止阶层固化,畅通向上流动通道,创造更多致富机会,营造宽松包容的创新创业环境,促进教育平等、机会平等、权利平等。

总之,中国共产党领导、社会主义制度、社会生产力发展,构成了我们推进共同富裕的历史必然性和发展方向的确定性,但我们也要对实现全体人民共同富裕有一个明确的认知,即我们推进的共同富裕是全体人民的共同富裕,不是少数人的富裕,但也不是整齐划一的平均主义,不是"内卷""躺平"的均贫富、杀富济贫;我们推进的共同富裕是普遍富裕基础上有差别、有先后的共同富裕,允许一部分人先富起来,同时先富也要带后富、帮后富;我们推进的共同富裕是坚持以人民为中心发展思想的、在高质量发展中实现的共同富裕,"做大蛋糕"与"切好蛋糕"、共建与共享、效率与公平是统一的,而不只讲"享受""分配""福利",即使将来发展水平更高、财力更雄厚了,也不能搞过头的社会保障,防止落入"福利主义"养懒汉的陷阱;我们推进的共同富裕是人民群众物质生活和精神生活都富裕、人和社会全面进步的共同富裕,而不是畸形的物质、金钱、福利的"富裕";我们推进的共同富裕是一个现实而又处在长期发展过程中的共同富裕,要实现共同富裕需要不懈接续奋斗,是一个等不得也急不得的历史发展过程。

第四章

治理贫困和追求富裕的国外比较研究

　　共同富裕是一个充满魅力的命题,它既古老又新鲜,既理想又现实,既整体又渐进。共同富裕的核心内涵包括两方面:富裕与平等,而自从文明的曙光照亮人类历史,贫困与不平等就如影随形,始终未能得到解决。共同富裕的理想最早产生于人们对现实的不满和对美好生活的向往中,托马斯·莫尔笔下"每人一无所有,而又每人富裕"①的乌托邦和托马斯·康帕内拉所说的"他们都是富人,因为大家共同占有一切;他们都是穷人,因为每个人都没有任何私有财产;因此,不是他们为一切东西服务,而是一切东西为他们服务"②的太阳城,都是对共同富裕的理想描摹。共同富裕的概念内涵也早已超越单纯物质富足的范畴,与人的发展的全面性和社会生活的丰富性联系在一起。自从马克思恩格斯发现人类社会发展的奥秘,论证了人类社会实现共同富裕的可行性与现实路径以来,共同富裕就从理想来到现实,与人类社会的发展与进步事业紧密联系在了一起。社会主义制度为实现共同富裕提供了制度前提,我们现在正处于能够解决这一问题的历史门槛,共同富裕

---

① 　[英]托马斯·莫尔:《乌托邦》,戴镏龄译,商务印书馆,2006年,第115页。
② 　[意]康帕内拉:《太阳城》,陈大维等译,商务印书馆,1997年,第24页。

是属于这个时代的"真问题",也是我们这一代人应当把握的历史自觉性,应当勇于背负的使命与担当。

特别需要指出的是,以英、美、法、德等为代表的主要发达资本主义国家,对贫困治理和追求富裕的政策实践和理论研究一直处于引领地位,客观上影响了其他国家和地区。然而资本主义国家以私有制为经济基础,贫困与不平等不仅是不可避免的,而且是维持其剥削统治的基本前提,资产阶级学者对此有着清醒的认识与揭示。(托马斯·罗伯特·马尔萨斯和大卫·李嘉图均坚信大众贫困不可避免,马尔萨斯主张大自然的盛宴并没有为每一个人准备位置。①李嘉图提出"劳动的自然价格是让劳动者大体上能够生活下去并不增不减地延续其后裔所必须的价格"②。他们极力反对对穷人的救济:"修改济贫法的任何计划,如果不是以废除它为最终目标,都是不值一顾的。"③西方福利经济学创始人阿瑟·塞西尔·庇古虽然主张利用税收来进行国民收入的再分配,促使财富的分配趋于平均,但他同时强调收入不平等会带来种种好处。他还特别指出,英国的富人"管理自己的产业,工作极为辛苦……他们所过的生活要比他们大部分同胞辛劳得多"④。美国学者赫伯特·J.甘斯则直截了当地指出,贫困或穷人对于维持社会功能正常运转不可或缺。⑤)

由此可见,制度本身的自限性是导致资本主义国家在治理贫困和追求富裕问题上始终难以实现真正突破的根源,其与社会主义国家追求最广大

---

① [英]托马斯·罗伯特·马尔萨斯:《人口原理》,杨菊华、杜声红译,中国人民大学出版社,2018年。

② [英]大卫·李嘉图:《大卫·李嘉图全集》(第一卷),郭大力、王亚南译. 商务印书馆,2013年,第75页。

③ [英]大卫·李嘉图:《大卫·李嘉图全集》(第一卷),郭大力、王亚南译. 商务印书馆,2013年,第88页。

④ [英]阿瑟·塞西尔·庇古:《社会主义和资本主义的比较》,谨斋译,商务印书馆,2016年,第10~11页。

⑤ Herbert J. Gans, The Positive Functions of Poverty, *American Journal of Sociology*, No2, 1972, pp.275-289.

人民根本利益的真实平等的共同富裕在实践与理论上具有本质的区别。

然而我们也不应忽视,关于治理贫困与追求富裕的实践与理论本身就内在蕴含平等的含义。让–雅克·卢梭在《论人类不平等的起源和基础》一文中指出:"最终所有的不平等都归结为财富这一最后的不平等。"①而被称为"现代贫困研究之父"的查尔斯·布茨在其著作《伦敦贫困地图》中也将社会不平等纳入贫困研究视域中。可以说任何治理贫困和追求富裕的实践和研究都以内含的平等为价值支撑,而推动平等的进程和理论也无法抛开对富裕的现实追求。可见,国外资本主义国家关于治理贫困和追求富裕的实践与研究体现历史的进步性,是迈向共同富裕之路的必然过程,具有无法忽视的参考价值。此外,尽管在社会主义国家共同富裕的原则与实践不再是相互矛盾的,但是"在这里平等的权利按照原则仍然是资产阶级权利"②,社会主义的共同富裕并不能超出"社会的经济结构以及由经济结构制约的社会的文化发展"③,因此社会主义国家在迈向共同富裕进程中,对国外资本主义国家关于贫困治理与追求富裕的实践政策和理论研究成果在批判基础上进行借鉴,不仅是有益的,而且是必要的。

治理贫困和追求富裕的问题是理论性与实践性都非常强的研究,本章将从理论、实践与经验教训三个方面展开,对国外治理贫困和追求共同富裕情况进行全面的考察。第一节为理论部分,遵循从抽象到具体的逻辑顺序,按照相关研究的基本概念、指导思想、政策理论的顺序依次展开;第二节为实践部分,将从发达国家与发展中国家各自在贫困治理和追求富裕进程中的实践现状和实践模式方面分别展开论述;第三节为经验教训部分,将对国外治理贫困和追求富裕进程中的经验、教训以及对中国的借鉴意义展开

---

① ［法］让–雅克·卢梭:《论人类不平等的起源和基础》,黄小彦译,译林出版社,2013年,第75页。

② 《马克思恩格斯文集》(第三卷),人民出版社,2009年,第434页。

③ 《马克思恩格斯文集》(第三卷),人民出版社,2009年,第435页。

论述。

一、国外治理贫困和追求富裕研究的理论考察

马克思指出："资产阶级在它的不到一百年的阶级统治中所创造的生产力,比过去一切世代创造的全部生产力还要多,还要大。"①工业革命后,资本主义国家社会财富猛增,而广大劳动者的生存状况反而持续恶化并处于极度贫困中,社会财富分配的不平等问题以一种突兀的形式呈现,引起学界和政策制定者的普遍关注。相关理论学说与政策思想梳理开始大量涌现,至今已是文献如海,理论如云,对这些理论、思想进行理论批判基础上的借鉴吸收,是新时代中国特色社会主义共同富裕思想丰富发展的重要途径。

(一)国外治理贫困和追求富裕的基本概念研究

清晰明确的概念是社会科学研究得以进行的必要前提,贫困与富裕的概念从本质上是对生活现象的概括抽象。然而尽管生活经验意义上的贫困与富裕看上去特征明显、易于识别,当我们要求在社会科学研究层面对贫困和富裕的概念进行抽象,使之概念边界清晰,用以进行测度、分析和比较的时候,却往往陷入难以用精确的语言进行表述的窘境中。美国经济学家保罗·萨缪尔森就认为,贫困是一个"非常难以捉摸的概念",以及"'贫困'一词对不同的人意味着不同的事情"。②英国学者奥本海默也认为:"贫困本就是一个模糊概念,它不具备确实性。它随时间和空间以及人们的思想观念变

---

① 《马克思恩格斯文集》(第二卷),人民出版社,2009年,第36页。
② [美]保罗·萨缪尔森、威廉·诺德豪斯:《经济学》(第18版),萧琛主译,人民邮电出版社,2008年,第337页。

化而变化。"①究其原因在于贫困与富裕的概念既具有历史发展性,又具有主客观统一性,其内涵随时代变迁而不断变化,并与客观生活环境和人的主观感受密切相关。总体来说,关于贫困与富裕的解读概念是一个内涵不断丰富、涉及领域更加广泛、解读的视角更加多样的概念迁移和扩张过程。

1. 贫困与富裕的基本概念

"现代经济学之父"——亚当·斯密将"贫"与"富"界定为劳动产品的支配权。他说:"财产的大小,与他所能购买或所能支配的他人劳动量或他人劳动生产物数量的大小恰成比例。"②"一个人是贫是富,就看他在什么程度上享有人生的必需品、便利品和娱乐品。"③斯密从"人的需要"的角度界定了贫富,概念具有主观性,而且"必需品、便利品和娱乐品"概念中同时包含了人的基本需要与更高层次需要在内,造成贫富边界的模糊不清。为解决这一问题,1901年,西伯姆·朗特里提出了"基本贫困"(primary poverty)概念——所谓生活在基本贫困状态的家庭,是指那些"总收入不足以获取维持纯粹体能所需的最低数量的生活必需品的家庭"④。这种定义把贫困定义为一种生存问题,如测量需要多少卡路里的营养或基本必需品的价格,本质上是从"生物人"而不是"社会人"的视角来定义和观察穷人的贫困问题,因此也被称为绝对贫困标准。

1958年,约翰·肯尼思·加尔布雷斯指出,富裕社会中的贫困表现为私人生产、物质生产的过剩和公共生产、精神生产的不足,从而将贫困与富裕的概念从单纯的物质财富的领域解放出来。与此同时,加尔布雷思进一步指出,一个人是否贫困不仅取决于本人的收入,还取决于社会中其他人的收

---

① [英]奥本海默:《贫困真相》,载唐钧主编:《中国城市居民贫困线研究》,上海社会科学出版社,1998年,第12页。

② [英]亚当·斯密:《国民财富的性质和原因的研究》(上册),郭大力、王亚南译,商务印书馆,1983年,第27页。

③ [英]亚当·斯密:《国民财富的性质和原因的研究》(上册),郭大力、王亚南译,商务印书馆,1983年,第26页。

④ Rowntree, B.Seebohm, *Poverty: A study of Town Life*, Garland Pub, 1980, p.86.

人,这就使得对贫困与富裕问题的研究视角从"客观"的自然人开始转为社会人。

进入20世纪70年代,皮特·汤森德借助"相对剥夺"概念明确界定了相对贫困。他认为:"贫困不仅仅是基本生活必需品的缺乏,而是个人、家庭、社会组织缺乏获得饮食、住房、娱乐和参与社会活动等方面的资源使其不足以达到按照社会习俗或所在社会鼓励提倡的平均生活水平从而被排斥在正常的生活方式和社会活动之外的一种生存状态。"[1]汤森德的贡献还在于他将带有主观思维方式的"相对剥夺"概念转变为客观概念,即一个科学上可以观察到的阈值。他主张对于某些收入水平较低的家庭来说,存在着一个被剥夺的阈值,即当收入水平下降到某一点时,被剥夺的程度就会随着收入的下降而不成比例地增加。他估计这个阈值大约是社会救助标准的140%。

80年代后,阿玛蒂亚·森质疑汤森德的概念。他认为,贫困是绝对概念,不平等是关系概念,"不平等与贫困是两个根本不同的问题"[2],贫困问题应该首先定义为客观的生活状态,其次才是对穷人与其他人生活不平等的关心。因此,他认为相对贫困概念不能作为贫困观的唯一基础,只能作为补充,在此认识基础上他提出能力贫困理论和权利贫困理论。他指出:"有很好的理由把贫困看作是对基本的可行能力的剥夺,而不仅仅是收入低下。"[3]阿玛蒂亚·森的工作拓展了相对贫困的意涵,将贫困问题从单纯的经济问题中解放出来,对后续学者研究产生广泛深刻的影响。

刘易斯对贫困文化的研究贡献特别突出,他把贫困研究与生活方式、价值观念和家庭背景联系起来,讨论了贫困文化在代际传递过程中的作用。他与班菲尔德、甘斯、布尔迪厄等学者共同组成了贫困的文化解释学者群

①　Peter Townsend, *Poverty in the United Kingdom —A Survey of Household Resources and Standards of Living*, University of California Press, 1993, p.36.
②　[印]阿玛蒂亚·森:《贫困与饥荒 论权利与剥夺》,王宇、王文玉译,商务印书馆,2001年,第24页。
③　[印]阿玛蒂亚·森:《以自由看待发展》,任赜等译,中国人民大学出版社,2002年,第15页。

体。鲍曼讨论了贫困问题的社会排斥问题,认为当消费者没有足够的能力购买到足够的商品和服务,不能有消费意义上的幸福和正常生活,就被迫面临内部排斥。鲍曼的"贫困"概念从而进入心理层面。马尔海姆·吉利斯从心理角度指出,穷人指的是那些自认为是社会的一部分,但又感到被剥夺了与社会另一部分人同享欢乐权力的人。

总的来说,贫困与富裕是一对相伴而生的概念,两者之间不存在质的对抗性,而是量的连续性,这就使得对贫富的界定总是与一定的测量标准相联系。大体而言,关于贫困与富裕的界定大概经历了人的主观需要视角下从生物人标准的"绝对贫困",到社会人视角下"相对贫困"的转向;从经济领域的视角向社会领域的视角的扩张,在这其中又有关于贫困与富裕问题的文化范式、结构范式、心理范式、发展范式的解读,其概念的内涵也在这些理论的不断扩充中不断被拓宽。

2.贫困与富裕的测量指标

贫困与富裕的测量指标可以分为贫困与富裕的识别指标、贫困与富裕的规模指标和贫困与富裕分化程度指标三类。贫富识别指标适用于从人群中精准定位个人或家庭的贫富状况,为政府制定具有针对性的社会政策提供参考;贫富规模指标是以国家和地区为单位考察贫富状况,通常为国家制定宏观发展战略提供参考;贫富分化程度指标用以测量贫困与富裕的分散程度,为政府应对由于收入差距过大导致的社会失衡与族群撕裂等社会问题提供参考。

贫困与富裕的识别是治理贫困、追求富裕的前置条件,其目的在于通过设置贫困线的办法把贫困者从社会整体中分离出来,制定社会政策帮助他们摆脱贫困,走向富裕。在贫困与富裕的识别标准中,最常见的是以经济状况为主的界定,具有十分明确的标签性。1857年,德国统计学家恩格尔记录了食品消费比率与家庭总预算水平之间的负相关性,提出以此反映家庭贫富状况的观点,被称为恩格尔定律,反映这一定律的系数被称为"恩格尔系数"。其公式表示为:恩格尔系数(%)=食品支出总额/家庭或个人消费支出总额×100%。联合国粮食组织据此划分贫困与富裕档次,恩格尔系数在59%以上者为绝对贫困,50%~59%为勉强度日,40%~50%为小康水平,30%~40%为富裕,30%以下为最富裕。[1]1965年,奥姗斯基根据美国农业部制定的家庭最低经济食谱,对美国家庭的食物消费作了一次分析调查,设计了以平均食物消费为家庭税后收入的1/3来计算贫困线的方案。[2]

相对贫困理论认为:"如果人们的收入远远落后于社会共同体的收入,即使他们的收入足以生存,他们依然是贫穷的。"[3]一些国际组织提出了更加多元的识别标准。例如世界银行在《1981年世界发展报告》中指出:"当某些人、某些家庭或者某些群体没有足够的资源去获取他们那个社会公认的、一般都能享受到的饮食、生活条件、舒适和参加某些活动的机会时,就是处于贫困状态。"[4]在联合国计划发展署的人类发展报告里,关于贫困的划分标准中不仅包括家庭收入、人均支出等经济标准,还包括如医疗卫生、识字能力,以及公共财产资源获得能力在内的社会福利内容(UNDP)。

贫困与富裕规模程度的测量,可以显示一个国家或地区的贫富状况和变动趋势。传统测量方法有两种:第一种是计算低于贫困线人口占全国人口的比例,这种方法被称为"人头法",其公式为:PH=q/n,PH常被称为"绝对贫困指数"或"贫困发生率"。第二种方法计算每个贫困人口的纯收入和平均线差距的总和与达到平均线收入的总和比,这种方法一般被称为"贫困差距比率法",其公式为:PI=gΔ/π,其中 gΔ 表示平均缺口,π 表示贫困线,PI通常被称为"相对贫困指数"或"贫困缺口率"。以上两种测量简便易用,但

---

[1]　转引自周彬彬:《向贫困挑战——国外缓解贫困的理论与实践》,人民出版社,1991年,第22页。

[2]　Mollie Orshansky, Counting the Poor: Another Look at the Profile, *Social Security Bulletin*, 1965, 28(1), p.10.

[3]　[美]约翰·肯尼思·加尔布雷斯:《富裕社会》,赵勇等译,江苏人民出版社,2009年,第225页。

[4]　World Bank, *World Developement Report*, New York, Oxford University Press, 1981.

是也存在诸如不能显示贫困线以下人数等缺陷。印度著名贫困问题专家阿玛蒂亚·森在1973—1976年间提出一个综合的测量方法,这种方法是人头法、贫困差距比率法和贫困人口中不平等程度测量法的综合,使贫困人口分布和收入分配都得到了很好的体现,这种测量所得指数也以他的名字被命名为"森指数"。森指数的缺陷在于计算方法麻烦,因而在实际中使用不太普及。目前,国际机构在衡量一个国家和地区的富裕程度所广泛采用的统计指标主要有,从生产角度衡量富裕程度的人均GDP(国内生产总值)法;从收入角度衡量富裕程度的人均GNI(国民总收入)法;从消费角度,恩格尔系数也可以被应用于宏观贫富规模程度的表征;自1990年起,联合国开发计划署每年主持评价发布的HDI(人类发展指数),可以从多维度衡量联合国各成员国贫富发展程度。

"全球多维贫困指数"(MPI)是联合国开发计划署人类发展报告处(HDRO)和牛津大学牛津贫困与人类发展倡议(OPHI)自2010年以来联合发布的指数,它衡量了直接影响一个人的生活和福祉的健康、教育和生活水平方面的相互关联的剥夺。MPI范围从0到1,值越高意味着贫困程度越高。根据《2023年全球多维贫困指数报告》,中国的MPI指数是基于2014年的国家调查数据,MPI值为0.016,在110个发展中国家排名第39位(MPI从低到高)。[①]

收入分配的不均等是造成贫富分化的根本原因,因而也是构成贫富分化程度指标体系的重要标准和依据。国际上测量收入差距的方法有很多,其中常用到的有变异全距法(极差法)、洛伦茨曲线、基尼系数、S80/S20指标等。变异全距又被称为极差法,是以总体的某一数值标志最大值与最小值之差,公式记作:$R=X_{max}-X_{min}$,其中R代表变异全距,X_{max}代表最大值,X_{min}代表最小值。极差法只能表明分化的范围,不能准确反映贫富分化的

① 《2023年全球多维贫困指数报告》,https://www.undp.org/india/global-multidimensional-poverty-index-mpi-2023,UNDP.

详细情况,是非常粗略的指标。美国统计学家洛伦茨把社会全体居民依其收入占全社会收入的比率分成若干个等级,统计计算出每个等级占有社会财富的百分比,再分别在横坐标和纵坐标上标明累积各个等级的人口占总人口的百分比,以及他们的收入占社会总收入的百分比,把这两个百分比率的坐标点连续起来形成的一条曲线就是洛伦茨曲线。[1]目前国际上被广泛使用的是基尼系数和S80/S20指标。基尼系数是由洛伦茨曲线推导而得出的,数值介于0—1之间,数值越小代表平等度越高。S80/S20指标是指以20%最高收入人群和20%最低收入人群的收入相比而得出的数值,来表征收入均等状况的测量标准。世界银行、经合组织等国际机构会定期公布各国基尼系数排序和S80/S20指标。另外,联合国开发计划署发布的人类发展指数将经济指标与社会指标相结合,更加强调人文发展,而不仅仅是经济收入状况。2020年《人类发展报告》引入收入不平等指数、性别不平等指数、多维贫困指数三个新的衡量指标,更加立体地反映社会的共富情况。

3.贫困与富裕的成因分析

马克思恩格斯将造成资本主义社会的贫富分化现象的根本原因归结为资本主义私有制。他们深刻指出,"工人变成赤贫者,贫困比人口和财富增长得还要快"[2],以及"资产阶级生存和统治的根本条件,是财富在私人手里的积累"[3]。马克思恩格斯对资本主义社会财富与贫困同时在社会两端积聚奇怪现状的洞见,建立在历史唯物主义的科学理论基础和坚定的人民立场之上,是马克思主义科学性与人民性的集中体现。国外资产阶级学者也就造成社会贫富分化的原因提出了一些不同的理论,大致可以归为个人责任说、社会结构说和家谱延续说等。这些理论不同程度存在着在贫富分化问题上为剥削制度辩护,倒果为因,归咎个人等问题,因此对这些理论与观点

---

① 转引自国彦兵:《经济学原理》,机械工业出版社,2020年,第190页。
② 《马克思恩格斯文集》(第二卷),人民出版社,2009年,第43页。
③ 《马克思恩格斯文集》(第二卷),人民出版社,2009年,第43页。

的学习借鉴,应当建立在充分考虑其阶级立场与唯心主义世界观局限性的批判基础上。

第一,个人责任说。将贫富分化的责任归结为个人,在国外思想界颇有市场,尽管这种学说有明显漏洞,很多时候也无法自圆其说,却仍被广泛接受。这部分是由于资本主义国家根深蒂固的个人责任伦理观,部分则因为对个人原因的考察要比考察社会结构的规律容易得多。亚当·斯密认为摆脱贫困与追求富裕是个人的责任,每个人都要为改善自身的境况而作一贯的、经常的和不间断的努力。①富人们被吹捧为财富的创造者,乔治·吉尔德认为:"居住在地球表面上的所有人中,乐于为他人创造财富而不是将财富用于自己挥霍的只有那些合法经营的商人。"②而富人对财富的贪婪也被粉饰为所谓的企业家精神,并使穷人"获得了生活的必需品,这些他们期望从别人的仁慈和正义中白白得到的东西",并且"从整体上看,美国的大部分企业家非但远远算不上贪婪,而且没有陶醉于自己的财富之中,因为他们的大部分财富都没有用于个人享受,而是以投资的形式还给了社会,表现为巨大的企业网"。③穷人则被认为是懒惰、愚钝、不知节俭,理应为自己的贫困负责。阿尔弗雷德·马歇尔认为:"研究贫困的原因就是研究大部分人类堕落的原因。"④

强调个人与贫困之间的关系的解释有三个:遗传人、经济人和问题人。遗传人理论认为生物遗传决定智力,智力决定教育程度、就业、收入和社会地位;经济人是从自由市场体制解释贫困原因,把贫困解释为个人在自由竞争市场中的失败。米尔顿·弗里德曼认为,人们对自己的行动和状况负有完

① [英]亚当·斯密:《国民财富的性质和原因的研究》(上卷),郭大力、王亚南译,商务印书馆,1983年,第315页。

② [美]乔治·吉尔德:《财富与贫困——国民财富的创造和企业家精神》,蒋宗强译,中信出版集团,2019年,第28页。

③ [美]乔治·吉尔德:《财富与贫困——国民财富的创造和企业家精神》,蒋宗强译,中信出版集团,2019年,第25页。

④ [美]阿尔弗雷德·马歇尔:《经济学原理》,陈瑞华译,陕西人民出版社,2006年,第5页。

全的责任。成功者理应拥有财富，而失败者势必承担贫困。问题人的理论主要是贡献了"问题家庭"的概念，问题家庭被认为是由犯罪、不道德、失业等一大堆社会问题所构成的，贫困在这里被认为并不是必然发生的，而是受到心理因素、道德松弛、儿童缺乏管教等个别性原因造成的。

第二，社会结构说。这种学说认为社会分层对维持社会正常运行是必要的，收入、地位、权力不平等的社会各阶层在社会有机运转中承担不同的社会功能，因此也被称为"社会功能说"。这种学说的问题在于将必要的社会分工、职能划分与收入的必然不平等直接挂钩，存在逻辑上的跳跃与不连贯。贫穷在社会中发挥着某种有利于或维持该社会运转的功能，正如贝尔纳德·孟德维尔所给出的解释："没有穷人，谁去做工呢？"[1]因此，他认为一切富国所应关心的是"使大多数穷人几乎从不游手好闲，并要不断地花掉自己挣到的钱"[2]。1972年，美国当代最为重要的社会学家之一的赫伯特·J.甘斯在《美国社会学》杂志第76期概括了贫困或穷人在美国社会的十大功能。[3]与此相对应的，富人的存在被认为不仅是对他们勤劳、节俭、勇敢等诸多在社会财富创造中表现出的优秀品质的激励，也为推动社会生产的运转发挥重要作用。制度学派的创始人托斯丹·本德·凡勃伦在1899年发表的《有闲阶级论》中，阐述了有闲阶级对于推动知识的生成与发展发挥着重要的作用。

第三，家谱延续说。财富和贫困的代际遗传被认为加剧了贫富分化的趋势，这种代际遗传不是单纯的财富继承，而是基于更广泛的文化意义上的代际影响。根据奥斯卡·刘易斯和及爱德华·班菲尔德等人的观点，贫困现象的持续形成与循环发生，是因为孩子从父母那里学到了会引起贫困的价

---

① ［荷］B.曼德维尔：《蜜蜂的寓言》（第一卷），肖聿译，商务印书馆，2016年，第159页。
② ［荷］B.曼德维尔：《蜜蜂的寓言》（第一卷），肖聿译，商务印书馆，2016年，第160页。
③ Herbert J.Gans, The Positine Functions of Poverty, *American Journal of Sociology*, NO.2, 1972, pp.275-289.

值观与态度,其中包括信仰与行为方式、对教育的不重视、倾向于即刻的满足而不注意节俭、不稳定的生活等。刘易斯等人的贫困文化理论曾对美国政府的反贫困政策产生重要影响,照此理论,尽管贫困直接表现为穷人的物质匮乏,但更深刻的原因在于,存在一种贫困文化阻碍穷人生活的改善。因此,单纯的社会福利与救济无法解救穷人,而是要阻断贫困文化的传播。贫困文化理论也开拓了研究视角,提出了新的思维角度,影响了后来的研究。凯瑟·约翰法提出文化剥夺理论,指出穷人被排斥于主流社会,代代传续,形成"剥夺的循环",在循环圈上,每次下一代的"欠缺"都是被上一代剥夺的结果。贫困文化理论也遭到了质疑,瓦伦丁等提出贫困处境论,他们指出贫困文化论将贫困责任推向了穷人自身,并且从心理和个人范畴解释社会现象,犯有唯心主义的缺陷。贫困处境论者提出社会处境决定社会文化的观点,指出穷人自暴自弃的文化行为来自恶劣的环境和看不到摆脱贫困的出路的挫折感,如果处境改变,他们的行为和价值观也会随之改变。

(二)国外治理贫困和追求富裕的指导思想研究

国外治理贫困与追求富裕的理论与实践活动自亚当·斯密起,就其指导思想而言,大体经过自由放任主义、福利主义、新自由主义、新福利主义几个主要阶段。

1.自由放任主义

亚当·斯密创立了自由放任经济学派,主张消除国家对经济事务的控制,也包括政府对个人的救助义务。斯密首先肯定了劳动阶层追求富裕生活的正当性:"有大部分成员陷于贫困悲惨状态的社会,决不能说是繁荣幸福的社会。而且,供给社会全体以衣食住的人,在自身劳动生产物中,分享一部分,使自己得到过得去的衣食住条件,才算是公正。"①斯密认为"分工会

---

① [英]亚当·斯密:《国民财富的性质和原因的研究》(上卷),郭大力、王亚南译,商务印书馆,1983年,第72页。

产生普遍富裕"①,他相信社会利益与个人利益具有一致性,个体在谋求个人
利益的过程中会受到"看不见的手"的牵引,促进了他本意中没有包含的公
共目标,因此社会总财富的增加可以提高社会各个阶层的实际收入。斯密
认为摆脱贫困与追求富裕是个人的责任,每个人都要为改善自身的境况而
作一贯的、经常的和不间断的努力②,他并不指望在商人、制造业主、土地所
有者与劳动大众之间的分配会有利于后者。

斯密对劳动者应当从经济增长中获益只是提出了道德和价值层面的肯
定,在其现实性上将摆脱贫困,追求富裕的责任则完全归于个人,政府置身
事外。李嘉图和马尔萨斯走得更远。李嘉图提出工人的工资只能保持在维
持其生存的最低水平上的观点,他反对以同情心来干预市场,指出:"济贫法
的趋势就是要将财富和力量转变为贫困和虚弱,而且这种趋势犹如地心引
力一样千真万确。"③马尔萨斯更为激烈地反对济贫法,他认为穷人没有被救
济的权利,"济贫法虽说也许减轻了一点个人的不幸,但恐怕却使比以前多
得多的人遭到了不幸"④。他指责济贫法是一种干预他人的暴政,而行使这
种权利会给被迫要求救济的人带来种种烦恼。

总的来说,斯密主张国家经济总量的增加会自动带来社会各阶层的普
遍富裕,政府不必干预;而李嘉图与马尔萨斯则主张社会中部分人的贫困是
必然现象,个人应为此负全责,政府不应干预。在自由放任思想的主导下,
政府有限的社会政策在市场失灵面前束手无策,致使这一时期资本主义国
家在经济快速增长的同时社会贫富分化日趋严重。严峻的社会问题和不断
激化的阶级斗争,使得资产阶级学者们不得不重新审视造成贫富分化的社

---

① [英]亚当·斯密:《国民财富的性质和原因的研究》(上卷),郭大力、王亚南译,商务印书馆,
1983年,第12页。

② [英]亚当·斯密:《国民财富的性质和原因的研究》(上卷),郭大力、王亚南译,商务印书馆,
1983年,第315页。

③ David Ricardo, *Principles of Political Economy*, *Cambridge*, University Press for the Royal Economic Society, 1951, pp.107–108.

④ [英]马尔萨斯:《人口原理》,朱泱等译,商务印书馆,1996年,第30页。

会结构问题,对资本主义自由市场能自动解决贫困问题的盲目自信与将贫困问题视为单纯的个人责任的自由放任的思想开始瓦解。

2.福利主义

福利主义的开端常常被追溯至1601年的《伊丽莎白济贫法》,它被认为是世界上第一部社会保障立法。而作为一种社会思潮和理论体系,福利主义的流行要推迟至19世纪末期,当时的各主要资本主义国家为安抚工人阶级的反抗和应对悄然兴起的社会民主主义,不得不对本国政策作出一些调整,推动了社会福利制度的诞生。其中最具代表性的是德国俾斯麦政府,于19世纪80年代相继通过了《疾病保险法》《事故保险法》《养老保险法》等。1889—1903年,英国社会学家查尔斯·布思相继发表的调查报告显示,多达三分之一的伦敦居民生活在贫困之中,引起巨大轰动,推动了英国养老金法案的施行。国家通过制定实施福利政策介入并主导解决贫富分化问题的思想逐渐成为思想共识。"社会保险的出现表明人们已经认识到在现代社会中私人慈善和家庭支持,以及朋友和教友的帮助是不能完全确保安全的,所以政府要承担新的保护性责任,主办、指导和资助那些为特定风险和工人提供保护的保险计划。"①

作为一种系统的理论和学说,福利主义诞生的标志是阿瑟·塞西尔·庇古的著作《福利经济学》的出版。在这部著作中,庇古用经济学推算的办法对福利主义进行了论证,由此创立了福利经济学。资产阶级经济学家勒纳、卡尔多、帕格森、李特尔、萨缪尔逊等对这一理论作了不断丰富和补充,其中凯恩斯的社会就业理论使福利主义获得了很大发展,使福利主义形成了相对完整的理论体系。尽管福利主义思想家们各自都有对福利主义的不同阐释,但就其出发点和根本目的而言,都是为了解决经济危机,挽救资本主义。他们的思想主张概括起来主要包括:①社会经济危机和失业的根源在于有

---

① [美]吉尔伯特、特瑞:《社会福利政策导论》,黄晨熹等译,华东理工大学出版社,2003年,第44页。

效需求不足,②政府提供的公共福利措施能有力促进消费需求的增长,③国家和政府通过收入再分配支持福利政策的推行,④在不改变资本主义制度的基础上,政府通过经济干预可以缓和分配矛盾,推动就业水平上升。

第二次世界大战之后,英国政府在《贝弗里奇报告》基础上先后颁布一系列社会保险政策,并于1948年首先宣布建立福利国家,随后欧美各国纷纷建立自己的福利体制,福利主义以福利国家的形式大行其道。关于福利主义与福利国家的兴起,学者们也有不同的解释:马歇尔提出公民权的概念,解释福利国家的成长过程;加尔布雷思和斯金纳提出福利国家的出现和发展是现代社会工业化的必然结果;赫德则认为福利国家的出现是对家庭、社区等功能的补充;高夫认为,资本主义的内在矛盾是福利国家形成和福利主义兴起的原因,同时也是福利主义遭遇危机的根本原因。

进入20世纪70年代以后,福利国家先后出现经济滞胀的同时,社会对福利的需求增加,收入与财富分配不均状况不断加剧,福利国家不得不开始福利紧缩政策。无论左翼还是右翼学者,都对福利主义提出尖锐批评。以哈耶克、弗里德曼和熊皮特为代表的新右派主张,一个理想的社会应该把政府的干预限制在最低层面;而左翼学者则认为,福利国家只是资本主义国家制度合理化的工具,并不能解决社会贫富分化,最终必然引发资本主义内部更严重的冲突与矛盾。正如欧菲所指出的:"矛盾在于资本主义不能与福利国家并存,也不能没有福利国家而自存。"[1]在福利国家陷入危机的背景之下,社会主流思想逐渐产生了左右两个方向上的理论变向:右派保守主义学者新自由主义思想迅速抬头,左派则在对凯恩斯主义的再分配福利主义的反思基础上发展为新福利主义思想,在两者共同作用下,旧的福利主义和福利国家结构逐渐趋于瓦解。

---

① Offe C., *Contradictions of The Welfare State*, The MIT Press, 1984, p.153.

3.新自由主义

20世纪70年代后,各福利国家先后出现经济放缓、福利负担过重的危机,以哈耶克、弗里德曼、熊皮特等为代表的新自由主义的保守派势力迅速抬头。新自由主义的核心理念是自由市场、自由企业、经济效率和国家作用最小化,主张市场的自我调节是分配资源的最优越和最完善的机制,反对国家调节分配,破坏经济自由。在价值理念上,新自由主义坚持个人自由高于平等,认为经济和社会平等远不如自由重要,作为自由竞争结果的不平等反而是一种积极的、不可或缺的社会价值。弗里德曼认为,一个把平等即所谓结果均等放在自由之上的社会,其结果是既得不到平等也得不到自由。

新自由主义保守派学者认为,收入贫富差距反映的是人们的天赋和后天努力的不同,因此收入不平等不仅是合理的而且是好事。收入差距可以激励人们努力改变现状,反之,平均主义会削弱人们奋发向上的动力。哈耶克说:"我们所期望的经济的迅速发展,在很大程度上讲,似乎都是上述那种不平等现象的结果,而且如果没有这种不平等,似乎也不可能实现经济的迅速发展。"[1]关于平等的界定,新自由主义认为"机会平等"远比"结果平等"重要,美国企业研究所总裁A.布鲁克斯认为,我们支持平等,但这是支持机会平等而不是支持结果平等,收入平等不是公正,而明显是不公正。[2]自由经济体制能够给人们提供增加收入的机会,就是积极有效的,也是符合正义原则的。

新自由主义经济学家对福利制度提出的尖锐批评,主要集中于与以下观点:福利国家造成财政难以承受的巨额负担;高额税收导致经济效率低下、创新减少;政府权力过于集中,市场活力下降;对自由价值的侵蚀和降低

---

[1]　[英]弗里德里希·奥古斯特·冯·哈耶克:《自由秩序原理》,邓正来译,生活·读书·新知三联书店,1997年,第46页。

[2]　Arthur C. Brooks, American Fairness Means Equality of Opportunity, Not Income, http://www.aei.org/article/society-and-culture/free-enterprise/american-fairness-means-equality-of-opportunity-not-income/, July13,2010.

人的责任意识等。例如罗伯特·诺齐克和迈克尔·沃尔泽认为,在一个以市场经济为基础的商业社会里,如果要实现人们在财富上的均等,就必须不断运用国家干预的手段进行财富的再分配,而这样的再分配是对财富被转移者权益的持续侵犯。沃尔特·李普曼将资本主义制度的道德基础定义为"人类历史上首次出现的别人创造财富,自己的财富也能增加的方法"[①],他反对福利国家通过国民收入再分配调节社会收入差距、弥合社会裂痕的企图,指出福利国家易引发人的依赖心理,导致道德上的损失。

在新自由主义思想影响下,美国和英国率先对原有福利体制进行了改革。里根政府和撒切尔政府将诸如失业援助之类的政府福利定义为"不道德的浪费行为",呼吁民众接受一定程度的社会不公,对医疗保险和养老保障等福利进行了大削减。新自由主义经济政策的实施客观上增强了美英等国的企业活力和竞争力,使其在国际化竞争中处于更有利的地位,确实实现了将经济"蛋糕"做大的设想,但是与此相伴而生的是贫富差距问题越来越严重。据2011年10月美国国会预算办公室公布的数据显示:"1979—2007年间,顶层20%人口的税后实际收入增长了10个百分点,其中绝大部分又流向了1%的最高收入人群,其他各部分人群所占收入份额则下降了2~3个百分点。"[②]也就是说,新自由主义政策实施以来,从社会经济总量增长中获益的只有社会上层,原来福利制度下培养的中产阶级群体迅速萎缩,收入差距在进一步扩大,与之相对应的社会稳定结构也受到冲击。特别是国际金融危机爆发后,伴随西方经济形势持续恶化和社会矛盾冲突凸显,新自由主义经济导致的财富分配不公等问题重回理论界视野,引起西方学界对新自由主义的深刻反思。

---

①　Walter Lippmann, *The Good Society*, Routledge, 2017, p.193.

②　Congressional Budget Office, Trends in the Distribution of Household Income between 1979 and 2007, http://cbo.gov/ftpdocs/124xx/doc12485/10-25-HouseholdIncome.pdf, 2011.

4.新福利主义

经典的社会政策研究强调国家在福利制度建立和供应过程中的作用，价值观上公民权和普及主义的理念、国家权威的确立、通过公共拨款确立社会福利制度是人们关注的重点议题。20世纪70年代，福利国家陷入危机，福利理论开始向多元化方向发展。福利三角理论、福利多元理论、社会发展性福利主义等福利主义研究新范式转向，力求探寻解决福利国家危机的出路。

为将传统福利国家从政府为单一福利提供者引起的财政负担过重，福利政策难以为继的窘境中解救出来，福利多元主义和福利三角理论将社会其他部门引入分担社会福利责任，使福利产品的来源多元化，使福利国家向福利社会转型。罗斯在《相同的目标、不同的角色——国家对福利多元组合的贡献》一文中提出福利多元主义组合理论，认为一个社会总体的福利有三个来源：家庭、市场和国家。在现代社会中，福利的总量等于家庭中生产的福利，通过市场买卖而获得福利，再加上国家提供的福利。约翰逊在罗斯的福利多元部门组合中加入志愿者机构的主张。伊瓦斯借鉴了罗斯的观点，提出福利三角理论，将福利三角中家庭、市场、国家三方具体化为对应的组织、价值和社会成员关系：市场对应的是正式组织，体现的价值是选择与自主；国家对应的是公共组织，体现的是平等和保障的自由；家庭则是非正式/私人的组织，体现的是团结和共有的价值，以上三者构成福利供应的整体，市场提供就业福利，家庭提供非正规福利核心、国家以正规形式提供社会资源再分配。

20世纪90年代末，随着新自由主义对传统福利社会改革所带来的问题日益明显，众多学者提出建立发展性社会福利的主张，通过国家主导的对基础社会和人力资本的投入，修正新自由主义泛滥带来的普遍社会不公，提高人民应对后工业化社会的挑战，重建国家与市场、公平与效率、经济增长与社会稳定之间的平衡。在安东尼·吉登斯、考斯塔·艾斯平-安德森、安东·赫梅尔赖克等学者的大力推进下，发展性社会福利主义被欧洲多国和欧盟提上政策议程。关于其思想要义,1999年吉登斯在《第三条道路:社会民主的复兴》一书中有清晰描述:"贝弗里奇在他于1942撰写的《社会保险及相关服务报告》中,公开向匮乏、疾病、无知、肮脏和懒惰宣战,此举使他名气大震。这就是说,他侧重关注的几乎完全是否定性的方面。今天,我们应当倡导一种积极的福利(positive wel-fare),公民个人和政府以外的其他机构也应当为这种福利作出贡献,而且,它还将有助于财富的创造。"[①]积极福利与消极福利的比较见表4-1,从中我们可以清晰看到,所谓第三条道路的新福利主义,是在接受新自由主义对福利国家在财政方面的巨大负担和造成民众对福利制度的依赖的批评基础上产生的。美国学者梅志里在1995年出版的《社会发展:社会福利中的发展型视角》中,提出了发展性社会福利的思想,主张社会福利与社会经济发展相互支持,构建社会福利以促进社会生产和社会投资为目标导向,经济发展的成果也可以更好促进支持社会福利的良性互动促进关系。

表4-1　消极福利与积极福利的比较[②]

比较项目	积极福利	消极福利
风险类别	用以面对人为风险,是积极的行动	根据外部风险组织起来的,用以解决已经发生的事,具有被动性,本质上是一种风险的重新分配
目标	不是为了应付贫困,而是要推动人的发展,强调自我实现与责任	维持人的一种生存状态,应对贫困,使人不至于因遭遇风险而陷入生存危机
手段	通过增强人自身的生存能力来面对和解决各种人为风险	外在的物质或现金给付
机制	对人为风险采取事先预防的方法,即在风险出现或可能出现时,采取预防措施	对外部风险采取事后风险分配制

---

① [英]安东尼·吉登斯:《第三条道路:社会民主主义的复兴》,郑戈译,北京大学出版社,2000年,第121页。

② 彭华民等:《西方社会福利理论前沿——论国家、社会、体制与政策》,中国社会出版社,2009年,第153页。

人们曾经确信,经济增长会自发促进社会的进步,然而事实无情击碎了这一美好愿望,经济增长不但没有解决贫困问题,反而进一步扩大了收入差距。这一情况不但存在于发展中国家,也存在于发达国家。一方面以拉美国家为代表的众多发展中国家身陷中等收入陷阱,无力摆脱贫困走向富裕;另一方面是在最富裕的美国,社会贫困现象依然触目惊心,造成这类问题的共同根源就在于无法确保社会与经济的协调发展,因此发展性社会福利主义的一些主张适应了时代发展的要求,不仅对实践具有重要的指导价值,在理论上也具有里程碑意义的进展。

总的来说,无论是自由主义、福利主义、新自由主义,还是新福利主义,其实质都是在维护资本主义制度的前提下,寻找医治资本主义弊病和平息资本主义社会矛盾的方法。尽管存在左翼与右翼之争,自由主义与福利主义之间的摇摆,但其基本价值都是为了维护资本主义制度,因此不可能触及资本主义的基本制度,而无论是福利制度的危机还是自由主义导致的社会贫富分化扩大的危机,从根本上都是由资本主义制度的内在对抗性矛盾所引发的,这种理论视野的局限性导致资本主义学者无法就治理贫困、追求富裕的议题提出实现共同富裕的主张。他们的最高理想只是减少不平等,而不是消灭不平等,并转而为资本主义社会普遍的不平等寻找唯心主义的辩护。加尔布雷斯所说的"美好社会并不寻求收入的平等分配,平等与人性亦或现代经济体系的特征或动因都是不相符的"①,就是其中的代表性观点。

(三)国外治理贫困和追求富裕的政策理论研究

1.贫困理论

贫困理论的研究聚焦于通过对贫困问题产生的根源的分析,铲除贫困产生的根源,减小贫富差距。托马斯·罗伯特·马尔萨斯最早提出贫困理论,

---

① [美]约翰·肯尼斯·加尔布雷斯:《美好社会——人类议程》,王中宝等译,江苏人民出版社,2009年,第50页。

他主张贫困的原因在贫民自身,社会制度没有责任;卡尔·马克思最早从社会制度层面解释了贫困问题的根源,指出无产阶级摆脱贫困的唯一出路是"剥夺剥夺者";罗格纳·纳克斯提出"贫困恶性循环"理论,探讨了贫困的根源和摆脱贫困的途径;纳尔逊提出"低水平均衡陷阱"理论,指出发展中国家经济表现为人均收入处于维持生命和接近于维持生命的低水平均衡状态,即"低水平均衡陷阱",资本稀缺是发展中国家经济发展的主要障碍和关键所在,只有投资和产出的增长超过人口增长,才能冲出"低水平平均陷阱";甘纳尔·缪尔达尔在《美国的两难处境》中首次提出"循环积累因果关系"理论,提出增加储蓄以促进资本形成,使生产率和产出水平大幅提高,从而使发展中国家的人均收益水平大幅提高;阿玛蒂亚·森深刻分析了隐藏于贫困背后的生产方式的作用,指出饥饿和贫困是"交换权力的函数,不是食品供给的函数"[①],只有在政治体系、经济体系、社会体系的有效权利供给下,贫困才能被解决;西奥多·舒尔茨提出了贫困经济学,首次提出应当将贫困问题纳入经济学研究中,同时指出人口素质的提高是改善贫困的关键性因素;奥斯卡·刘易斯提出贫困文化理论,从社会文化角度解释贫困现象,并指出贫困文化塑造了在贫困中长大的人的基本价值和行为习惯,使得贫困形成代际遗传。

2.反贫困理论

治理贫困,追求富裕,缩小收入差距,在实践中通常表现为两个向度的对应策略:一是发展生产,二是调节分配。

发展主义理论:治理贫困、追求富裕与经济增长之间的关系不言而喻。发展主义理论观点主要包括劳尔·普雷维什的"中心-外围"发展理论、威廉·阿瑟·刘易斯的"二元经济模型"发展理论和西蒙·史密斯·库兹涅茨"倒U型"发展理论。

---

① [印]阿马蒂亚·森:《贫困与饥荒》,王宇、王文玉译,商务印书馆,2001年,第13~14页。

1949年5月,阿根廷经济学家普雷维什向联合国拉丁美洲和加勒比经济委员会递交了一份题为"拉丁美洲的经济发展及其主要问题"的报告,系统和完整地阐述了他的"中心-外围"理论。普雷维什认为,拉丁美洲国家贫困的根源在于"中心"国家与"外围"国家之间不平等的经济关系,以及前者对后者的霸权与剥削。他认为"外围"国家要想摆脱贫困、走向富裕,就必须将自身工业化水平提升到与"中心"国家同等的水平。1954年,刘易斯在《劳动力无限供给与经济发展》一文中提出,在发展中国家通常存在二元经济结构:一个是劳动生产率极低的传统农业部门,劳动力剩余严重并且劳动者的收入水平极低;另一个是劳动生产率相对较高的现代工业部门,其工资水平取决于农业劳动者的收入而又稍高,直到所有的剩余劳动力最终被现代部门所吸收,劳动力成为稀缺要素的时候,劳动阶层的收入才会大幅增加,贫困也才会消除。1955年,库兹涅茨在其美国经济学会会长演讲中提出"倒U型"假说,即人均国民生产总值与收入不平等之间的关系,是以一个倒U型的形式发展的。也就是说,随着人均收入的增长,一开始收入差距会拉大,这种不平等程度在收入达到中等水平时达到最高点,然后随着收入水平的进一步提高而开始下降,这意味着缩小收入差距。库兹涅茨的理论似乎在给人以一种鼓励,即只要经济持续发展,贫困人群就会自然从经济增长中变得富足,收入差距问题自然就会解决。

尽管这三种理论都存在一定的理论缺陷,例如皮凯蒂就曾对于库兹涅茨曲线的结论可靠性提出了怀疑。但不可否认的是,这三个经济学界颇具权威的学者的理论为以工业化加速发展为核心的发展主义战略提供了强有力的理论支持,使世界众多发展中国家在消除贫困、追求富裕的过程中,不约而同地选择了以经济增长为核心的政策。

3.福利主义理论

如果说对于众多的发展中国家而言,解决治理贫困、走向富裕首先应该关注的是发展的问题的话,那么对于富裕社会里的贫困,则更多需要通过福利制度进行分配调节,减小收入差距,缓解社会矛盾。福利主义理论包含了众多的理论学说,经历了长期的发展,其总体发展趋势呈现出从最初的"再分配"向"预分配"方向,从福利供应的国家主导向社会多元化供给方向调整等特征。

福利主义理论在最初阶段主要是在凯恩斯主义影响下形成,国家强势介入,主导收入再分配,建立福利国家,试图以此来解决社会不断扩大的贫富分化;福利多元主义理论与福利三角理论,是继古典自由主义、凯恩斯-贝弗里奇、新自由主义范式后,为解决福利国家危机并在吸收新自由主义批评意见基础上形成的,主要代表性学者有罗斯和伊瓦思主张社会福利来源的多元化,既不能完全来自国家,也不能完全来自市场,而应建立在市场、国家、家庭之间的有效联动之上;马歇尔提出了公民权理论,为福利国家为公民福利提供制度性安排提供了理论上的支持;高夫采用马克思主义的阶级、阶级矛盾、资本主义生产方式的概念,指出是资本主义的内在矛盾促成了福利国家的成长,同时福利国家的危机也是资本主义内在矛盾的彰显;艾斯平-安德森用去商品化等概念工具,把资本主义福利国家划分为三种福利体制:自由主义福利国家制度、保守主义福利国家制度和社会民主主义福利国家制度,并认为福利国家如果要解决危机就不可避免要在社会平等和就业(市场)之间作出选择;吉登斯提出了消极福利转化为积极福利的思想,主张通过社会投资的办法解决福利国家危机,被称为社会投资福利主义或发展型社会福利,发展型社会福利注重福利项目的生产性和投资性取向,认为经济发展和社会是不可分割的有机整体,两者之间可以建立起良性的联动性关系,实现共同发展;社会排斥与社会融入理论在20世纪90年代曾被广为流传和应用,社会排斥是指社会成员在参与社会活动中被不可控因素阻止的事实(Burchardt),社会政策是反社会排斥达到社会融入的手段。

社会福利理论基于经济学、哲学和其他学科的发展,与社会政策、社会福利制度高度相关,虽然社会福利理的众多理论是在资本主义发达国家环境下产生的,具有理论意识形态方面和发展阶段方面与我国国情不相同的一面,但是对于身处全球化环境和已经历史性解决了贫困问题向中国式现代化强国攀登途中进发中国社会,国外福利理论还是具有很多理论和实践上的启发。

二、国外治理贫困和追求富裕的实践考察

(一)国外治理贫困和追求富裕的现状考察

消除一切形式的极端贫困,是《联合国2030年可持续发展议程》的首要目标,然而刚刚过去的几年,由于疫情的影响,国际安全形势的动荡,全球贫困治理遇到了新的挑战。据世界银行发布的《贫困与共享繁荣报告2022》数据显示:2020年新冠疫情大流行导致全球极端贫困率从2019年的8.4%上升到2020年估计的9.3%,到2020年底,每天生活费不足2.15美元的人口估计已达7.19亿,到2022年,预计至少将有6.67亿人陷入极端贫困状态。[①]疫情还进一步放大贫富差距,数据显示,受疫情影响,收入最低的40%人口承受的收入损失平均为4%,是最富裕的20%人口的两倍。报告指出,2020年标志着一个历史性的转折点—— 一个全球收入融合的时代让位于全球分化,即世界上最贫穷的人承受了病毒大流行的代价。最贫穷国家的收入下降远远超过富裕国家的收入下降。

另据世界不平等实验室所发布的《世界不平等报告2022》显示:全球最贫穷的一半人口几乎不拥有任何财富,他们的财产只占全球财产的2%,而全球最富有的10%的人拥有76%的财富(见图4-1)。报告还显示了各地区的

---

① World Bank, Poverty and Shared Prosperity 2022, https://www.worldbank.org/en/publication/poverty-and-shared-prosperity.

收入不平等水平。在全世界最平等的地区（欧洲）和最不平等的地区（中东和北非）之间，不平等的差距很大。在欧洲，前10%人口的收入份额为36%，而中东和北非却高达58%[①]（见图4-2）。

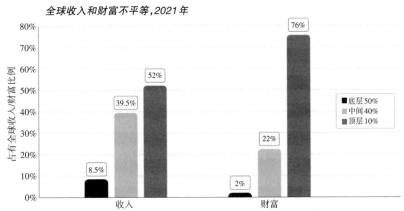

全球收入和财富不平等，2021年

解读：按购买力平价(PPP)计算，全世界最底层的50%人口一共占有全球收入的8%，全球财富的2%。全球顶层的10%一共占有全球私人财富的76%和收入的52%。需要注意的是，高财产人群和高收入人群不一定重合。此外的收入是在计算失业保险和退休保险之后，计算所得税和转移支付之前。数据来源和计算方法详见wir2022.wid.world/methodology。

图4-1　2021年全球收入和财富不平等柱状图

资料来源：World Inequality Lab, World Inequality Report 2022, https://wir2022.wid.world/download/。

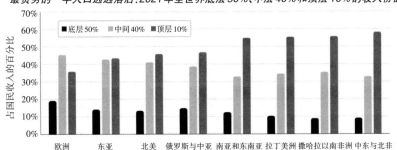

最贫穷的一半人口远远落后：2021年全世界底层50%、中层40%和顶层10%的收入份额

解读：在拉丁美洲，顶层10%的人口占有55%的国民收入，而在欧洲这个数字是36%。此处的收入是在计算失业保险和退休保险之后，计算所得税和转移支付之前。数据来源和计算方法详见wir2022.wid.world/methodology。

图4-2　2021年全球各区域收入和财富不平等柱状图

资料来源：World Inequality Lab, World Inequality Report 2022, https://wir2022.wid.world/download/。

[①]　World Inequality Lab, World Inequality Report 2022, https://wir2022.wid.world/download/.

这一严峻的现实提醒我们,治理贫困和追求富裕本身具有艰巨性和曲折性,有两个基本认识是我们不应忽视的:一是问题的普遍性,不仅发展中国家面临严峻的贫困问题,发达国家也存在程度不一的贫困问题和贫富差距扩大化问题;二是问题的特殊性,受生产力发展水平、制度和历史背景等方面明显差异影响,发达国家和发展中国家所面临的贫富问题是大不相同的,在研究中应该对这种差异性予以重视。

1. 发达国家治理贫困和追求富裕现状分析

整体而言,发达国家经过多年发展积累,其生产力水平、经济总量和人均占有社会财富情况都远优于发展中国家,并且建立了较为完善的社会保障和公共福利体系,人民生活总体比较富裕。但是发达国家也存在贫困问题。美国虽然是世界第一经济大国,占世界生产总值总量的1/4,但其国内贫困率常年维持在10%以上。据美国人口普查局发布的报告显示,2022年美国贫困人口为3863万人,贫困率达到11.6%。但是发达国家的贫困居民很少面临从基本生存层面定义的绝对贫困问题,其贫困线的划定标准较高。例如2022年,美国个人的贫困线标准为每年13590美元,约93500元人民币,收入等于或低于这一数额的个人被视为生活贫困。

平均国民收入高并不意味着平等程度高。发达国家的国内贫富分化情况表现不一,其中既有像美国一样收入水平非常不平等,并且贫富分化扩大的趋势仍在进一步发展中的国家,也有以瑞典等北欧国家为代表的收入水平较为平等,贫富分化趋势缓和的国家。这种差异性与各国不同的市场监管机制、社会政策和福利体系存在密切的联系。

发达国家的社会财富几乎都掌握在私人手中。在开始于20世纪70年代的私有化浪潮中,政府所拥有的公共财富不断缩减,以英国为例,公共财富(指政府所拥有的所有金融及非金融资产之和减去政府债务)从1970年占国民收入的60%降到了占国民收入的-106%。①富裕国家中政府的低财富对未来国家在解决不平等问题上的能力具有重要影响。加尔布雷斯曾在《富裕社会》中指出,这一私人富足和公共贫困的鲜明反差将导致至关重要的公共服务得不到资助。

发达国家的贫困人口主要集中在城市。从贫困人口的分布状况看,发达国家贫困问题发生的一个重要原因是由失业引起的,在人口流动较为频繁的情况下,贫困人口一般倾向于到大城市去寻求工作机会,以及获得社会或他人救助的机会,相比之下,贫困人口在乡村的工作机会较少。因此,发达国家的贫困人口主要集中在城市地区,乡村地区由于人口密度较低,加之很多人拥有土地等生产资料,贫困人口反而没有城市的集中度高。

从人群特征来看,发达国家的贫困人口带有一定的种族、性别和年龄特征。发达国家的劳动力市场完善,劳动者的收入状况对市场供求关系和市场歧视问题反应敏感,少数族裔和女性更容易在工资收入方面遭遇更多不公正对待。根据美国人口普查局2021年发布的数据,仅占美国人口总数的13.2%的非洲裔,却占贫困人口总数的23.8%;占美国人口总数的18.7%的拉丁裔,占贫困人口总数的28.1%。印第安纳大学的克里斯汀·塞费尔特教授在密歇根记录并密切跟踪了一组39人的样本,其中大部分是单亲母亲,她们中有60%处于贫困线以下。②美国学者杰夫·马德里克在其著作《看不见的孩子——美国儿童贫困的代价》中,揭露有大约1/4的美国儿童生活在贫困境况中。正是基于这一状况,发达国家通常把易受社会经济结构影响的老年人、失业者、妇女和儿童、低工资收入者、家庭收入减少者、乡村居民、移民七类社会成员划归为低收入者或贫困群体,他们也是政府反贫困政策的主要帮助对象。

---

①　World Inequality Lab, World Inequality Report 2022, https://wir2022.wid.world/download/.

②　[美]彼得·埃德尔曼:《贫富之惑》,苏丽文译,生活·读书·新知三联书店,2019年,第118页。

2.发展中国家治理贫困和追求富裕现状分析

据世界银行发布的《2022贫困与共享繁荣报告》显示,1990—2019年间,世界各国政府持续致力于减贫工作,已经使世界贫困人口由1990年的38%下降到2019年的8.4%(见图4-3),除中东与北非外的世界其他地区在此期间贫困率均有显著下降(见图4-4),这是人类治理贫困走向富裕过程中所取得的巨大成就。然而报告同时显示,自2014年以来全球减贫速度放缓,相较于2008年到2013年间每年减贫1.4个百分点,即每年8600万人的速度,2014年和2019年,全球减贫速度放缓至每年仅0.6个百分点,即每年3300万人。报告还特别强调,新冠病毒疫情流行以来,世界减贫进程遭受挫折,世界贫困人口比率和不平等指数都有上升,世界减贫工作仍然面临巨大挑战。①

全球极端贫困人口持续下降,但近年来下降速度较慢

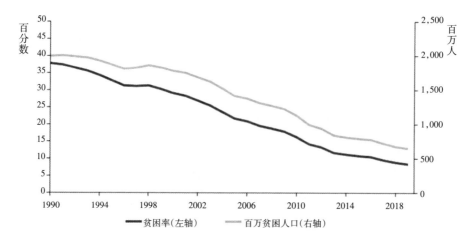

图4-3 1990—2019年世界贫困人口数量走势图

资料来源:世界银行,贫困与不平等平台,https://pip.worldbank.org.
注:该图显示了国际贫困线上的贫困率和贫困人数,即每人每天2.15美元(2017年PPP)。PPP=购买力平价。

---

① 世界银行:《2022贫困与共享繁荣报告》,https://www.worldbank.org/en/publication/poverty-and-shared-prosperity.

从1990年到2019年,除中东和北非外,所有地区的贫困率都有所下降

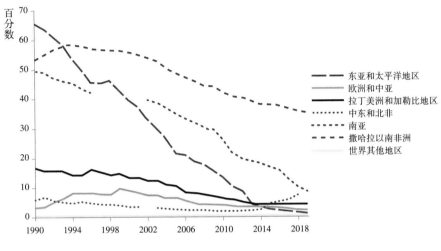

图4-4　1990—2019年地区人口贫困率走势图

资料来源:世界银行,贫困与不平等平台,https://pip.worldbank.org.

注:该图显示了1990—2019年按地区划分的us$2.15-a-day贫困线的贫困趋势。

　　贫困不仅是经济贫困,而是多维贫困。《2023年全球多维贫困指数》报告根据全球110个发展中国家的最新数据,从健康、教育和生活水平等十个指标对全球发展中国家的贫困水平进行了评估。报告指出,在涵盖110个发展中国家的61亿人口中,约有11亿人生活在贫困中(日均生活费低于1.90美元),这11亿贫困人口中,约有一半即5.66亿人口是18岁以下的儿童;贫困人口最多的发展中地区是撒哈拉以南非洲(5.34亿),其次是南亚(3.89亿);8.24亿~9.91亿人没有足够的卫生设施、住房或做饭燃料;除欧洲和中亚以外的所有地区,一半的穷人家庭中没有一个亲人完成六年学校教育。①

　　首先,绝大多数发展中国家面临的是摆脱贫困威胁的问题,而不是满足更丰裕、更美好的富裕生活的需要,而且发展中国家人口众多,经济落后、社会发展程度低,因此发展中国家的贫困问题在人口的绝对数量和贫困人口

---

　　①　UNDP:《2023年全球多维贫困指数》,https://www.undp.org/sites/g/files/zskgke326/files/2023-07/2023mpireportenpdf.pdf。

占比上都要比发达国家多得多、严重得多，尤其是那些连维持生存的基本物质条件都不能得到保障的极端贫困人口。据世界银行官网数据显示（按每人每天生活费低于2.15美元计算），在2019年有7亿人，这些人绝大多数都生活在发展中国家。据联合国粮农组织发布的《2023年世界粮食安全和营养状况》报告，2022年，世界上有6.91亿至7.83亿人面临饥饿，自2020年起，全球受饥饿影响的人数大幅度增加。2021年较上年增加约4600万人，自2019年以来累计增加了1.5亿人。贫富差距拉大对非洲和亚洲特定地区，以及低收入者、女性、儿童等本已处于弱势的群体造成了更为严重的伤害。①

其次，发展中国家与发达国家、发展中国家之间，以及发展中国家内部存在巨大的发展鸿沟，贫富差距巨大。据《世界不平等报告2022》数据显示，发展中国家的分配不平等问题也非常突出，在欧洲，前10%的人口收入份额占比约为36%，而在中东与北非地区则达到58%，在东亚是43%，在拉丁美洲则是55%。②在过去几十年的发展中，广大发展中国家经济发展取得了巨大的进展，同时经济变迁也引起社会结构的调整、社会利益关系的转变，对传统的社会管理也提出新的要求，经济转型、社会转型中对原有财富分配结构提出新的挑战，造成经济增长的大部分收益被少数集团获得，社会绝大多数民众获取偏少，收入差距进一步扩大，导致新的社会不稳定因素的生成。

再次，发展中国家的贫困人口分布具有一定的区域集中性。这既表现为世界范围内的地区聚集性，也表现在一国内部的乡村聚集性。据《2023年全球多维贫困指数报告》统计，发展中国家有11亿贫困人口，其中5.34亿人居住在撒哈拉以南非洲地区、3.89亿居住于南亚地区，占发展中国家贫困人口总数约84%。③另据《2019年可持续发展目标报告》统计，世界贫穷人口中

① FAO, The State of Food Security and Nutrition in the World 2023, https://www.fao.org/3/CC3017EN/online/state-food-security-and-nutrition-2023/food-security-nutrition-indicators.html.
② World Inequality Lab, World Inequality Report 2022, https://wir2022.wid.world/download/.
③ UNDP:《2023年全球多维贫困指数报告》, https://www.undp.org/sites/g/files/zskgke326/files/2023-07/2023mpireportenpdf.pdf.

约79%生活在农村地区,农村的贫困率为17.2%——是城市贫困率(5.3%)的
3倍以上。①发展中国家由于历史和所处发展阶段的原因,仍处于传统产业
向现代产业转型的历史进程中,城乡二元结构明显,农村生产水平低,拥有
大量剩余劳动力,城市城镇人口收入相对较高,但发展规模不足,还不足以
吸纳更多的农村剩余劳动力,因此发展中国家的乡村贫困与城市贫困并存,
但以乡村贫困为主。随着发展中国家经济社会持续发展,发展中国家城市
化进程将加快,更多的人口将会涌向城镇。

(二)国外治理贫困和追求富裕的模式考察

虽然贫困程度并不必然取决于国民总收入,因为收入分配的格局也是
影响贫困程度最重要的因素,但是人均国民总收入毫无疑问是影响贫困程
度最为基础的变量,也是各国政府在治理贫困,追求富裕进程中制定相应社
会政策的基础条件和现实依据。因此,发达国家与发展中国家在治理贫困
追求富裕进程中,所要解决的主要问题和可选择的政策举措都存在明显的
差异性。

1.发达国家治理贫困和追求富裕模式考察

对于发达国家而言,贫困治理与追求富裕问题所面临的困境不是"蛋
糕"不够大,而是怎样分"蛋糕"的问题。普林斯顿大学社会学家马修·戴斯
蒙德是畅销书《由美国自己造成的贫困》的作者,他认为美国只需花费国内
生产总值的1%,也就是1770亿美元,就能让境内所有人摆脱贫困。但问题
在于,没人愿意这么做。他认为这与美国的制度设计被操纵有关。戴斯蒙
德的观点指出了问题的关键所在。

当代资本主义国家,都不是纯粹的"自由放任"经济体,国家对市场都会
进行干预,不同的干预方式形成不同的国民分配格局。发达国家对收入分

---

① 《2019年可持续发展目标报告》,https://unstats.un.org/sdgs/report/2019/The-Sustaina-ble-De-velopment-Goals-Report-2019_Chinese.pdf。

配格局的调整主要通过三方面进行：通过规范市场、促进就业、介入劳资关系调整初次分配，通过构建社会保险和福利体系主导再次分配，通过社会投资、公共开支提高劳动者素质、缩小地区差距。丹麦学者考斯特·艾斯平-安德森1990年在《福利资本主义的三个世界》一书中，以"非商品化"的方法将资本主义的福利制度分为三种模式，即盎格鲁-撒克逊国家的自由主义模式（英美模式）、欧洲大陆的社会合作-保守主义模式（欧陆模式）和斯勘的纳维亚国家的社会民主主义模式（北欧模式）。这三种模式均有其制度发展的历史渊源和阶级发展的"路径依赖"，归因于三种不同的政治经济结构。

英美模式将自由市场奉为圭臬，规范市场的重点在于保障自由竞争，鼓励企业家精神，维护资本的投资获利。美国的就业政策注重市场，各项介入的政策都是为了刺激就业，遍布全国的高速公路网、全国统一的社会保障网和覆盖全国的就业服务体系，使美国实现了全国范围内的劳动力无障碍就业自由流动，美国对初次分配的干预降到最低，虽然美国劳工部会提供各种行业标准薪酬数据，但是薪酬谈判多数是在雇主与个人之间的行为。近年来，由于高端服务业和低端服务业之间鸿沟扩大，资本快速扩张，美国企业的资本、技术、土地收益在初次分配中占比过大，造成美国社会在初次分配后收入差距就已经相当明显。

自建国以来，美国就是一个崇尚个人主义的国家，自由主义和有限政府的理念在美国政治生活中根深蒂固，因此在20世纪30年代大萧条的时代背景下，美国才开始了社会保障制度的构建。时至今日，美国虽然已经建立起了比较完整的社会再分配体系，但是力度欠缺，处处体现"小政府"理念。美国媒体报道说，美国的基本社会保障福利低于大多数经合组织成员国的最低福利。例如，美国是唯一不向女性提供育婴假薪资补助贷款的发达国家。美国全美老龄问题委员会主席兼首席执行官拉姆齐·阿尔温表示："美国养老制度设计本身的缺陷,进一步加剧贫富分化。"①美国的再分配体系将其个人主义、自由主义和有效政府的理念演绎到了极致,一方面,美国直接福利转移支付的财源主要源自工薪阶层自身,其贫困救济基于补缺和满足基本需要,促进穷人消费,能发挥的救济作用非常有限;另一方面,美国税收政策对资本和富人表现出极大的倾斜,这些都是造成美国社会贫富分化日益严重的重要原因。

庞大的公益慈善事业和发达的第三次分配制度体制,是英美引以为傲的重要社会再分配渠道。早在1601年,英国议会就通过《济贫法》和《英格兰慈善用途法规》开始了慈善事业的历程。这种慈善文化也跟随殖民者足迹来到美洲,在1870—1892年间众多美国富豪或捐赠,或建造大学、医院、图书馆等公共服务机构 。美国社会科学协会创始人之一 ——丹尼尔·科伊特·吉尔曼认为,这些慈善事业虽然并不能解决当下贫困群体的问题,却能探寻贫困根源,提高美国国力,促进人类进步。②如今,美国拥有全世界最为庞大的慈善组织规模,并被视为独立于政府和市场的"第三方部门"。美国慈善事业的募捐、运营、监管各个环节均具有突出的"独立性"和"公民性",也使得这些慈善团体得以凭借雄厚的物质资源和社会资本,从超越政府与市场的角色出发,修复和弥补"市场失灵"造成的损害和"有限政府"导致的公共服务的缺失。

英美模式是以个人主义、自由主义、有限政府的价值观为主导的三次分配体系,其突出的优点是保持资本的吸引力,激发资本主义经济活力;其缺点在于不能改善收入不公平问题,造成贫富分化日益严重、社会冲突严重。

在欧陆模式中,德国自称为"秩序资本主义",在市场制度设计中嵌入包含社会公平的因素,以保障劳动者从市场可以拿到较高的回报。德国在劳

---

① 参见《经合组织数据显示,美国65岁以上人群约23%生活贫困美国老年人贫困问题日益加剧》,《人民日报》,2023年9月27日。
② [美]奥利维尔·聪茨:《美国慈善史》,杨敏译,上海财经大学出版社,2016年,第2页。

动力市场中采取的办法是坚决实施更加宽松的劳动力市场政策,打破各种门槛,降低失业率,实施"短时工作制"等保护性措施,维持德国核心劳动队伍和劳动力的收入水平。德国拥有独特的劳资集体谈判制度,即德国的行业工会与雇主协会,通过劳资集体谈判确定行业的统一工资水平及一揽子集体协议,政府在谈判中的作用只是提供方向性指导和劳动市场的基础数据,具体谈判过程的实施遵循社会自治与社会自我管理的原则,这种劳资关系被称为"社会伙伴关系"。在此基础上构建的初次分配格局,使德国国民拥有了较高的工资比率,成为德国国民财富重要构成部分。

德国是世界上最早建立社会保险制度的国家,早在俾斯麦政府时期就相继通过了《疾病保险法》《事故保险法》《养老保险法》等,在世界主要的五项保险制度中有四项是德国首创,这种保险模式对全世界产生重要影响,也是现代德国在构建分配制度体系中继承的重要的制度与价值遗产,发展至今,德国拥有世界上最完善的社会保险制度体系。截至2018年,德国共计5609万居民参加法定养老保险,约占20岁以上人口的83%;德国的医疗保险制度(含长期护理保险)接近于全民覆盖;德国2020年总计有6420万民众参加工伤事故保险,包含防范幼儿园、学校及高校日常生活的事故风险,远超德国就业总人数;德国失业保险几乎包含了所有正式的就业群体。根据经合组织数据,德国2019年公共社会支出占国内生产总值的比重为25.9%,显著高于经合组织国家平均水平的20%。[①]德国在社会保险和福利方面的巨大投入,为增进国民福祉、促进社会公平、提升国民素质与发展潜力、促进收入公平发挥着重要作用。

德国政府在消除城乡与区域发展不平衡方面的成就也引人注目。自20世纪60年代起,德国就采取了一系列措施来振兴乡村及中小城市。1997年,德国议会通过了《空间规划法》用以调节地区与地区之间、城乡之间,以及大

---

① 周弘:《促进共同富裕的国际比较》,中国社会科学出版社,2021年,第66~71页。

中小城市之间的均等化发展,以此促进更加均衡的空间人口分布。在德国通过普遍的公共服务促进城市人口分流和"去中心主义视角"的联邦主义文化影响下,德国成为唯一一个主要工业城市中没有特大城市的国家。

德国的社会市场经济模式、社会伙伴关系的初次分配格局、完善的社会保险模式、去中心化的区域均等化发展空间布局,都是在充分尊重与继承本国独特历史文化基础上形成的,适应本国发展实际需要,各方面发展比较均衡,是西方大国中收入分配最平等的国家。

另一个欧陆主要国家法国则是西方国家中重公平轻效率的典范,其社会公平程度不仅高于奉行经济自由主义的美国和英国,也高于奉行社会市场经济的德国,这与法国大革命以来的激进政治文化传统和根深蒂固的平等观念有一定关系。首先,法国以较高的国有化成分影响市场经济的运行;其次,法国也有像德国一样的劳资集体协商机制,但是更加激进,动辄上街游行,不屈不挠捍卫劳工利益。因此,法国对劳工的保护很好,不允许随意裁员、擅自破产。另外,法国的再分配体系具有明显的"劫富济贫"性质,通过对社会财富转移支付,帮助弱势群体,弥补收入差距。而且法国还构建了从摇篮到坟墓的、完善慷慨的社会保障制度,通过完善的福利制度,进行社会再分配。总之,被称为"法式社会主义"的法国再分配体系优点与缺点同样突出,其优点是社会公平性好,发展均衡,各种社会资源分配均衡,其缺点则表现在国家财政负担过重、经济发展活力受到一定抑制等方面。

北欧模式在其形成发展过程中,左翼政党发挥了引领作用。例如挪威的社会民主党、工党,丹麦的社会民主党,芬兰的社会民主党,这些左翼政党有的长期执政,有的在政府中居于中坚地位,因此得以把社会主义理念与自由主义经济相结合,形成以普惠主义社会政策为主要标志的社会民主主义福利国家。

北欧国家的经济结构以私营企业为主,实行市场经济,国有企业在工业部门中占比很少。北欧国家依靠三方谈判机制来协调劳资关系,在确定劳工的劳动报酬、劳动条件和员工福利待遇方面起到重要作用。北欧国家工会力量强大,可以在员工就业方面提供强有力的保护。通过对初次分配领域的干预,北欧的劳工阶层获得较高的收入。同时,北欧国家也注重保护雇主的利益,鼓励企业创新,尊重市场经济体制运行规律,在法律框架下为企业提供公共服务的政策支持,降低企业税率,创造宽松的投资环境,维护资方利益,培养与造就一大批国际知名的大企业,整体带动国家经济水平和收入水平。北欧各国均实行积极的劳动力政策促进就业,近十年来其就业率一直保持在70%以上,登记失业率仅为3%~8%,充分的就业保障了社会成员的基本收入。

北欧各国以"社会团结"观念培育社会凝聚力,追求社会公平公正,建立普惠主义的社会保障体系。社会津贴是北欧国家具有代表性的社会政策,拥有诸如儿童津贴、住房津贴、家政服务津贴、学生津贴等,这些津贴项目确保了民众有尊严地生活,也增强了社会认同与凝聚力。另外,北欧国家也以广泛的社会服务维护人们的生活条件和社会保障目标。北欧国家重视人力资本的投资,提高国民素质和科学素养,不仅为企业发展提供了人力资源,也为国家创新性发展提供了智力支持。

总体而言,北欧国家在社会民主主义模式下,通过三方谈判的方式凝聚社会共识,调节初次分配,建立起普惠主义的社会保障体制,积极发展社会公共事业,在社会团结的共同价值凝聚下,形成一个以中产阶级为主导的橄榄型社会,促进全体社会成员实现普遍的富裕生活。虽然目前北欧福利国家也面临着一些来自老龄化社会、财政收支等方面的挑战,但北欧国家积极的社会政策与充满活力的开放创新的经济发展格局,还是可以为其他国家和地区人民治理贫困追求富裕提供很多有益的借鉴。

2.发展中国家治理贫困和追求富裕模式考察

发展中国家经济发展落后、人均收入水平低,可获得的公共产品与公共服务相对有限,而解决这些问题最根本的出路就是保持经济社会持续发展,因此发展是发展中国家首要关注的问题,也是发展中国家摆脱贫困走向富裕的必要条件。当然,必要条件不意味着充要条件,经济发展并不自动意味着收入的普遍增加,不意味着贫困问题的必然解决。发展中国家过去几十年间的发展经历已经充分证明:经济社会发展同时如果不能处理好收入分配问题,不仅导致增长的财富被极少数人攫取,贫富分化情况的进一步恶化,还会拖累整体经济发展,引起社会动荡,经济倒退。根据如何处理发展与分配的关系,可以将发展中国家在治理贫困和追求富裕进程中的战略选择大致分为两种类型:发展优先型与发展分配协调型。

(1)发展优先型

20世纪五六十年代,众多发展中国家在此期间确立了发展优先战略,这是一种以国家工业化加速发展为核心的追求国民生产总值增长速度的发展模式,其形成主要是受当时被广泛接受的发展主义理论的影响。20世纪五六十年代间,西蒙·库兹涅茨、普雷维什和阿瑟·刘易斯分别从长期发展趋势、国际经济关系和要素配置三个至关重要的领域,不约而同地得出国民生产总值增长在消除贫困中的重要性。他们认为,经济增长会引起"扩散效应"与"涓滴效应",只要社会上的富裕阶层,即那些直接从国民生产总值增长中获益的人们有了足够的经济繁荣,就可以使财富流向低收入者,进而解决贫困问题。

发展主义理论深刻影响了这一时期各发展中国家在治理贫困中的政策选择。最能说明国民生产总值优先发展战略影响力的是,1961年和1968年联合国提出的两个"发展十年计划"。1961年,联合国通过1710号决议案,提出了"第一个十年发展计划",要求在60年代期间"以十年之期届满时国民所得总额之最低增长率达到百分之五为标的"[1]。这一指标也确实成为大多数发展中国家所追求的发展目标。后来,联合国在1966年对"第一个发展十

---

[1]　UN,1960-1970 United Nations Development Decade,ttps://www.un.org/zh/observances/international-decades.

年"进行中期检查中虽然发现了经济增长不等于国民实际收入增长的问题，但是仍然在改进的基础上拟定了以经济增长为依据的"第二个发展十年"。联合国的两个"发展十年计划"在很大程度上影响了战后发展中国家的经济发展进程。从60年代起，众多发展中国家普遍形成了追求国民经济增长速度而忽略分配公平，或者说将分配公平问题推后、注重城市化与工业化而忽略农村发展的片面的经济和社会政策。

墨西哥是坚定实践发展优先战略的国家，到1980年，墨西哥的国民生产总值就已经超过很多欧洲国家，在拉美地区仅次于巴西，位居第二。然而与辉煌的经济成就相对应的是，墨西哥的贫困问题却有增无减。1970年，从收入来看，墨西哥维持生计的基本需要为1000比索，但在1300万的在职人口中低于此数的有840万人，占据在职人数的64%，而在这些收入不足1000比索的840万人中，更有40.2%的人月收入不足500比索；从食物消费水准来看，20.6%的人一星期都吃不到肉，37.6%的人只有一天能吃上肉，56%的人能两天吃上肉，23%的人吃不到鸡蛋，38.1%的人喝不到牛奶；从社会指标来看，全国3060万人中近2/3的居民得不到医疗服务，有3222万人即近70%居民居住在一间或两间屋子里，有770万文盲和1340万没有受过正规学校教育的人。①

巴西的"经济起飞"也是始自20世纪60年代，在高增长战略的带动下，经过几十年努力，巴西已经由一个传统的农业国转变为一个现代工业化国家，在1998年，巴西的国内生产总值就已经达到7580亿美元，占据世界第八大经济强国的地位。②2022年，巴西的国民生产总值是1.92万亿，③仍居世界第八经济体地位。然而巴西也是世界上贫富分化最严重的国家，1960年巴

---

① 周彬彬：《向贫困挑战——国外缓解贫困的理论与实践》，人民出版社，1991年，第113~114页。

② 世界银行：《1999—2000年世界发展报告》，中国财政经济出版社，2000年，https://openknowledge.worldbank.org/entities/publication/6db831cb-da31-5fa6-a754-0dc7182ef75b。

③ https://data.worldbank.org.cn/country/brazil? view=chart。

西的基尼系数是 0.5,1981 年是 0.579,1989 年更是高达 0.633。据世界银行估算,20 世纪 60 年代至 90 年代,与巴西处于同一档次的"新兴工业化国家"的平均基尼系数为 0.34。可见,随着巴西经济快速发展的同时,巴西社会贫富鸿沟也在形成并加剧,直至 2022 年,巴西的基尼系数为 0.529[①],仍然是世界不平等程度最高的国家之一。正如一位巴西学者所说:"巴西实际上可以划分为两个世界——不仅是富裕与贫困的两个世界,而且是内部的第一和第三世界。"[②]

墨西哥与巴西的问题并非孤例,在拉丁美洲地区聚集了一群热衷于经济增长并取得较高增长率的国家,这些地区的人均收入早就大大高于"中等收入国家"的人均收入。时至今日,拉丁美洲顶层的 10% 人口、拥有 77% 的财富,中间的 40% 人口、只拥有总财富的 22%,底层的一半人口、只有 1%。早在 20 世纪八十年代,法国学者勒内·杜蒙教授在其著作《拉丁美洲的病态发展》中提醒人们注意这一普遍性问题,即大墨西哥城一半的居民居住在贫民窟里,这些贫困地带已从四面八方向丘陵地带蔓延。墨西哥城马上就要成为世界上最大的城市,当然也是世界上最大的贫民窟。

(2)发展分配协调型

进入 70 年代,亚洲一些发展中国家在世界银行和世界粮农组织的帮助下,开始对 60 年代的增长优先战略进行调整。印度、泰国、印尼等国先后兴起以"农村综合开发"为中心的缓解贫困计划。进入 80 年代后,各国政府几乎毫无例外开始将缓解贫困放在国家发展中的优先位置。

据联合国人口基金发布的的《世界人口状况报告 2024》显示,印度以 14.4 亿人口总数已经成为世界上人口最多的国家[③],同时印度也是世界上贫

---

① https://data.worldbank.org.cn/indicator/SI.POV.GINI? locations=BR.

② N.McDonald, *A Mask Called Progress*, Oxford University Press,1991,p.100.

③ UNFPA, Interwoven lives, threads of hope -Ending inequalities in sexual and reproductive health and rights- State of World Population report 2024,https://www.unfpa.org/swp2024.

困人口最多的国家,而且印度还是世界上少有的几个对所有类型的反贫困计划都实验过的国家,其计划的丰富性与多样性,令人叹为观止。

印度治理贫困的政策从农村开始,20世纪五六十年代,印度实施了废除中间人制度,打击印度农村的大土地占有制,使土地的集中程度有所下降,使印度农村土地关系发生有利于农业生产和普通农民与佃农的变化;印度农村综合发展项目始于1979年,是全国减缓贫困战略的主要执行项目,中央统一规划,所需资金由中央政府和邦政府分摊,目标是帮助被选中的家庭改善生产条件、提供生产性资金和农业投入,并为农村贫困农户创造更多的就业机会,帮助他们改善经济条件,使生活条件提高到贫困线以上;为解决印度农村无地、少地农民失业问题,印度政府先后实施了以工代赈计划、全国农村就业计划、农村无地者就业保障计划、农村工资就业计划、普遍农村就业计划、国家以工代赈项目,并于2005年通过了《全国农村就业保障法》。另外,印度政府还积极推动鼓励农民自我就业的计划,通过对农村青年进行自谋职业的培训计划和借助商业借贷与政府资助的组合贷款,来完成对贫困家庭的扶持。

印度政府还构建了有助于反贫困的社会保障体系,主要由公共分配系统、社会保险措施和对农业工人的保障措施三方面内容构成。公共分配系统是在政府的监督和指导下,由政府给予财政补贴,建立给低收入人群提供基本生活保障的商业零售系统,即平价商店。目前,印度有逾55万家平价商店,拥有全球最大的粮食"公共分配系统",数十年来,印度政府通过这些平价商店向合资格的特定人群销售生活必需品,价格往往只有市场价的一半,甚至更低。①印度的社会保险措施目前主要包括疾病、事故和养老方面的社会保险制度,其受益人主要包括工厂工人(二十人以上工厂)和国家雇员,不包括小企业工人和农业工人。印度的农业工人是最贫弱的一部分人,为此,

---

① 《印度政府如何确保人人有饭吃》,《香港经济导报》,https://www.163.com/dy/article/ICH1I04J05526RB5.html? spss=dy_author。

印度政府采取了一些专门针对农业工人的保险措施,主要包括:废除印度农村长期存在的农业奴隶制度,通过最低工资法和保护佃农利益的《租佃法》等。

印度还构建了有助于反贫困的医疗卫生保障体系,采取的是英国模式的国民卫生体制,政府向全民提供免费的卫生保健服务,建立了从国家到乡五级公共医疗服务体系。印度的全民免费医疗包括挂号费、检查费、住院治疗费、治疗费、急诊抢救费,甚至包括住院病人的伙食费,这在很大程度上减轻了贫困家庭的经济负担,也保障了社会公平。也正因为如此,印度才以政府投入仅占卫生总费用17%的情况下,给公民提供了相对公平的卫生资源,在世界卫生组织成员国卫生筹资与分配公平性评估排名中,位居第43位。[①]

印度政府在1995年实施了全国范围的"国家救助工程",分别实施了《国家老年养老金计划》《国家家庭福利计划》《国家孕妇福利计划》等针对特殊困难群体的专项救治计划,构建了有助于反贫困的社会救助计划。

印度政府在2009年8月出台了《儿童接受义务教育权利法》,规定每个年龄在6~14岁的儿童都有权在附近学校接受免费义务教育,直到完成初等教育,并禁止学校收取任何费用。经过几十年的努力,印度已经建立了一整套相对完整的教育体系。其中有助于反贫困的内容主要有:改善和增加基础教育阶段入学率、到校率和保持率,降低辍学率,实施营养工程——免费午餐计划,保障处境不利群体的受高等教育权利等。除此之外,印度政府早在20世纪60年代就已经陆续执行过旨在改善、改造、乃至消除城市贫民窟的政策,但收效甚微,始终未能获得实质性进展。

发展中国家由于国情复杂,在发展程度、自然禀赋、历史传统和体制制度方面都有很大差异,因而不同的国家和地区在对抗贫困的过程中的政策各有千秋。但是印度政府的实践是最丰富的,经由对印度政府反贫困政策

---

① 陈端计:《全面建成小康社会进程中的城乡反贫困统筹模式研究》,广东人民出版社,2015年,第155页。

实践的归纳总结,可以窥得广大发展中国家在治理贫困中的一些常见措施。

第一,农村综合开发。政府通过税收优惠、信贷倾斜、价格支持等措施,鼓励农村地区和农民发展多种经营,采用新的生产技术,提高劳动生产率,增加产量和收入,甚至直接由政府投资,进行农业基础设施建设,以改善农村生产、生活条件。例如泰国的农村发展计划、80年代韩国的"新村计划"、印度尼西亚的农业综合开发计划等。

第二,促进就业。通过举办公共工程,建造公共基础设施,既安排了贫困人口短期就业,又可以形成农村或城市发展所需要的固定资产,是各国普遍采用的一种发展援助形式。就业创造的另一种形式是扶助贫困地区或贫困人口创办企业,可为贫困人口提供比较稳定的就业机会。另外,政府为贫困地区组织的劳务输出也是一种就业机会援助。

第三,提供公共教育服务。贫困人口的劳动力再生产机制比较脆弱,对自身的素质投资不足,是贫困持续化的重要原因,各国政府均重视通过对贫困人口进行公共教育投资,不仅可以直接提高受教育者未来经济收入,还会产生持续的社会效应,提高劳动者素质,促进产业结构升级。公共教育投资是对贫困人口的能力援助,是发展援助的重要内容。例如,据博鳌亚洲论坛《亚洲减贫报告2019》给出的案例显示,马来西亚1985—2000年间贫困率的显著下降与1970—1980年间女性入学率的提高之间存在关联。[1]

第四,社会福利方案。社会福利方案是国家通过财政手段实行的国民收入再分配方案。虽然在福利水平、福利项目与福利覆盖范围上,发展中国家的福利制度建设情况都不能与发达国家相媲美,但是广大发展中国家也在着力构建保障本国居民基本福利需求的各具特色的社会福利方案。例如,毛里求斯在1977年建立了覆盖全国的退休金制度,使120万人现在拥有中等发展中国家的收入标准,为毛里求斯社会愈加和谐发展做出重要

---

① 博鳌亚洲论坛:《亚洲减贫报告2019》, https://www.boaoforum.org/newsdetial.html? itemId=2&navID=6&itemChildId=undefined&detialId=2133&pdfPid=178。

贡献。①

　　第五，保障基本需要。20世纪70年代，斯里兰卡政府推行了一套把满足基本需要作为发展战略中心的政策，其中包括：规定每人拥有的收入和财产最高限额，实行基金累进税制，在分配上实行"大米配给法"，实行免费教育、免费医疗等。虽然斯里兰卡在解决社会不公方面取得了巨大进展，但是因此也付出了经济低迷、失业严重的代价。

　　当然，将发达国家与发展中国家进行分开研究的方法，是为了更清晰地发现处于不同发展阶段的国家，在解决治理贫困和追求富裕进程中的问题时应对上的相似性，提高参考性，找到规律性，并不意味着有哪些问题或方法是发达国家或发展中国家独有的问题或方法。实际上，发达国家也要在发展中解决贫困与富裕问题，发展中国家也要以增加全民福利的方式解决贫困追求富裕，结合国情在实践中的灵活应用才是真正科学的方法论。

三、国外治理贫困和追求富裕的经验教训

　　摆脱贫困，共享繁荣富裕的美好生活，是世界各国人民共同的心声，也是人类面临的共同挑战。2015年9月，联合国大会第七十届会议正式通过了《2030年可持续发展议程》，在所制定的17个可持续发展目标中，减贫被列首位，要求将消除一切形式和表现的贫困作为人类社会的共同目标。时至今日，中国率先提前十年完成规划中所设定的消除绝对贫困的任务，正在向更丰富美好的富裕生活进发，与此同时，世界其他国家和地区的减贫工作也在收获和遗憾中曲折前进。

　　中国的发展离不开世界，也离不开对世界各国各地区发展经验教训的

---

　　①　[英]彼特·汤森、杨方方：《重构21世纪的社会保障——缓解贫困和保障人权》，《社会保障研究（北京）》，2005年第1期。

汲取。虽然中国目前已经胜利完成脱贫攻坚任务,但是我们也应清醒认识到,面对风云变幻的世界局势,中国作为世界上最大的发展中国家,奋力推进共同富裕的历史进程充满风险与挑战。在此过程中,我们唯有大力吸收广泛借鉴人类脱贫攻坚、自强求富的经验教训,才能坚定方向、把握机遇、如期完成实现共同富裕的历史使命,为人类社会发展贡献中国智慧与中国力量。

(一)国外治理贫困和追求富裕进程中的经验与教训总结

过去几十年间,世界各国治理贫困和追求富裕的工作取得了显著的成就,可以通过两个方面来反映:一个是统计数字上反映的贫困人口绝对数量的总体下降趋势,以及贫困人口比例的减少;另一个是世界教育、卫生等方面的可持续发展情况。

2020年9月10日,世界银行发布了1981—2017年(部分地区为2018年)全球贫困人口修正估计数。据世界银行官网数据显示,按照贫困人口比率为每天2.15美元(2017年购买力平价)占人口的百分比方法进行测算,世界贫困发生率从1981年的43.6%,降至2019年的8.4%。1981年世界总人口45.2亿人,2019年世界总人口77.2亿人,计算可得世界贫困人口在世界总人口增加32亿的情况下,减少近14亿人,这无疑显示了人类减贫事业的巨大进展。

另据世界银行发布的发展指数显示,见表4-2所示,2013年到2021年间,世界卫生、教育事业和发展援助资金扶持方面发展趋势总体向好发展,其中医疗卫生方面,人均预期寿命从2013年的71.58岁上升至2019年的72.98岁,除2020年与2021年因疫情流行原因略有下调外,整体呈稳步上升趋势;5岁以下儿童夭亡率从2013年的46‰降至2021年的38.1‰;教育方面,中学入学率由2013年74.52%上升至2020年的76.80%;开发援助方面,官方发展援助金额和收到的官方援助由2013年的约1500亿上升至2021年的约2000亿。[①]数据所反映的是人类社会在经济进步同时,社会可持续发展和人的发展方面也不断向前推进。

世界贫困发生率,按照每天2.15美元(2017年购买力平价)占人口的百分比方法进行测算

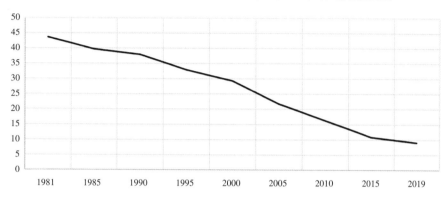

图4-5 1981—2019年世界贫困发生率变化情况

数据来源:世界银行官网 https://data.worldbank.org/indicator/SI.POV.DDAY? locations
=1W

表4-2 世界银行发布的2013—2021年全球发展指数

系列名称	2013	2014	2015	2016	2017	2018	2019	2020	2021
出生时预期寿命,总共(年)	71.58	71.88	72.10	72.35	72.54	72.78	72.98	72.24	71.33
5岁以下儿童死亡率(每1 000例活产)	46.00	44.40	43.20	41.90	40.60	40.00	39.30	38.70	38.10
中学入学人数(毛额百分比)	74.52	75.36	75.44	75.69	75.43	76.03	76.23	76.80	..
官方发展援助净额和收到的官方援助(现价美元)	1509.55亿	1613.02亿	1466.02亿	1585.85亿	1647.84亿	1671.08亿	1628.27亿	1932.42亿	2021.12亿

数据来源:世界银行官网 https://databank.worldbank.org/source/world-development-in-

---

① https://databank.worldbank.org/source/world-development-indicators/Type/TABLE/preview/on#.

dicators/Type/TABLE/preview/on#

　　另一方面,全球在治理贫困和追求富裕的进程中也遭遇到一些挫折,特别是2020年以来的新冠病毒疫情的持续影响和世界部分地区的持续动荡引发的全球粮食和能源危机,影响了世界经济和脱贫工作的整体向好发展。据世界银行《2022贫困与共享繁荣报告》数据显示,2020年以来的全球疫情流行以及局部动荡对减贫的威胁已使进展至少倒退了四年,减贫工作在2021年缓慢恢复,并在2022年陷入停滞(如图4-6所示),到2030年,全球极端贫困率将达到7%。到2030年将全球贫困人口减少到3%的目标在当前的危机之前很难实现,而且迫切需要纠正发展方向。报告同时显示,在危机中,各国所遵循的途径加剧了全球不平等,较富裕国家的复苏速度快于贫穷国家,最贫穷者的收入损失百分比估计是最富有者的两倍。在疫情大流行期间,全球基尼系数增加了0.5个点。[①]

　　但是,疫情与动乱并非造成全球减贫遇挫的全部原因。调查显示,早在疫情之前,全球减贫速度就已逐渐趋缓,而收入差距扩大的趋势在发达国家与发展中国家都不同程度显现了出来。美国学者乔西·比文斯通过大量的数据分析,揭穿美国经济数据背后劫贫济富的秘密。他指出,那些看似偶然的灾难带来的危害规模在很大程度上取决于政府的决策,而非不可抗拒的自然力,问题的根源在于决策者对弱势群体的忽视将其重重推向经济困难甚至破产的境地。[②]因此,将原因全部归结于突发性事件,将会掩盖、误导人们在应对治理贫困和追求富裕中对深层次结构性、制度性、根源性问题的思考,这应当引起我们的足够重视。

---

　　① 《2022贫困与共享繁荣报告》,https://www.worldbank.org/en/publication/poverty-and-shared-prosperity。

　　② [美]乔西·比文斯:《劫贫济富——美国经济数据背后的真相》,喻海翔等译,北京大学出版社,2014年,第2~3页。

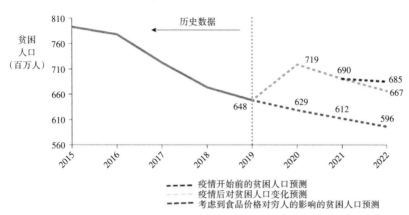

图4-6　2015—2022年世界极度贫困率走势图

资料来源：世界银行基于Mahler、Yonzan和Lakner的估计，即将出版；世界银行，贫困与不平等平台，https://pip.worldbank.org；世界银行，全球经济前景数据库，https://data-bank.worldbank.org/source/global-economic-prospects。注：该图显示了每天贫困线2.15美元的贫困人数。2022年，"贫困人口预测"和"考虑到食品价格对穷人的影响的贫困人口预测"与"疫情开始前贫困人口预测"相偏离情况。

将以上这些取得的成绩与前进中的不足，与前一节分析中世界各个国家与地区在治理贫困与追求富裕中的政策得失相结合进行综合考虑，我们总结出以下国际社会在治理贫困和追求富裕方面的经验：

1.和平安全的国际环境是治理贫困和追求富裕的基本前提

治理贫困和追求富裕都需要有和平、安全的环境。战争摧毁的不仅是最直观的物质消费财富和人们生活的家园，使数以百万计的民众沦为难民，连基本的生存权与健康权都无法得到保障，而且会以极端的方式摧毁该地区的基本生产设施与生产条件，即使战争结束，也难以在短时期完成重建和恢复工作。

地球是人类共享的家园，2020年以来的全球公共卫生事件和局部冲突对世界治理贫困和追求富裕事业造成的巨大冲击充分说明，冲突与危机从来不会只龟缩于一国境内，没有国家和人民能从危机蔓延的和随之而来的萧条与饥荒中幸免,只有各国人民共同携手,积极维护和平安全的全球秩序,以利益相连的命运共同体的积极态度应对各种危机,才能真正推进世界治理贫困和追求富裕事业的进步。

2.健康合理的产业结构是治理贫困和追求富裕的坚实基础

农业是一个国家发展的重要基础,工业化是经济长期增长的关键支柱之一,而现代服务业是未来经济的新增长点。构建健康合理的产业结构不仅意味着经济持续健康发展和人民生活水平的持续改善,而且意味着在激烈复杂的国际竞争与波诡云谲的国际较量中增强抵御风险的能力。

由于历史的原因,多数发展中国家的贫困人口聚集在农村,因此对这些国家而言,农业生产率的提高通常比工业或服务业生产率的提高具有更大的减贫效果。通过改善基础设施,更好地进入市场,以及提供改良的种子品种和种植技术,提高农业部门的生产力,可以直接减少农村地区的贫困。据国际粮农组织2023年分析资料显示,海地有490万人(占该国人口的近一半)正处于高度严重的粮食不安全状态,粮农组织后续救助工作的侧重点就在种子与农药方面。[1]

实现工业化发展始终是现代化发展的重要路径,因而通过发展工业而摆脱贫困,实现国家经济产业结构升级,进而稳定持续实现人民生活向富裕阶段发展是大势所趋。但是各国在工业化与城市化发展中的实现路径并没有统一的单一模式可供套用,在这方面,巴西在城市化发展中没能很好解决工业布局和农业人口转移,从而出现大量城市贫民窟的教训是深刻的。而与之相反,德国通过社会公共服务一体化,提高中小城市的容纳能力和承载能力,成功避免陷入超大城市治理难题的经验,可以给世界上其他国家和地区人民在城市化发展中以很好的借鉴。

在高度工业化的过程中,工业和农业容纳的就业劳动力几近饱和,而服

---

① FAO, Nearly half of the population is facing acute hunger, https://www.fao.org/newsroom/detail/haiti-nearly-half-of-the-population-is-facing-acute-hunger/en.

务业尤其是现代服务业的发展成为新的经济增长点。服务业不仅可以提供大量的就业机会,特别是帮助低技术人群就业,使他们摆脱贫困;还可以通过提供各种服务,增加国内消费,带动相关产业的发展。服务业可以为人们提供各种便利和服务,提高人们的生活质量和幸福感,还可以增加国家经济的多样性和韧性。当其他行业出现困难或危机时,服务业可以充当一个稳定的支撑,减缓经济衰退的影响。

无论是贫穷国家还是富裕国家,发展才是解决问题的根本办法,从世界各国的发展经验来看,只有构建健康合理的产业结构,才能使本国经济稳健发展,才能使人民生活持续得到改善。

3.积极有效的资金投入是治理贫困和追求富裕的必要条件

在关于治理贫困的外部干预手段上,一直存在着两种截然相反的声音:一种观点认为,贫困的形成具有深刻的历史与社会结构的根源,并且容易深陷贫困的恶性循环难以自拔,解决贫困问题需要从消除造成贫困的要素开始,必要的资金支援被认为是不可或缺的。杰弗里·萨克斯在《贫穷的终结》一书中提出,如果富国愿意在2005—2025年间每年拿出1950亿美元资金支援穷国,那么贫困问题在2025年前就可以解决。与此相反,以阿比吉特·班纳吉和埃斯特·迪弗洛为代表的另一种声音则认为,对穷国的援助无法解决内生的发展动力,因而是弊大于利的。在他们看来"贫困陷阱"根本就不存在,而且这是一个"残酷地诱骗穷国的伪概念"[①]。

事实上这两种观点都存在一定的问题,贫困问题的根本在于本国经济社会结构的内生性问题与国际经济秩序结构,单纯的资金援助不能解决问题。而后一种傲慢的观点实际上因袭的仍然是贫困个人责任论和新自由主义的观点,将贫困简单归因于穷人和穷国,而无视国际经济结构的不合理与剥夺本质,实际上是发达资本主义国家为自己在全球化进程中的掠夺行为

[①] ［印度］阿比吉特·班纳吉、［法］埃斯特·迪弗洛:《贫穷的本质》,景芳译,中信出版社,2013年,第9页。

伪饰卸责的说辞。

实际上,来自众多国家的经验一再证明,减贫与共享繁荣都可以从长期系统的政府资金干预中获益。问题不在于要不要政府的资金干预,而在于干预的领域与方式,还有作用的对象。在国家层面,减贫必须投入国家财政资金,需要政府采取干预措施,以确保穷人从经济增长中受益,并保护落后者。有针对性的政府干预可以减少经济增长无法达到的地方的贫困。有针对性的干预措施可以是基于行业、教育和现金转移的社会保护措施,越来越多的证据表明,现金转移可以帮助家庭进行关键的长期投资——比如教育儿童,在这方面的例子中,马来西亚在女性受教育权中的投入,被认为带来了积极的政策效果。[①]

4.人力资本的社会投资是治理贫困和追求富裕的持续之道

人是一切社会活动中最具活力的因素,也是社会发展的最终目的。马克思主义反对将贫困归因于个人的狭隘自私的资本主义学说,而是着眼于社会发展的依靠力量和最终目的的视角,来看现实的个人在社会发展中的作用。治理贫困与追求富裕归根到底是人的活动,也是为了人的社会活动,富裕的完整内涵并不仅是经济层面的富足,而且是人的丰富多元的需要的满足,以及人的自身潜能的发挥,从这个意义上来讲,治理贫困与追求富裕的进程与人的发展的进程是同一的进程的两个方面。

从各国治理贫困与追求富裕的社会实践经验来看,"以人为本"的发展才具备长久可持续效果。博鳌亚洲论坛发布的《亚洲减贫报告 2019》中,对亚洲国家中韩国与孟加拉国、印度、巴基斯坦、尼泊尔和斯里兰卡之间的发展路径进行了比较研究,发现韩国之所以能够成功跨越"中等收入陷阱",进入发达经济体之列,与韩国重视人力资本的投入具有密切联系,并指出从长

---

① 博鳌亚洲论坛:《亚洲减贫报告 2019》,https://www.boaoforum.org/newsdetial.html? itemId=2&navID=6&itemChildId=undefined&detialId=2133&pdfPid=178。

远来看,不重视人力资本投入的国家不会繁荣。[①]

同样的情况也出现在发达国家中,早在20世纪20年代,法国和德国推进社会政策的动力之一就是雇主向工人提供优惠的社会保障,其中就包含对人力资本进行投资和再生产的因素。社会投资福利国家都十分重视对生命周期的考虑,在不同的生命阶段给予不同的福利支持:在幼年需要得到儿童照顾、上学期间的良好教育资源、失业后需要就业政策支持、生病期间需要疾病保险、年老后需要养老补助等。可以说,对人的社会投资就是对富裕生活的追求本身。

(二)国外治理贫困和追求富裕经验教训的中国借鉴

实现共同富裕是中国特色社会主义在完成全面建成小康社会历史任务基础上新的使命与征程,共同富裕的事业是中国人民的事业,也是世界人民的希望,是解决当今世界发展困局的中国探索,走在世界发展探索的最前沿,也理应是对世界反贫求富事业经验教训全面总结反思基础上的理论升华。

我们认为,新时代党和人民在推动中国特色社会主义事业发展进程,在推动实现共同富裕的进程中,可供他国借鉴的主要有以下四个方面:

1.坚持党的领导与社会主义的发展方向是实现共同富裕的前提保障

社会主义是实现共同富裕的制度前提。资本主义工业化革命以前,由于生产力的落后,普遍的贫困是人类生活的主旋律。而当资本主义像魔法一样召唤出大量的人口和难以置信的生产力时,这个曾经用法术呼风唤雨的魔法师却像失去了魔力一样,面对自己召唤的巨额财富与惊人贫困并存的局面无能为力。财富在私人手中的积累是资本主义制度的存在前提,因

---

① 博鳌亚洲论坛:《亚洲减贫报告2019》,https://www.boaoforum.org/newsdetial.html? itemId=2&navID=6&itemChildId=undefined&detialId=2133&pdfPid=178。

此"工人变成赤贫者,贫困比人口和财富增长得还要快"①是资本主义社会的必然结果,不消灭资本主义制度就不能消灭贫困。社会主义是对资本主义的积极否定。在物质财富创造方面,社会主义的社会化生产摒弃了资本主义私人生产自私、盲目、掠夺的特点,使整个生产更协调、可持续;在精神财富方面,资本主义自私自利的生产基础的破坏,打破了人与人之间的剥削压迫关系,全新的社会主义价值观在新的和谐社会关系中生成;在人的自身发展方面,社会主义国家通过教育、卫生等社会事业的全面协调发展,为每个人的充分发展提供机会。社会主义的共同富裕不是只属于少部分人的富足、不是消费主义的物质富足,而是在满足人的需要中实现人的发展的真实、完整、全面的共同富裕。

党的领导是实现共同富裕的根本保障。实现共同富裕不仅意味着经济社会的健康快速发展,同时也意味着对社会各方面利益的有利协调,这两方面都需要有高超的政治智慧与坚定有力的政治领导力。在中国特色社会主义中国,这样的政治力量只能是中国共产党。中国共产党的领导地位是历史的选择、人民的选择、实践的选择。一百多年来,中国共产党始终坚持以为中国人民谋幸福,为中华民族谋复兴的初心使命,带领全国各族人民在每一个历史发展时期勇立时代潮头,奋发拼搏,从站起来、富起来走向强起来。中国共产党代表先进生产力前进方向、代表先进文化前进方向、代表最广大人民根本利益,是带领全国人民实现共同富裕的领导力量。

2.坚持以人民为中心的发展理念是共同富裕事业的出发点和落脚点

以人民为中心展现了共同富裕的价值标识。共同富裕的社会理想将人民群众视为发展的价值主体,是马克思主义理论品质的体现和中国特色社会主义的内在要求,以人民为中心的发展思想是实现共同富裕的逻辑遵循。马克思主义坚持彻底的人民史观,主张人民群众是历史创造主体与目的主

---

① 《马克思恩格斯文集》(第二卷),人民出版社,2009年,第43页。

体相统一的思想,人民群众是一切物质财富与精神财富的创造主体,也理应是自己所创造的物质财富与精神财富的享用主体。实现共同富裕首先要站稳人民立场,坚持人民至上。站稳人民立场是新时代中国特色社会主义发展进程一以贯之的一条永续不断的红线,是党一切事业取得成功的前提;实现共同富裕需要凝结人民力量,发挥人民伟力,人民是党和国家一切事业蓬勃发展的不竭力量之源、取得胜利的底气所在;实现共同富裕需要坚持人民标准,要将人民群众满不满意作为共同富裕工作是否合格的评判标准。

以人民为中心指明了共同富裕的发展方向。人民利益无小事,中国共产党始终坚持将人民的利益放在至高位置,在革命、建设和改革的每一个历史时期无不以人民利益为导向制定方针、政策、路线。改革开放以来,中国共产党人带领人民一路栉风沐雨,奋力拼搏,首先解决了十几亿中国人的温饱问题;新世纪、新阶段,中国共产党带领人民紧扣时代发展脉搏,开拓创新,使我国综合国力再上新台阶,人民生活水平得到全方位提升;全面建成小康社会历史性任务顺利完成以后,人民对美好生活的向往再次提速升级,新时代,人民群众对美好生活的需要的内容更加丰富,不仅意味着更充足的物质需求,也意味着更高层层次的精神满足,对健康、安全、环保、平等等多方面的需求也在上升。

人民的期待,就是中国共产党努力的方向,共同富裕作为新时代人民美好生活的目标,同时成为新时代促进社会发展的内生动力,其艰巨性和长期性要求我们要用长远的眼光看问题,分阶段实现。党的二十大报告擘画了全体人民共同富裕分阶段实现的战略步骤和路线图,实现共同富裕宏伟目标愿景,要走好为人民幸福生活而规划的路线图,久久为功、脚踏实地,长远目标终将实现。

3.坚持高质量发展,处理好市场与社会的关系是实现共同富裕的关键

高质量发展是引领共同富裕的创新发展之路。共同富裕是社会主义的本质要求,实现共同富裕等不来也要不来,只能靠我们自己一心一意谋发

展,构建全心全意为人民的发展格局来实现,是对中国共产党执政能力与执政水平的重大考验。从人类发展历史进程看,创新始终是一个民族、一个国家进步的灵魂,只有创新才能把握时代、引领时代。实现共同富裕是中国特色社会主义的全新命题,也是世界发展史的全新挑战,是对人类未来发展新路的探索,只有坚持制度创新、理论创新、实践创新,才能突破旧的思想框架与制度藩篱,在推动经济社会全面进步的同时协调处理好社会主义国家人民内部的利益关系,更好满足人民群众对美好生活的需要。

高质量发展构建了共同富裕的协调发展格局。实现共同富裕的关键是处理好市场与社会的关系。在社会主义初级阶段,市场是资源配置的有效手段,可以在全社会范围内实现生产资料的有效配置,以更低的行政耗能实现更高效的资源配置效果,实现更高效率的经济产能。"充分发挥市场在资源配置中的决定性作用"是改革开放以来中国市场经济体制改革的基本经验,不能动摇。与此同时,我们也应看到,社会主义生产是社会化大生产,社会财富由全社会共同创造,市场可以有效组织资源配置方式,却不能从整体上完整地反映这一社会协作中的全部要素投入情况,单一的市场化分配方式就会产生分配不公的问题。高质量发展,就是要正确处理好市场与社会的关系、速度与效率的关系、发展与公平的关系,既维护经济快速发展,又要维护社会基本公平,最终在社会发展中实现共同富裕的目标。

4.坚持走和平发展道路,推动实现人类社会共同发展是共同富裕的现实路径

和平发展为实现共同富裕提供有利外部环境。党的二十大报告指出,中国式现代化是全体人民共同富裕的现代化,也是符合中国国情具有中国特色的社会主义现代化,和平发展是中国式现代化的突出特点。回顾人类现代化发展进程,殖民掠夺曾经是西方国家在实现现代化过程中所采取的普遍方式,直到今天,世界仍然处在发达国家所主导的不公正的世界经济秩序之中,利用经济全球化为其国内经济发展输血。尤其是近年以来,发达资本主义国家为转移国内矛盾,试图不断挑起世界其他国家和地区的冲突,为世界减贫工作蒙上一层阴影。当前中国特色社会主义发展正处于难得的机遇期与风险挑战期并存的历史时期,随着中国的发展崛起,各种外部破坏势力与内部的不安定因素都在试图破坏稳定团结的大好局面,对此,我们应当保持足够的智慧与定力,坚持在维护和平发展中推动中国式现代化大发展,推动实现全体人民的共同富裕。

合作共赢构筑共同富裕的人类命运共同体。中国共产党是为中国人民谋幸福、为中华民族谋复兴的党,也是为人类谋进步、为世界谋大同的党。"人类命运共同体"既是习近平针对当下全球治理乱象、和平和发展遭遇多重威胁,面对"世界怎么了? 我们怎么办?"的时代之问,而提出的全球治理、国际交往的"中国方案",也是以习近平同志为核心的党中央,着眼于全人类共同利益和共同福祉,致力于为人类谋进步、为世界谋大同的现实举措,是对创造人类文明新形态的重大贡献。

第五章

新时代新征程促进全体人民共同富裕的
评价指标体系及面临难题

一、新时代新征程促进全体人民共同富裕的评价
指标体系的建构

共同富裕是中国式现代化的中国特色和本质要求,是古往今来人民群众的共同希冀,是新时代满足人民群众渐趋丰富的美好生活需要的关键抓手,也是现阶段的重要使命与追求。在向第二个百年奋斗目标进军的过程中,习近平指出,办好共同富裕这件事"等不得",并擘画出迈向共同富裕的"规划图",即到"十四五"末,全体人民共同富裕迈出坚实步伐;到2035年,全体人民共同富裕取得更为明显的实质性进展;到21世纪中叶,全体人民共同富裕基本实现。[①]在中央财经委员会第十次会议上,习近平强调,要抓紧制定促进共同富裕行动纲要,提出科学可行、符合国情的指标体系和考核评估办法。共同富裕评价体系的构建,既能够体现出衡量我国共同富裕现状的现实指向,又能够呈现出实现共同富裕所面临的难题的问题导向,还能够展

---

① 习近平:《扎实推动共同富裕》,《求是》,2021年第20期。

现出推动共同富裕进一步发展的未来方向。

（一）促进全体人民共同富裕的评价指标体系建构的基本原则

党的二十大报告指出，现阶段是"全党全国各族人民迈上全面建设社会主义现代化国家新征程、向第二个百年奋斗目标进军的关键时刻"[1]，也是"到了扎实推动共同富裕的历史阶段"[2]。立足该阶段探求共同富裕评价体系的建构，对于推进共同富裕的实现具有重要意义。

《中共中央 国务院关于支持浙江高质量发展建设共同富裕示范区的意见》指出，要加快建立促进共同富裕的综合评价体系，设置评估机制，做到定量和定性相结合、客观评价和主观评价相统一，全方位展现示范区工作质效、广大人民的认可感与满意度。这在一定程度上为现阶段共同富裕评价体系的构建提供了参考指南。

1.科学导向原则：定量定性结合

"像全面建成小康社会一样，全体人民共同富裕是一个总体概念，是对全社会而言的……要从全局上来看。"[3]全面建成小康社会作为一个涵盖经济、政治、文化、社会、生态文明领域的"五位一体"总目标，涉及多个方面。经国家统计局多次修订的全面建成小康社会统计监测指标体系以"五位一体"总体布局为基础，包括经济发展、民主法治、文化建设、人民生活、资源环境、三大攻坚六个方面，并且选取了一系列具体指标，构建出一整套指标体系。

以全面建成小康社会统计监测指标体系作为参考，实现共同富裕涵盖物质、精神、生态等多个层面，对于这样一个具有长期性和复杂性的目标，用

---

① 习近平：《高举中国特色社会主义伟大旗帜 为全面建设社会主义现代化国家而团结奋斗——在中国共产党第二十次全国代表大会上的报告》，人民出版社，2022年，第1页。

② 习近平：《扎实推动共同富裕》，《求是》，2021年第20期。

③ 习近平：《扎实推动共同富裕》，《求是》，2021年第20期。

一个或几个指标进行评价远远不够,而是需要构建一整套评价体系。因此,现阶段共同富裕评价体系的构建是一个系统工程,既需要定量评价,即运用与共同富裕关系密切的相关指标进行统计监测;又需要定性评价,即开展人民群众对推进共同富裕各方面满意度与认可度的主观感受调查。

2.问题导向原则:回应时代关切

党的二十大报告指出:"问题是时代的声音,回答并指导解决问题是理论的根本任务。"[①]现阶段共同富裕评价体系的构建,同样需要回应时代关切,既关注目标导向,又聚焦重点突破。

一方面,关注目标导向。在现阶段,推进共同富裕可分为三个阶段性目标:第一阶段,到"十四五"规划末,全体人民共同富裕迈出坚实步伐,居民收入和实际消费水平差距逐步缩小;第二阶段,到2035年,全体人民共同富裕取得更为明显的实质性进展,基本公共服务实现均等化;第三阶段,到21世纪中叶,全体人民共同富裕基本实现,居民收入和实际消费水平差距缩小到合理区间。基于此,构建现阶段共同富裕评价体系应坚持阶段性目标导向,在设置具体指标时,统筹考虑指标度量的可行性与可比性,并对其加以科学反映。

另一方面,聚焦重点突破。由于经济发展具有阶段性特征,共同富裕的阶段性目标与重心亦相对应地表现出一定差别,故而对现阶段共同富裕评价体系的构建,应该充分考虑不同时期的具体目标及测度重心。在现阶段,共同富裕评价重点在于发展的平衡性、协调性、包容性,橄榄型分配结构,精神生活富裕,城乡区域协调发展,基本公共服务均等化等层面。相应地,现阶段共同富裕评价具体指标的设置也需要对此等内容加以重点涵盖。

3.发展导向原则:坚持动态评价

实现全体人民共同富裕基于其长期性、艰巨性、复杂性,将于动态之中

---

① 习近平:《高举中国特色社会主义伟大旗帜 为全面建设社会主义现代化国家而团结奋斗——在中国共产党第二十次全国代表大会上的报告》,人民出版社,2022年,第20页。

持续发展。中国综合发展水平与发达国家相较仍具有较大差距,从全面小康走向共同富裕、从中等收入国家发展成高收入国家是循序渐进的过程。与此同时,国内社会经济制度的完善、基础公共条件的改善、人民致富能力的提升等状况均处于实时的变化之中,加之处于百年未有之大变局的国际环境的发展变化,都会在一定程度上对实现共同富裕的进度产生影响。

共同富裕作为一个长期发展的动态过程,可能会出现反复,寄希望于一劳永逸、毕其功于一役是不现实的。因而对于共同富裕的评价,既要体现目标意识,又要体现过程意识,统筹考虑需要和可能,坚持动态性评价,设置发展性指标,并且根据社会经济发展状况对共同富裕评价体系作出及时、适时的调整。

4.价值导向原则:坚守人民情怀

治国之道,富民为始。习近平强调,要始终"坚持以人民为中心的发展思想,坚定不移走共同富裕道路"①。共同富裕被看作中国式现代化的中国特色和本质要求,正在于其要实现的是全体人民的富裕而非少数人的富裕,呈现出浓厚的以人民为中心的价值意蕴。

在构建现阶段共同富裕评价体系的过程中,对于共同富裕的主体范畴,一方面,要以全体人民为主体,既把"蛋糕"做大,又把"蛋糕"分好,"共同富裕路上,一个也不能掉队"②;另一方面,要兼顾各类不同的特殊困难群体,维护其多样化、个性化的利益诉求,真正实现发展为了人民、发展成果由全体人民共享。

(二)促进全体人民共同富裕的评价指标体系建构的基本方法

促进全体人民共同富裕的评价指标体系的建构具有有机整体性。"有机"这一概念源自生物学领域,指"跟生物体有关的或从生物体来的(化合

---

① 《习近平重要讲话单行本》(2021年合订本),人民出版社,2022年,第46页。
② 《习近平谈治国理政》(第三卷),外文出版社,2020年,第66页。

物)",后引申为"事物构成的各部分互相关联协调,而具有不可分的统一性,就像一个生物体那样"。①共同富裕评价体系的有机性主要反映在有机联系性、有机统一性、有机发展性三个方面。

1.有机联系性

共同富裕评价体系的不同指标之间彼此联系、相互影响,部分指标的变化将引起其他指标不同程度的变化以及反作用。在本章所设想的现阶段共同富裕评价体系定量监测指标中,发展性指标是根本基石,共享性指标是根本目的,人民性指标是价值旨归,可持续性指标是长远追求,保障性指标是兜底标准。

在推进共同富裕的进程中,"发展才是硬道理",发展性指标是其他一切指标的根本基石,没有扎扎实实的经济总量和发展成果作为前提条件,共同富裕的实现也就无从谈起。"做大"蛋糕的同时要"分好"蛋糕,"生产将以所有的人富裕为目的"②,"所有人共同享受大家创造出来的福利"③,共享性指标是推进共同富裕根本目的的核心呈现,体现的是发展成果更多更公平惠及全体人民的程度,以及分配公平与正义的程度。共享性指标完成度越高,人民群众切身感受到的共同富裕实现程度越高,推动共同富裕实现的士气也越高,从而更有助于发展性指标的实现。共同富裕之所以被视为中国式现代化的中国特色和本质要求,从根本上讲正是因为它是全体人民的富裕而不是少数人的富裕,因此人民性指标作为共同富裕的价值旨归贯通于评价体系始终,是发展性、共享性的核心价值意涵。共同富裕作为一项长期发展目标,绝非一时一地的短期富裕,而是具有鲜明可持续性的长远追求,能够为发展性、共享性、人民性的更好实现提供保障。作为消除绝对贫困之后

① 中国社会科学院语言研究所词典编辑室编:《现代汉语词典》(第7版),商务印书馆,2016年,第1589页。

② 《马克思恩格斯选集》(第二卷),人民出版社,2012年,第787页。

③ 《马克思恩格斯选集》(第一卷),人民出版社,2012年,第308页。

的接续奋斗目标,推动共同富裕的一项非常重要且艰巨的使命就是加强民生兜底保障、改善困难群体生活水平,保障性指标是验收共同富裕发展性、共享性、人民性、可持续性实效的兜底性民生保障标准,其实现程度也将对其他指标的实现程度产生影响。

共同富裕的实现是一个长期的动态过程,评价指标的选取在能够充分反映推进共同富裕动态变化的特点、体现共同富裕发展趋势的同时,还应具备一定的时效稳定性,以免在短时间内大量指标发生变化而对整个评价体系产生影响。当各个指标之间在一定时间范围内维持一定的稳定关系时,共同富裕评价体系也将在一定阶段内实现有机的平衡。

2.有机统一性

共同富裕评价体系的具体指标有机统一于共同富裕的基本内核。在本章所设想的现阶段共同富裕评价体系中,无论是定量监测指标中包括发展性、共享性、可持续性、人民性、保障性在内的五项一级基础性指标,抑或是定性主观调查中重点涉及的生活富裕富足、社会和谐和睦、环境宜居宜业、精神自信自强、公共服务普及普惠五项感受度,均内在统一于共同富裕的核心内涵。

习近平在中央财经委员会第十次会议讲话中明确指出:"共同富裕是全体人民共同富裕,是人民群众物质生活和精神生活都富裕,不是少数人的富裕,也不是整齐划一的平均主义。"[1]其一,共同富裕评价体系的具体指标有机统一于共同富裕的人民主体性。共同富裕的人民主体性既体现在"人人享有",全体人民是共同富裕的受益者;又体现在"人人参与",全体人民是共同富裕的贡献者。定量监测指标中的五项一级基础性指标和定性主观调查中的五项感受度都是共同富裕人民主体性的重要体现。其二,共同富裕评价体系的具体指标有机统一于共同富裕的领域全面性。"发展着自己的物质

---

① 习近平:《扎实推动共同富裕》,《求是》,2021年第20期。

生产和物质交往的人们,在改变自己的这个现实的同时也改变着自己的思维和思维的产物"①,共同富裕的领域全面性集中体现为人民群众在物质和精神方面都富裕,既富"口袋",又富"脑袋"。定量监测指标中的发展性、共享性、人民性、保障性指标,以及定性主观调查中的生活富裕富足、精神自信自强、公共服务普及普惠感受度,都集中彰显着全面富裕的维度。其三,共同富裕评价体系的具体指标有机统一于共同富裕的公平正义性。共同富裕的公平正义性体现在做大"蛋糕"的同时,合理地分好"蛋糕",将居民收入和实际消费水平差距缩小到合理区间,而不是同等富裕、平均主义。定量监测指标中的共享性、人民性、保障性指标,以及定性主观调查中的社会和谐和睦、公共服务普及普惠感受度都与推动共同富裕进程中的公平正义程度息息相关。

3.有机发展性

共同富裕评价体系并非一成不变,而是始终处于运动变化发展之中。依据马克思主义唯物辩证法,事物的发展是从量变到质变的转化过程。一方面,共同富裕评价体系随时代的发展而发展。新中国刚刚成立之际,生产力还很不发达,面对人民对于建立先进的工业国的要求同落后的农业国的现实之间的矛盾,此时经济建设的基本任务即尽早摆脱穷困落后的境况,提升人民群众的生活质量,这一阶段对共同富裕的探索偏重于总体经济发展水平的提升和收入分配方面的相对平均。改革开放以来,社会生产力水平持续提高,这亦在某种程度上造成贫富差距的增大,面对人民日益增长的物质文化需要同落后的社会生产之间的矛盾,这一阶段推动共同富裕的重点体现于先富带动后富而不是两极分化的实践之中。党的十八大以来,中国特色社会主义进入新时代,人民期盼更为全面高质量的发展,社会主要矛盾逐步转化为人民日益增长的美好生活需要和不平衡不充分的发展之间的矛

---

① 《马克思恩格斯选集》(第一卷),人民出版社,2012年,第152页。

盾,实现全体人民共同富裕被置于愈发重要的位置上,共同富裕评价指标日益趋于全面化、多样化。

另一方面,共同富裕评价体系的发展过程呈现出循序渐进性。"共同富裕是一个长远目标,需要一个过程,不可能一蹴而就。"①中国目前仍处于并将长期处于社会主义初级阶段,仍是世界上最大的发展中国家,实现共同富裕是于动态发展之中不断向前推进的过程,是在确保阶段性目标可即的前提下扎实推动的过程,是由量变进而转向质变的过程,需要保持历史耐心、坚持实事求是,足履实地、久久为功,尽力而为、量力而行。相对应地,共同富裕评价体系的构建也是一个长期过程,需要兼顾目标的阶段性与可及性,既不能指望一蹴即至,又不能在原地迁延观望。正如马克思所指出的,"人的思维是否具有客观的真理性,这不是一个理论的问题,而是一个实践的问题"②,共同富裕评价体系亦需要在实践中历经检验与日臻完善。

进入新时代以来,我国综合国力和人民生活水平不断踏上新台阶,脱贫攻坚战取得全面胜利,小康社会在中华大地全面建成,"国内生产总值超过100万亿元,人均国内生产总值超过1万美元,城镇化率超过60%,中等收入群体超过4亿人"③。十三个五年规划的完成为现阶段推进共同富裕奠定了坚实的物质基础。在全党全国各族人民向第二个百年奋斗目标进军的关键时刻,如何扎实推动共同富裕成为全面建设社会主义现代化国家的题中之义。

(三)促进全体人民共同富裕的评价指标体系建构的要素构成及权重分配

共同富裕归根结底体现为两大本质性内涵,其一为"富裕",也就是全体

---

① 习近平:《扎实推动共同富裕》,《求是》,2021年第20期。
② 《马克思恩格斯选集》(第一卷),人民出版社,2012年,第134页。
③ 《习近平谈治国理政》(第四卷),外文出版社,2022年,第163页。

人民人均生活水平能够同发达国家比肩;其二为"共享",也就是全体人民一起平等享有发展机遇与成果。同时,追求共同富裕并不存在绝对的终点线,而是作为持续的发展进程与社会发展同向而行。结合共同富裕以全体人民为主体,以及解决相对贫困问题的维度,初步在现阶段共同富裕评价体系中设置包括发展性、共享性、可持续性、人民性、保障性在内的五项一级基础性指标,同时下设二级重点性指标和三级辅助性指标(见表5-1),除此之外,以定性主观感受调查加以补充,从而更好地对共同富裕进行测度。

表5-1　现阶段共同富裕评价体系定量监测指标

一级基础性指标	二级重点性指标	三级辅助性指标	指标评价方式
发展性评价指标	经济发展程度	国内生产总值指数	报告期不变价国内生产总值÷基期不变价国内生产总值×100
		国民总收入	国内生产总值+来自国外的初次分配收入净额
		城镇化率	城镇人口数÷总人口数×100%
		产业结构	第一/二/三产业总产值÷国内生产总值
	居民生活水平	人均国民总收入	国民总收入÷总人口数
		居民可支配收入	可支配现金收入+可支配实物收入
		居民消费水平	居民消费价格指数
			消费结构指标(恩格尔系数)
共享性评价指标	居民收入差距	基尼系数	用于不平均分配的收入÷全部居民收入
	城乡发展差距	城乡居民人均可支配收入比	城市居民人均可支配收入÷农村居民人均可支配收入
		城乡居民人均消费支出比	城市居民人均消费支出÷农村居民人均消费支出
	地域发展差距	各区域人均可支配收入比	A区人均可支配收入÷B区人均可支配收入

续表

一级基础性指标	二级重点性指标	三级辅助性指标	指标评价方式
		各区域人均消费支出比	A区人均消费支出÷B区人均消费支出
可持续性评价指标	社会稳定状况	社会稳定指数	社会治安、食品安全、生产安全、社情民意等
	生态环境质量	环境质量指数	单一指数、单要素指数、总环境指数
		城镇人均公园绿地面积	城镇公园绿地总面积÷城镇人口总数
		单位国内生产总值二氧化碳排放	碳排放总量÷国内生产总值
		单位国内生产总值能耗	能源消费总量÷国内生产总值
人民性评价指标	人民受教育程度	劳动年龄人口平均受教育年限	劳动年龄人口受教育年限之和÷劳动年龄人口总数
		教育经费支出与国内生产总值之比	教育经费支出÷国内生产总值
	人民发展环境	基本公共服务均等化程度	基本公共服务均等化统计监测指标体系
		向上流动程度	中等收入人口数÷总人口数
	人民参与度	劳动参与率	经济活动人口数÷劳动年龄人口数×100%
保障性评价指标	收入底线保障	低收入群体人均可支配收入	低收入人群可支配收入总数÷低收入人口总数
		低收入群体消费价格指数	固定商品当期价格÷固定商品基期价格
	医疗健康保障	每万人口医疗机构床位数	医疗机构床位总数÷人口数×10000
		每万人口医护人员数	医护人员总数÷人口数×10000
		专业公共卫生机构数量	专业公共卫生机构总数
		城乡居民基本医疗保险参保率	实际参保人数÷应该参保人数×100%

续表

一级基础性指标	二级重点性指标	三级辅助性指标	指标评价方式
		卫生经费支出与国内生产总值之比	卫生经费支出÷国内生产总值
	劳动就业保障	就业率/失业率	就业/失业人口÷(就业人口＋失业人口)×100%
		工伤保险参保率	实际参保人数÷应该参保人数×100%
		平均工资	从业人员工资总额÷从业人员人数

1.发展性评价指标

发展性是全体人民共同富裕获得显著实质性进展及基本实现的重要特点与标识,是满足人民群众渐趋丰富的美好生活需要的必要条件,是做大做优"蛋糕"的鲜明呈现。共同富裕,首要任务是"富裕",如果没有富裕作为前提,那么"就只会有贫穷、极端贫困的普遍化"[①]。因此,这里将发展性指标设置在五项基础性指标的第一项。

联合国开发计划署和牛津大学贫困与人类发展研究中心共同制定的多维贫困指数(MPI),从健康、教育和生活条件这三个同日常生活紧密关联的方面对贫困程度加以集中测度。以此为参考,在发展性评价指标下设两项二级重点性指标,即经济发展程度和居民生活水平。由于发展性评价指标侧重于经济层面,健康和教育维度则分别设置于保障性评价指标和人民性评价指标之下。

经济发展程度可以通过四项三级辅助性指标加以具体衡量。其一,国内生产总值(GDP)指数。国内生产总值是国际通行的用于衡量一个国家(或地区)经济运行规模的宏观经济指标,指一个国家(或地区)所有常住单位在一定时期内生产活动的全部最终成果。国内生产总值指数则能够反映

---

① 《马克思恩格斯选集》(第一卷),人民出版社,2012年,第166页。

一定时期内国内生产总值变动趋势和程度的相对数。作为一个价值量指标,国内生产总值价值的变化受价格变化和物量变化两大因素影响,国内生产总值指数是根据两个时期不变价国内生产总值计算得到的。联合国、世界银行、国际货币基金组织在评估各国经济总体表现时,一般都使用国内生产总值或人均国内生产总值。其二,国民总收入(GNI)。相较于强调国内生产的国内生产总值,国民总收入是收入总量衡量指标,指一个国家(或地区)所有常住单位在一定时期内收入初次分配的最终结果,等于国内生产总值加上来自国外的初次分配收入净额。联合国根据一个国家连续六年的国民总收入和人均国民总收入来决定该国的联合国常规会费。其三,城镇化率。城镇化是由传统落后的乡村型社会向现代城市社会转化的过程,是人类社会发展的客观趋势,是国家现代化的重要标志。城镇化率是在城镇化发展过程中产生的,是反映城镇化发展水平高低的一个重要指标,通常通过人口统计学加以测算,也就是城镇人口数÷总人口数×100%,能够得出人口在城镇的聚集程度。其四,产业结构。三次产业的划分是世界上较为常用的产业结构分类,但各国的划分不尽一致。根据《国民经济行业分类》和《三次产业划分规定》,我国第一产业是指农、林、牧、渔业;第二产业是指采矿业,制造业,电力、热力、燃气及水生产和供应业,建筑业;第三产业即服务业,是指除第一产业、第二产业以外的其他行业。产业结构指标主要通过三次产业各自的总产值占国内生产总值的比重进行度量。

居民生活水平可以通过三项三级辅助性指标进行衡量。其一,人均国民总收入。1978年,世界银行首次发布国家收入分类标准,即通过计算各经济体人均国民总收入,把世界各经济体分为低收入、中等偏下收入、中等偏上收入和高收入四组,通常中、低收入国家被称为发展中国家,高收入国家被称为发达国家。联合国开发计划署也编制了由健康长寿、知识的获取和生活水平三部分组成的人类发展指数(HDI),用以取代单一的人均国内生产总值衡量体系,来界定一个国家是否属于发达国家。其中,生活水平是通过用购买力平价法计算的人均国民总收入来衡量,即用国民总收入除以总人口数。其二,居民可支配收入。居民可支配收入是指居民可用于最终消费支出和储蓄的总和,即居民可用于自由支配的收入,既包括现金收入,也包括实物收入。按照收入的来源,可支配收入包括工资性收入、经营净收入、财产净收入和转移净收入。其三,居民消费水平。居民消费水平反映的是居民消费的物质产品和劳务的数量和质量,可使用居民消费价格指数(CPI)和恩格尔系数进行测度。居民消费价格指数是反映一定时期内居民所购买的生活消费品与服务项目价格变动趋势和程度的相对数,我国居民消费价格指数中的权数主要根据全国居民家庭各类商品和服务的消费支出详细比重确定。恩格尔系数是根据恩格尔定律得出的比例数,是表示生活水平高低的指标,计算公式为食品支出金额除以总支出金额,家庭收入与食品支出占家庭总支出的比例成反比。国际社会一般把食品支出占家庭支出的60%作为贫困线。

2.共享性评价指标

共享性是全体人民共同富裕获得显著实质性进展及基本实现的本质特征,是使发展成果更多更公平惠及人民的核心所在,是促进分配公平与正义的重要保障。同时应当明确,共同富裕并非均等富裕,并非整齐划一的平均主义,而是寻求效率与公平之间的平衡,把收入差距缩小到一个合理的区间范围之内,使社会财富与收入的分配愈发公正,塑造人人享有的合理分配格局。就发展性与共享性的关系而言,发展性是基础,共享性是目的。一方面,发展性越强,共享性的层次就越高;另一方面,人民群众通过共享性享受高质量发展成果,也会增强其发展信心,提升其发展主动性。

习近平指出:"我国发展不平衡不充分问题仍然突出,城乡区域发展和收入分配差距较大。"[1]以此为参照,共享性评价指标下设三项二级重点性指

---

① 习近平:《扎实推动共同富裕》,《求是》,2021年第20期。

标,即居民收入差距、城乡发展差距和地域发展差距。这三项二级指标分别以个人、城乡和地域为测度客体,以三者发展差距为测度内容,主要衡量发展成果更多更公平惠及人民群众的程度,以及分配层面上的公平与正义程度。

居民收入差距可以使用基尼系数进行衡量。基尼系数根据洛伦茨曲线计算,是国际上用以综合考察居民内部收入分配差异情况的一个重要分析指标,指的是居民收入总量中不平均分配所占的比重,基尼系数最小为0(即收入分配绝对平均),最大为1(即收入分配绝对不平均)。城乡发展差距、地域发展差距则分别主要通过城乡居民人均可支配收入比和人均消费支出比、各区域人均可支配收入比和人均消费支出比进行衡量。需要注意的是,由于覆盖不足、缺少响应、少报漏报、计算方式等原因,从国民经济核算中估计的人均收入和消费与从住户调查中估计的人均收入和消费往往存在很大差异,前者得出的收入和消费差距通常小于后者。因此,不能忽视住户调查在衡量贫困和不平等方面的重要作用,从而减少数据误差。

3.可持续性评价指标

可持续性是共同富裕的长远追求,是立足社会稳定、环境友好和生态保护的长久富裕的集中展现。共同富裕绝非拘泥于某时某地的局限性的富裕,而是不设终点的长远追求;绝非以牺牲未来发展换来眼前短期性的富裕,而是不以妨害永续发展作为代价的世代富裕。

参考联合国《2030年可持续发展议程》提出的十七项可持续发展目标所主要涉及的社会、经济和环境三个维度,可持续性评价指标下设两项二级重点性指标,即社会稳定状况和生态环境质量。由于经济层面在本评价体系中被归于发展性评价指标,因此可持续性评价指标主要包含社会和环境两个维度。

社会稳定状况主要通过社会稳定指数进行衡量,涵盖社会治安、食品安全、生产安全、社情民意等方面。以南京市首个发布"社会稳定指数"的玄武区为例,社会稳定指数涉及区域治安警情、消防警情、矛盾纠纷案件、环境污染事件、重大交通安全事故、重大生产安全事故、重大食品安全事故、群体性事件及网上负面舆情、居民12345热线投诉九大类,并将社会风险预警防控中心测算得出的稳定指数总分数划分为五个星级,有助于科学研判社会矛盾点与风险点,从而提升社会治理效能。

生态环境质量可以通过四项三级辅助性指标进行衡量。其一,环境质量指数。环境质量指数用于体现自然环境质量的优劣,分为单一指数、单要素指数和总环境指数。自然环境由多种环境要素构成,对不同环境要素的评价需要不同的若干个评价参数。其中,描述某一个区域自然环境的指数称为总环境指数,描述某一种环境要素的指数称作单要素指数,描述某一个评价参数的指数称作单一指数。其二,城镇人均公园绿地面积。城镇人均公园绿地面积是反映城镇居民生活环境和生活质量的重要指标,指的是城镇公园绿地面积的人均占有量,包括向公众开放的公园、小游园、街道广场绿地,以及植物园、动物园等。其三,单位国内生产总值二氧化碳排放。单位国内生产总值二氧化碳排放指的是某一阶段内某一国家(或地区)每生产一个单位国内生产总值所产生的二氧化碳排放量,设置该指标有助于引导能源清洁低碳高效利用和产业绿色转型,实现碳达峰、碳中和。其四,单位国内生产总值能耗。单位国内生产总值能耗指的是某一阶段内某一国家(或地区)每生产一个单位国内生产总值的耗能,用以体现能源消费水平和节能降耗情况。

4.人民性评价指标

"国之称富者,在乎丰民。"人民性是实现共同富裕的价值旨归,是贯穿于共同富裕评价体系始终的重要维度。人民性既在于广大人民群众是共同富裕的主体对象,人人享有发展成果;又在于广大人民群众是推进共同富裕的主要力量,人人参与发展建设。围绕"人人享有"和"人人参与",以及共同富裕的价值导向,人民性评价指标下设三项二级重点性指标,即人民受教育程度、人民发展环境和人民参与度。

人民受教育程度主要通过两项三级辅助性指标进行衡量。其一,劳动年龄人口平均受教育年限。劳动年龄人口平均受教育年限指16岁至59岁人口平均接受学历教育(含成人学历教育、不含非学历培训)的年数,用以体现劳动者素质,不断提升公共教育服务的品质与公正性。其二,教育经费支出与国内生产总值之比。教育事关民生大计,事关民族未来,教育经费的支出情况能够较为直观地反映一个国家对教育事业的资金投入力度和重视程度。

人民发展环境也主要通过两项三级辅助性指标进行衡量。其一,基本公共服务均等化程度。基本公共服务是由政府主导、保障全体公民生存和发展基本需要、与经济社会发展水平相适应的公共服务,是公共服务的基础和核心,是最基本的民生需求,也是政府公共服务职能的"底线"。基本公共服务均等化是指全体公民都能公平地获得大致均等的基本公共服务,其核心是促进机会均等,重点是保障人民群众得到基本公共服务的机会,涵盖教育、就业创业、社会保险、医疗卫生、社会服务、住房保障、文化体育等领域。根据《"十三五"推进基本公共服务均等化规划》,国家统计局研究制定了包含三个层次的"十三五"基本公共服务均等化统计监测指标体系。其二,向上流动程度。习近平指出,"要防止社会阶层固化,畅通向上流动通道,给更多人创造致富机会","推动更多低收入人群迈入中等收入行列"。[1]向上流动程度可以通过中等收入人口规模及其变化加以衡量。

人民参与度则主要通过劳动参与率加以测度,指经济活动人口(包括已经参加经济活动的就业者和要求参加经济活动的失业者)占劳动年龄人口的比重,用以考量人们参加经济活动的实际情形,反映人们的劳动参与意愿。

---

① 习近平:《扎实推动共同富裕》,《求是》,2021年第20期。

5.保障性评价指标

保障性作为助力实现共同富裕的民生底线标准,是检验共同富裕实效的兜底性指标。保障性评价指标的建立,有助于在动态过程之中发现不同困难群体在民生维度显露出来的短板,从而更好地保障其基本物质生活条件,着力保证低收入者收入持续稳定,同时促进愈来愈多低收入者成长为中等收入者,进而不断扩大中等收入群体规模,逐步形成橄榄型收入分配结构。保障性评价指标下设三项二级重点性指标,即收入底线保障、医疗健康保障、劳动就业保障。这三项二级指标主要依据民生底线兜底性标准进行设置,侧重动态考量人民基本物质生活条件状况,以及各类特殊困难群体在民生方面是否存在短板及其程度。

收入底线保障主要通过低收入群体的人均可支配收入和消费价格指数进行衡量。消费价格指数的计算涉及食品烟酒、衣着、居住、生活用品及服务、交通通信、教育文化娱乐、医疗保健、其他用品及服务八大类二百六十多个基本分类,基本涵盖了居民的全部消费内容。对低收入群体人均可支配收入和消费价格指数的比较分析,是完善低收入群体社会保障政策的重要参考依据。

人民健康是民族昌盛和国家强盛的重要标志。以《中华人民共和国基本医疗卫生与健康促进法》《"健康中国2030"规划纲要》《国务院关于实施健康中国行动的意见》《健康中国行动(2019—2030年)》为参考,医疗健康保障主要通过每万人口医疗机构床位数和医护人员数、专业公共卫生机构数量、城乡居民基本医疗保险参保率、卫生经费支出与国内生产总值之比进行衡量。

就业是最基本的民生。基于我国劳动年龄人口总规模仍然较大但劳动年龄人口逐步减少的现象,劳动就业保障主要通过三项三级辅助性指标进行衡量,能够综合反映一定时期内劳动力市场的供需状况,以及对隐形失业的捕捉。其一,就业率/失业率。就业率/失业率指的是就业人口/失业人口占劳动力的比重。劳动力是指年满16周岁，有劳动能力，参加或要求参加社会经济活动的人口，是就业人口与失业人口之和；非劳动力是除就业人口和失业人口之外的人，指没有工作且不找工作或不能去工作的人。我国就业失业的判断标准采用了国际劳工组织推荐的统计标准。就业人口是指在调查参考周内，16周岁及以上，为了取得劳动报酬或经营收入而工作了至少一小时的人，包括休假、临时停工等在职但未上班的人员。失业人口是指16周岁及以上，没有工作但在三个月内找过工作，如果有合适的工作能够在两周内开始工作的人。其二，工伤保险参保率。工伤保险参保率是实际参保工伤保险人数和应该参保工伤保险人数的百分比，能够反映工伤保险"防护网"织密织牢的程度，是重要的民生保障。其三，平均工资。平均工资指单位就业人员在一定时期内平均每人所得的工资额，体现一定时期工资收入的高低程度，是反映就业人员工资水平的主要指标。

6.定性评价

前述定量评价主要围绕发展性、共享性、可持续性、人民性、保障性在内的五项一级基础性指标展开测度。定性主观调查则主要通过线上问卷和实地走访相结合的方式，重点围绕生活富裕富足、社会和谐和睦、环境宜居宜业、精神自信自强、公共服务普及普惠五个方面进行感受度评价。为保障调研结果的代表性，调研过程需兼顾调研样本的城乡居民结构、地区结构、职业结构等要素。

其一，生活富裕富足感受度，与定量评价中的发展性评价指标相对应。主要包括就业质量、人才政策、收入水平如何，产业发展水平、自主创新能力、经济循环效率、各类市场主体活力如何等。其二，社会和谐和睦感受度，与定量评价中的共享性评价指标相对应。主要包括整体社会环境是否舒心、安心、放心，社会治理效能如何，社会治安如何，公共法律服务体系是否覆盖城乡，是否能够实现人人有责、人人尽责、人人享有等。其三，环境宜居宜业感受度，与定量评价中的可持续性评价指标相对应。主要包括耕地保护制度、节约用地制度落实情况如何,生态环境保护、生物多样性保护成效如何,蓝天、碧水、净土实现程度如何,生产生活方式绿色转型进展如何等。其四,精神自信自强感受度,与定量评价中的人民性评价指标相对应。主要包括社会整体文明程度如何,公民道德素养如何,现代公共文化服务体系进展如何,是否经常开展志愿服务关爱行动,是否能够体会到互帮互助、和睦友好的社会风尚等。其五,公共服务普及普惠感受度,与定量评价中的保障性评价指标相对应。主要包括城乡区域基本公共服务是否普惠均等,公共卫生体系、养老服务体系、全民健身公共服务体系发展如何,城乡居民居住条件如何,社会保障网是否织密扎牢等。

在现阶段共同富裕评价体系中,定性评价方式作为定量评价方式的重要补充,能够较为直接地呈现广大人民对共同富裕推进成效的主观评价与心理体验,有助于对推动共同富裕进程中人民的获得感、幸福感、安全感是否不断增强加以调查研究。与此同时,在推进共同富裕进程中广大人民所生发出来的认可、满意、拥护等情感支持,亦将成为推动共同富裕最终实现的重要助推剂。

二、新时代新征程促进全体人民共同富裕的现实状态

共同富裕不仅是人类对未来社会的价值追求和生活向往,更是人类在实践活动中,不断突破生产力发展限制、改革生产关系的一种历史性行动。中国式现代化以科学社会主义为指引,在复兴的道路上,不断超越了西方以资本为中心的现代化,是真正致力于实现全体人民共同富裕的现代化。在中国共产党的领导下,中国式现代化始终将共同富裕作为其本质要求,自觉践行以人民为中心的发展思想,不断推动共同富裕取得新的理论成果和实

践成就。但也要看到,处于新发展阶段的中国式现代化在财富的创造、积累、分配和保障等方面仍存在不少问题,需要实现高质量发展、坚持社会主义基本经济制度、规范财富积累机制和补齐社会保障短板弱项等,以突破发展瓶颈,推动共同富裕取得实质性的进展。

(一)促进全体人民共同富裕的现有基础及成就

党的十八大以来,习近平总书记关于共同富裕的系列重要论述、新发展理念及发展战略规划,构成了新发展阶段的共同富裕理论。在马克思恩格斯所构想的人类社会发展趋势的影响下,为绝大多数人服务的社会主义现代化才是人类追寻的现代化,才是符合人类期待的现代化,是人类社会发展的必然趋势。中国共产党接续中华民族数千年以来对未来美好生活的向往,不断开创具有中国特色的共同富裕理论,并在实践中不断将理论转化为现实。党在领导中国式现代化建设中始终对实现全体人民共同富裕念兹在兹,将增进民生福祉作为现代化建设的价值遵循,努力让人民群众更公平、更可持续、更多地共享中国式现代化的建设成果,致力于带领人民群众彻底摆脱贫困、走向共同富裕。不断成熟的社会主义市场经济体制,脱贫攻坚的伟大胜利,不断完善的公共服务设施等共同构成了促进全体人民共同富裕的比较充分的实践基础。

1.促进全体人民共同富裕的理论基础及理论成果

马克思恩格斯在批判继承空想社会主义科学理论的基础上,创立了科学社会主义理论,实现了社会主义由空想到科学的转变。马克思恩格斯在不断揭示资本主义制度缺陷的基础上,探究人类社会运行和发展的规律,并在当中找到了人类现代化的科学发展方向,即主张构建社会主义的现代化。实现社会主义的现代化不仅要坚持人民整体利益优先的现代化,而且要坚持做到生产资料公有制。在生产资料公有制基础之上,不断解决社会的贫富分化问题。

自1949年新中国成立以来,通过不断的探索和深入的实践,共同富裕的理论不断得到丰富和发展。中国式现代化视域下的共同富裕理论,既继承了科学社会主义理论中反对贫富差距的思想,又秉承了被实践证明了的中国化、时代化的共同富裕理论的价值理念。中国化、时代化的共同富裕理论,伴随着时代的变迁和社会的发展变化在发生着深刻的改变。在认识到国家的富强是建立在制度完善的基础上,毛泽东提出:"我们实行这么一种制度,这么一种计划,是可以一年一年走向更富更强的,……而这个富,是共同的富,这个强,是共同的强,大家都有份。"①在我国经济社会发展水平和生产力相对滞后的阶段,共同富裕重点在于解决公平与效率问题,集中力量发展社会生产力,允许一部分人先富起来,先富带动后富。改革开放新时期,邓小平对共同富裕理论在广度层面进行了探索。首先从广度上来看,包括共同富裕的主体广度。党的十五大报告指出:"允许一部分地区一部分人先富起来,带动和帮助后富。"②另外,还包括共同富裕的体制机制广度。邓小平认为,计划经济和市场经济,只要能够提高人民生产水平就算是好制度。以江泽民同志为主要代表的中国共产党人,从深度层面进行了探索,注重处理"效率与公平"的关系,提出了"兼顾效率与公平,逐步实现共同富裕"。胡锦涛从缩小城乡之间、居民之间的收入差距入手,在坚持以人为本的理念当中逐步实现共同富裕。

习近平对"共同富裕"理论进行了丰富的探索。首先,关于什么是共同富裕以及共同富裕的本质,习近平作出了重要的论述。习近平指出:"共同富裕是社会主义的本质要求,是中国式现代化的重要特征。"③他还指出:"消除贫困、改善民生、实现共同富裕,是社会主义的本质要求。"④其次,发展成

---

① 《毛泽东文集》(第六卷),人民出版社,1999年,第495页。
② 江泽民:《高举邓小平理论伟大旗帜,把建设有中国特色社会主义事业全面推向二十一世纪——在中国共产党第十五次全国代表大会上的报告》,人民出版社,1997年,第20页。
③ 《习近平谈治国理政》(第四卷),外文出版社,2022年,第142页。
④ 《习近平谈治国理政》,外文出版社,2014年,第189页。

果由人民共享,全体人民是发展成果的享受者。最后,在关于共同富裕的实现路径上,认为只有消除贫困才能真正实现共同富裕。要实现共同富裕,首先要实现精准脱贫、消除绝对贫困,全国人民一起迈入小康社会,这是实现共同富裕的基础,只有解决好贫困问题,才能真正实现共同富裕。新时代新征程共同富裕注重高质量发展、协调和共享,通过高质量发展进一步充实人民的钱袋子,缓解发展不平衡、不充分问题;树立协调发展理念,进一步协调区域、城乡以及行业关系,提高发展的平衡性、协调性;树立共享的发展理念,推动改革的成果人人均可以享有,进而不断改善民生。在此基础上还需要共建富裕,实现人人参与、人人尽力、人人享有,因此新发展阶段的共同富裕不仅要先富带后富,更要先富帮后富。新发展阶段的共同富裕理论,更注重强调人的精神文化世界的共同富裕。"既要富口袋,也要富脑袋"①,建设物质与精神"双富裕"社会。新时代,人民对于物质产品的追求,已经不能满足人民的"幸福感"。在物质基础发展之上的丰富的精神文化产品,更能提升人民的"获得感"和"幸福感"。习近平总书记关于共同富裕的系列重要论述,是马克思主义理论创新性发展的重要探索。

在关于如何在现代化进程中实现共同富裕,党中央作了明确的规划与部署。党的十八大指出:"确保到二〇二〇年实现全面建成小康社会宏伟目标。"②为了实现这一目标,党中央实施了脱贫攻坚的民生工程,因地制宜制定扶贫方案,构建大扶贫格局,形成"五级书记"共抓扶贫的工作机制,全面实现了贫困人口"两不愁三保障",贫困地区的教育、医疗卫生、交通设施和住房条件等得到全面改善,解决了中华民族绝对贫困问题,全面建成小康社会,进一步推进了共同富裕。党的十九大指出,要在全面建成小康社会的基

---

① 中共中央党史和文献研究院编:《十八大以来重要文献选编》(下),中央文献出版社,2018年,第50页。

② 中共中央文献研究室编:《十八大以来重要文献选编》(上),中央文献出版社,2014年,第13页。

础上分阶段建设社会主义现代化国家,即从2020年至2035年,用十五年时间"基本实现社会主义现代化"①,实现人民生活更为宽裕。为进一步推进共同富裕,党中央在新时代统筹把握中国式现代化的发展进程,对共同富裕的战略步骤、战略目标给予明确,使其成为中国式现代化进程中的战略目标。到"十四五"末,全体人民共同富裕迈出坚实步伐……到2035年全体人民共同富裕取得更为明显的实质性进展……到21世纪中叶,全体人民共同富裕基本实现。

2.促进全体人民共同富裕的实践基础及现实成就

中国共产党自成立以来,历尽艰辛,闯过层层艰难险阻,带领全国各族人民打赢了一场又一场的战争。解决了过去许多想解决而没有解决的难题,办成了许多过去想办而没有完成的大事,解决了中国人民挨打、挨饿、挨骂的根本性问题。"共同富裕",富是前提和条件,富包括国家富有、人民富裕。国家富有意味着国民生产总值的提高。中国是世界上最大的发展中国家,由于基础差,底子薄,发展不平衡,长期饱受贫困问题困扰。

以毛泽东同志为主要代表的中国共产党人在领导中国革命和建设的过程中,对中国为什么存在贫困,怎样消除贫困等问题进行了深入思考和长期探索,至今仍具有重要的启示意义。毛泽东一直以来重视解决百姓的土地问题,提出地主阶级对生产资料的占有,是导致农民贫困问题的根源。在土地革命战争时期和解放战争时期,中国共产党在综合考虑到中国经济发展状况的前提下,制定了适合中国发展的土地政策,切实维护了农民的切身利益,农民阶级成为中国革命的主力军,为共同富裕的实现奠定了阶级基础。除此之外,毛泽东十分重视解决经济发展中的矛盾问题。例如在《重视人民生活的经济问题》当中,毛泽东指出,要提高人民的经济生活水平,解决人民的吃穿用问题。在《关于正确处理人民内部矛盾的问题》当中,毛泽东指出

---

① 《中共中央关于党的百年奋斗重大成就和历史经验的决议》,人民出版社,2021年,第71页。

要着重处理好人民内部的矛盾,要认识到人民内部矛盾包括经济方面和政治方面的矛盾,并对这两种矛盾提出了针对性的解决办法。为消灭贫困,毛泽东成功推翻了"三座大山",实现了消灭贫穷的第一步,建立新的社会制度是根本保障。1956年社会主义改造的基本完成,标志着社会主义的基本经济制度在中国全面地建立起来,为共同富裕的实现奠定了制度基础。

社会主义制度以其公平性与集中力量办大事的优势,提高了人民群众的积极性、创造性,促进了生产力的发展,极大改变了我国贫穷落后面貌。以邓小平同志为主要代表的中国共产党人,引领中国人民进行新的伟大创举——改革开放,社会生产力稳步增长,中国人民真正实现了"富起来"。

但伴随着改革的深化,矛盾也开始涌现,贫富差距问题的出现促使党中央作出新的政策调整。一方面,倡导以效率促进社会蓬勃发展的经济;另一方面,注重公平,把人均收入差距限制在合理的范围以内。以江泽民同志为主要代表的中国共产党人,提出实现共同富裕是社会主义的根本原则和本质特征。他指出,我们搞社会主义,是要解放和发展生产力,消灭剥削和贫穷,最终实现全体人民共同富裕。江泽民重视对贫困地区的扶持力度,注重解决贫困地区人口的温饱问题。1997年9月,江泽民在党的十五大报告中强调:"国家从多方面采取措施,加大扶贫攻坚力度,到本世纪末基本解决农村贫困人口的温饱问题。"[①]

在国内外环境压力下,以胡锦涛同志为主要代表的中国共产党人带领中华民族团结一心共应危机,战洪水、抗地震、保疆土。推进了祖国统一,维护了领土完整,为共同富裕的实现提供了稳固的国内外环境。胡锦涛指出,要始终把实现好、维护好、发展好最广大人民的根本利益,作为党和国家一切工作的出发点和落脚点,走共同富裕道路,做到发展为了人民、发展依靠人民,发展成果由人民共享。党的十七大报告又提出建设"富强民主文明和

---

① 《江泽民文选》(第二卷),人民出版社,2006年,第27~28页。

谐的社会主义现代化国家"的目标,中国式现代化的目标更加明确,更加注重提升人民的生活水平和富裕程度。

党的十八大以来,中国的发展在全方位、多领域取得了历史性成就和历史性变革,全方位改善了人民的生活质量和生活水平。以习近平同志为核心的党中央,团结带领全党全军全国各族人民,进入"强起来"的新时代。习近平始终把消除贫困、实现共同富裕视为社会主义的本质要求。他指出:"如果贫困地区长期贫困,面貌长期得不到改变,群众生活水平长期得不到明显提高,那就没有体现我国社会主义制度的优越性,那也不是社会主义。"①脱贫攻坚取得的重大成果,为共同富裕的实现奠定了重要的实践基础。2021年全面建成小康社会之际,中国人民实现了9899万贫困人口脱贫,832个贫困县摆脱了贫困,中国脱贫创造了世界脱贫史上的奇迹。坚持精准施策、用发展的方法消除贫困的根源,为共同富裕的实现提供了宝贵的经验。通过脱贫攻坚战略的实行,全方位推进了中国式现代化进程中的共同富裕。

新时代新征程当中的共同富裕,更加注重更高质量和更高水平发展。在新时代,中国经济的发展已经迈向了高质量发展阶段。在高质量发展阶段过程中,高质量发展与新发展阶段相辅相成,相互促进。在高质量发展的过程中,想实现共同富裕首先要通过经济制度的改革来减少机会成本,同时又要控制私人成本、减轻社会成本的投入。完善的社会主义基本经济制度,是减少机会成本最好的方法。以公有制为主体、多种所有制经济共同发展,以按劳分配为主体、多种分配方式并存,以及社会主义市场经济体制等社会主义基本经济制度,既有利于激发各类市场经济主体活力,包括公有制经济和非公有制经济,又可以在此基础上进一步改善人民生活,促进效率和公平有机统一,不断实现新发展阶段的共同富裕。公有制保证了公共产品和服

---

① 《习近平谈治国理政》(第四卷),外文出版社,2022年,第127页。

务供给的公平和公正,通过公开透明的社会监督来防止政策扭曲和潜藏的寻租行为,降低了政策失灵的风险,避免走弯路,从而降低了政策选择的机会成本。此外,共同富裕是高效率发展的结果,非公有制经济作为公有制的补充,一方面个体经济和私营经济能够充分激发微观主体活力,发挥重要的稳定增长、促进创新、增加就业的作用。其次,按劳分配为主体、多种分配方式并存,保障了收入分配格局的公平性与合理性。通过最终以制度化设计降低机会成本,助力共同富裕。控制私人成本要从城乡的公共产品和服务供给体系入手,不断增加教育、医疗等公共服务的支出,从深层次促进人力资源的资本积累。在公共产品和公共服务方面,遵循共享原则,政府对低收入家庭进行公共财政救助。在此基础上,"十三五"推进基本公共服务均等化规划。全体公民都能公平地获得大致均等的基本公共服务,保障了人民群众得到基本公共服务的机会。

在教育方面,学前教育、义务教育、高中教育、高等教育呈现普遍跃升的迹象。基本公共教育制度不断完善,城乡义务教育均衡发展、高中阶段的受教育率提升,高等教育普及率逐年增加。2021年,我国的学前教育毛入园率88.1%,九年义务教育巩固率达到95.4%,高中阶段教育毛入学率91.4%,高等教育毛入学率57.8%。[①]高等教育的毛入学率创造了历史新高,2012年毛入学率仅为30%,到2021年跃升到57.8%。教育的均等化能够防止贫困的代际传递,防止阶级固化现象的出现。可以说,经过党中央的长期努力,全国的教育公平程度、教育普惠程度已经大幅度提高。在就业方面,就业是最大的民生福祉,是保障人民收入稳定的主要来源。党的十八大以来新增就业人数不断增加,就业结构逐步得到改善。如2021年全国城镇就业占总就业人员

---

① 数据来源:中华人民共和国中央人民政府网,https://www.gov.cn/xinwen/2022-09/10/content_5709258.htm#:~:text。

比达 62.7%,第一、二、三产业就业占比分别为 22.9%、29.1%、48.0%,①中西部地区就业人数持续增长;就业质量不断提升,从城镇非私营单位看,东部、中部、西部和东北地区年平均工资分别增长 7.1%、5.8%、6.1% 和 7.6%。②在医疗卫生方面,建立多层次覆盖的城乡居民的基本医疗卫生制度,推进健康中国建设。数据显示,每万人拥有的卫生技术人员数由 2002 年的 34 人增加到了 2020 年的 76 人。人民群众医疗负担明显减轻,个人卫生支出占总费用之比从 33.9% 下降到 27.7%;人均寿命从 2010 年的 74.8 岁提高到 2021 年的 78.2 岁,孕产妇死亡率从 24.5/10 万下降到 16.1/10 万,婴儿死亡率从 10.3‰ 下降到 5‰。教育和医疗等公共服务的覆盖面逐渐增大,福利效应逐渐惠及更多的人口。在高质量发展阶段,区域战略统筹机制日趋完善、区域合作共享机制不断深化。当前,我国的区域发展战略不断优化,发展的正外部性不断涌现,区域间共同富裕的社会成本不断降低。区域合作共享机制不断深化,基础设施协调布局、产业分工协作的区域合作共享机制,逐渐打破了各自为政的"诸侯经济"。

推进共同富裕,不仅要在解决贫困的基础上促进共同富裕的物质基础更加殷实,推进经济的高质量、高水平发展,更要促进精神领域的共同富裕。从物质文明和精神文明两手抓,到我国现代化是物质文明和精神文明相协调的现代化,再到人民群众物质生活和精神生活都富裕,表明了党对社会主义建设规律认识的深化、对社会主义现代化建设目标的自觉、对共同富裕内涵的拓展。从满足人民日益增长的美好生活需要到促进人民精神生活共同富裕。当前人民精神文化水平不断提升,党的十八大以来,党中央以创新、协调、绿色、开放、共享的新发展理念为指导,统筹五大文明协调发展,力求

---

① 数据来源:《中华人民共和国 2021 年国民经济和社会发展统计公报》,http://dta.stats.gov.cn/easyquery.htm? cn=C01。

② 数据来源:《2022 年城镇单位就业人员平均工资》,http://dta.stats.gov.cn/easyquery.htm? cn=C01。

在物质与精神建设上实现两强并举,推动共同富裕迈上新台阶。据国家统计局数据显示,2010年我国文化产业增加值为1.1万亿元,占国内生产总值的2.75%;2014年文化产业增加值实现翻番,达到2.39万亿元;2020年全国文化及相关产业增加值为44945亿元。繁荣文化产业和公益性文化事业保障了人民基本文化权益,要持续创造使人民群众称赞的优秀文化作品,健全和完善公共文化服务设施,保证全体人民的精神文化需求都能够得到满足。中国特色社会主义进入新时代,我国社会主要矛盾已经转化为人民日益增长的美好生活需要和不平衡不充分的发展之间的矛盾。人民美好生活需要与物质文化需要相比,领域更宽、层次更高、形式更多,其中美好精神生活需要处于更为突出的位置。因为美好生活需要的各个方面得到满足,都要通过精神上的获得感、幸福感、安全感进行体现,而物质文化生活的满足,民主、法治、公平、正义、安全、环境等方面要求的满足,都会转化为精神的满足,成为精神生活的富裕。2015年,习近平在会见第四届全国文明城市、文明村镇、文明单位和未成年人思想道德建设工作先进代表时强调:"实现中华民族伟大复兴的中国梦,物质财富要极大丰富,精神财富也要极大丰富。"[1]党的十九届五中全会以来,特别强调共同富裕是全体人民的而不仅仅是少数人的精神生活富裕,是精神生活的共同富裕而不仅仅是一部分人的精神生活富裕。满足人民日益增长的美好生活需要,就要强化社会主义核心价值观引领,加强爱国主义、集体主义、社会主义教育,发展公共文化事业,完善公共文化服务体系,不断满足人民群众多样化、多层次、多方面的精神文化需求。人民精神生活共同富裕侧重于强调人民(个体)在精神文化层面的特征,主要表现在人民追求思想道德、文化生活、自我价值和理想情操的过程中创造精神产品,相对平等公平地获得精神生活所需要的各种资源和参与享受各种文化活动的机会。新征程上,人民踏上了在精神上"强起

---

① 《习近平谈治国理政》(第二卷),外文出版社,2017年,第323页。

来"的崭新道路,实现精神生活共同富裕成为人民对美好生活的高层次向往,成为顺利推进中国式现代化的重要精神动力。

(二)促进全体人民共同富裕存在的问题与不足

在中国式现代化视角下推进共同富裕,是一项复杂并且十分艰巨的任务,需要社会各方面的资源展现出宏大的能力,各方面、各领域协同联动释放出巨大的潜力。从中国的发展现状来看,在中国式现代化道路上推进共同富裕,任务繁重,需要克服复杂的问题、迎接艰巨的挑战。

1.从国家发展的阶段性特征来看,不平衡不充分问题成为创造社会财富的制约性因素

不平衡不充分主要展现在横向方面的不平衡和纵向方面的不充分。横向方面的不平衡问题,主要指的是区域发展的不平衡、领域发展的不平衡和群体发展的不平衡。区域发展不平衡问题主要集中体现在:首先,东、中、西部发展不平衡,沿海与内地经济发展差距较大。东部地区发展遥遥领先,中部地区和西部地区发展落后于东部地区。其次,空间区内发展不平衡问题表现明显。东部地区内部各个省市、省市内部的各个城市发展不平衡,以及中部、西部地区内部的各个省市、省市内部的各个城市面临发展不平衡问题。东部地区、中部地区和西部地区的内部也存在不发达省份、城市和县域。不平衡的另一个表现就是农村和城市发展的不平衡问题,城乡居民人均可支配收入差距大,以及城市和农村之间产业发展不平衡问题。在国际当中,一直以基尼系数来评判收入分配差距水平,按照国际惯例的一般标准,0.4是国际公认的警戒线,自2003年以来,中国的基尼系数维持在了0.4以上。虽然党的十八大以来,城市农村之间的差距逐渐缩小,但由于城镇居民收入当中越来越多地包含隐性收入,例如养老保险、住房补贴、公司福利、受教育方式等方面的原因,农村和城市之间还存在着差距。中高端产业大多数积聚在人口密集、具有区位优势的城镇当中。农村产业发展受限,农业

发展的规模化程度不高、工业在产业的占比当中比重较小、第三产业发展滞后等问题。农村产业发展的资源不聚集,科技发展水平不高。工业生产主要集中在生产中低端加工产品,初中级产品的生产和销售面临着由于公共服务不到位,以及技术的不合格,面临着环境污染严重、销售渠道单一等问题。最后,横向发展不平衡还表现在农村和城市之间的公共服务设施和公共服务能力不平衡。在城镇集聚着优质的公共服务设施,一种是城镇公路、铁路、航空等交通网络设施,另一种是各类医院、学校和医疗养老机构等公共服务设施。然而在农村基本的交通网络设施和公共服务设施还存在供给不足,不能满足人民的需求。

纵向方面的不充分主要表现在:一是中国经济发展水平已经不低了,有了相当的发展积累,然而发展质量并不算很高,发展的总量并没有绝对充裕。2022年中国人均国内生产总值达到了85698元[1],与发达国家的人均国内生产总值还存在差距。据此,到2035年中国达到中等国家发展行列还需要继续保持经济的稳定增长。中国的农业发展机械化程度低,人均粮食生产量不足,我国的农业发展规模和农业机械水平与发达国家相比还有一定的差距。我国的农业就业人口以及农业劳动生产率与第二产业和第三产业相比比重较低。二是生产态势还不够平稳。一段时间之内,中国经济追求高速度和高规模,忽视了经济发展的质量和效益。伴随着消费结构的改变,生产结构或者供给结构需要匹配居民的需求结构,才能满足人民日益增长的美好生活需要。新时代的发展,要调整经济生产结构,推动高质量发展,既注重发展总量又要注重发展的能力。三是生产能力还不够高,部分地区的创新投入程度不够高。2022年,研究与试验发展(R&D)经费投入强度(与地区生产总值之比)超过全国平均水平的省(市)仅有七个,依次为北京(6.83%)、上海(4.44%)、天津(3.49%)、广东(3.42%)、江苏(3.12%)、浙江

---

[1]　国家统计局:《2022年中国人均国内生产总值》,http://dta.stats.gov.cn/easyquery.htm? cn=C01。

（3.11%）和安徽（2.56%）。①另外也应注意到世界科技前沿研究、基础研究、国家重大项目攻关面临难题；一些产业的创新体系建设、战略科技力量和创新科技投入所占比重还不够高；关键核心技术受制于国外，重要材料、精密仪器要依赖进口，高精尖技术的发展难以满足中国的高质量发展的要求。创新人才不足，高科技产业的人才与产业的发展以及产业的结构化升级不匹配，一大批具有高科技水平的产业研究人员、产业战略科技人才和高水平创新团队需要不断进行科研经费的投入支持。据国家统计局数据显示，2022年我国研究与试验发展经费投入强度仅为2.54%。

2.从财富积累的变动情况来看，居民财富积累还存在很大的障碍

居民财富积累成为以中国式现代化推进共同富裕的衡量标准。客观来说，我国逐渐摆脱普遍贫穷状况、实现财富积累的历史阶段始于改革开放时期，受益于中国式现代化的快速发展，居民积累财富的速度和规模史无前例，但同时居民财富的保值、稳定增长及获取渠道等面临诸多挑战。

一是财富贬值的挑战。衡量财富的标准不在于实物量的多少，而在于价值量，即财富满足人们需要的交换能力。然而在现代化高速发展中，由于社会需求的过快增长、经济结构和比例的发展失衡、生产成本的不断上涨等，我国几度遭遇通货膨胀。在发展中防止通货膨胀、促进人民财富保值，始终是以中国式现代化推进共同富裕必须审慎处理的基本问题。

二是财富增长波动的挑战。在现实生活中，持续稳定的工资是居民积累财富的源泉。近年来，由于社会整体经济发展速度的降低，居民财富增长的稳定性预期受到影响。

三是财富增值渠道单一的挑战。收入来源的广泛与否直接影响居民财富的积累速度的快慢。由于我国现代化起步晚，居民财富积累主要以工资为主，相对单一，增加居民财富积累机会成为以中国式现代化推进共同富裕

---

① 国家统计局：《2022年全国科研经费投入公报》，http://dta.stats.gov.cn/easyquery.htm？cn=C01。

的现实着力点。"这些制约财富积累的种种障碍限制了居民财富的稳定增加,阻碍了居民富裕程度的提升步伐。"[1]

四是居民劳动性收入和财产性收入比例问题日益显现。财产性收入占可支配收入的比例与劳动性收入占可支配收入的比例存在差距。例如,房地产行业作为居民财富重要的一部分,房价变化严重影响了居民的财产性收入。房地产行业的发展,带来房产升值的受益者,也有因拆迁而暴富的群体。另外,还存在部分居民将自身积累的财产通过股票、债券等方式获取了比自身劳动性收入更多的财产性收入。这些现象从某种程度上看与我国社会强调的机会公平、鼓励勤劳致富的社会价值观存在出入。怎样促使劳动性收入和财产性收入保持一个合理的比例关系? 是我们必须考虑的重大现实性问题。

3.从社会保障改革进程来看,社会保障制度的问题依然存在

社会保障制度是缓解贫困、保障民生、维护社会稳定和社会公平正义的重要制度。目前中国的社会保障覆盖面积越来越大,但依旧存在着覆盖层次不均匀、覆盖领域和区域差距大,以及社会保障程度低等问题。社会保障制度涵盖了医疗、养老、就业、公共服务等各个层面。不断完善社会保障制度的目的,在于从更大程度上保障群众的根本利益不受到伤害、提升社会保障的供给能力。但目前我国社会保障存在的首要问题是基本养老金制度、基本医疗保险制度对城乡居民和职工在保障待遇方面存在差距。与过去相比,为城乡居民设置基本养老保险和基本医疗保险制度,已经是很大的进步。但是这两项制度在保障待遇方面有很大的差距,其中老年居民的平均基本养老金仅有退休职工平均基本养老金的二十分之一左右。基本医疗保险的情况要好一些,这两个群体之间的保障待遇差距在逐步缩小,但仍有较大的差距。例如,面向以农民为主体的城乡居民基本养老金和基本医疗保

---

① 王岩:《开启中国式现代化的共同富裕之路》,《思想理论教育》,2023年第6期。

险的保障水平,难以保障老年居民的基本生活需要和城乡居民的基本医疗服务需要。

其次,是社会保障制度可持续乏力。困扰社会保障制度可持续发展的重要原因是我国人口的老龄化问题。当前我国人口结构亟待转型,人口老龄化速度加快,老年人口规模庞大。2021年我国65岁以上老龄人口达到2.0亿,截至2021年末总人口数是14.1亿,老龄人口占总人口比重为14.2%;2022年我国65岁以上老龄人口达到2.1亿,截至2022年末总人口数是14.1亿,老龄人口占总人口比重为14.9%。2001年中国65岁以上人口超过7%,标志进入老龄化社会,中国仅仅用了21年的时间即2021年步入深度老龄化,即65岁及以上人口占比超14%,时间短于法国的126年、英国的46年、德国的40年。伴随着老龄人口的增加,针对老年人口的医疗卫生支出和养老保险支出也面临增加的局势。

最后,不同的社会保障项目之间待遇水平存在着差距。我国的社会保障项目存在明显的重保险轻服务的现象。例如,我国的基本养老保险和养老保险覆盖范围达到了全国总人口的90%以上,而企业年金、个人养老金补充养老保险、基本医疗保险发展较为滞后。

4. 从财富分配的公平性来看,收入分配不平衡的问题依旧存在

在中国经济高质量发展的前提之下,财富分配公平成为实现共同富裕的关键。但目前收入分配结构不平衡、群体收入差距明显、地区之间收入不平衡问题仍存在。

一是收入分配结构不平衡,初次分配和再分配结构不合理,劳动报酬在初次分配中的比重仍需提高,初次分配中的公平问题亟待解决,以税收、社会保障、转移支付为主要手段的再分配调节框架仍需完善。与此同时,在对初次分配进行调节的再分配当中,税收、社会、财富转移支付等手段的调控力度略显不足,并未发挥出调节收入差距以促进社会公平的作用。

二是群体之间贫富差距明显。据国家统计局数据显示,2020年居民月收入低于6000元的人口有6亿,这部分群体被视为低收入群体。与此同时,有4亿中等收入人口以及少部分高收入群体。数据表明,我们需要不断扩大中高等收入群体占人口总数的比重,调节过高收入分配不均衡的现象。数据还表明,在中国式现代化进程当中,由于初次分配和再次分配的不合理现象,中高等收入群体和低收入群体难以均衡享受中国发展成果。

三是地区之间收入不平衡现象明显。据数据统计,全国省级行政区2020年度人均国内生产总值居前十的分别是北京、上海、江苏、福建、天津、浙江、广东、重庆、湖北、山东,而这些省份大部分位于东部地区。值得注意的是,全国人均国内生产总值靠前的城市位于沿海地区,而人均国内生产总值靠后的城市大部分位于国内生产总值排名靠后的省份。例如2022年我国各省份居民人均可支配收入最高的是上海市(79610元[①]),最低的是甘肃省(23273元[②]),两者相差3.42倍。收入分配结构不均衡、群体之间贫富差距大、地区之间收入差距制约了财富的公平分配。

5.从精神文明建设的成果来看,乡村建设忽视了精神文明对共同富裕的重要作用

促进共同富裕,最艰巨、最繁重的任务仍然在农村。深化乡村精神文明建设,增强农民凝聚力向心力、提振农民精神气、培育乡村良好风尚是推动农村高质量发展的必然要求。打赢脱贫攻坚战、全面建成小康社会为乡村全面振兴打牢了物质基础,但农村精神文化生活的单一化、碎片化和娱乐化等现象表明,乡村急需思想引领、文化滋养和精神支撑;引导广大农民追求更有品质、更加文明的精神文化生活是乡村振兴面临的紧迫任务,是推动农民走向共同富裕亟待补齐的短板。新时代乡村文明建设存在的主要问题是基层党组织组织力不强,农村公共文化基础设施使用率低,农民主体意识薄弱,农村不良习俗仍存在。一是部分农村基层党组织出现了组织力"弱化"

---

① 国家统计局:《2022中国各省份人均GDP》,http://dta.stats.gov.cn/easyquery.htm? cn=C01。
② 国家统计局:《2022中国各省份人均GDP》,http://dta.stats.gov.cn/easyquery.htm? cn=C01。

的现象,这对于新时代背景下建设农村精神文明是一个重要挑战。二是许多农村基层党员队伍出现了"党员老龄化"现象,部分党员干部年纪偏大,难以掌握更多的新技能,无法在农村精神文明建设工作中使用新的方法与媒介。三是农村地区仍然存在着公共文化基础设施利用率低、管理不规范等问题,这给农村精神文明建设带来了一定困境。在多数农村地区,农民群众由于自身文化素质较低等原因,缺少参与公共事务的主动意识,在农村精神文明建设过程中缺乏内生动力。四是农民参与精神文明建设的积极性不够高。大多数农村处于"人口空心化"状态,留守在农村的大部分是老人和孩子,由于历史原因,多数农村地区在改革开放以前普遍存在着教育资源稀缺、教师资源匮乏等情况,虽然这种情况在改革开放后已经有所缓解,但大部分年长的村民文化素质较低,他们无法理解农村精神文明建设的价值和意义,更难意识到其自身对农村精神文明建设的义务和责任。认为精神文明建设是"有文化的人"干的事,与自己无关。五是在社会公德方面,部分农村地区功利主义、拜金主义盛行,邻里之间、亲戚之间关系淡漠,"功利化、世故化"现象较为严重,人与人之间缺乏信任与温暖。

(三)浙江共同富裕示范区案例分析与经验总结

建设共同富裕示范区是中央赋予浙江的重大使命。在推动高质量发展中促共富展形象,推动共同富裕示范区建设形成更多示范性经验。在推动共同富裕的道路上,浙江省共同富裕取得了丰富的成效。坚持突出重点,"三大差距"持续缩小。城乡差距、收入差距、区域差异伴随着政策的落地以及试点的推行逐渐缩小。聚焦民生所盼,发展成果全民共享。在教育、就业、医疗等基本保障领域,居民的幸福感逐渐增加。探索改革创新,特色试点示范引领。浙江省在产业协作发展、人才资源引进、居家养老中心、数字化乡村建设、构建志愿者组织网络体系等领域不断推陈出新,在破解城乡收入差距、提高农民收入、解决农村现实问题和矛盾等领域有了先行的经验。

浙江省温州市鹿城区和泰顺县,立足自身优势,创造平台搭建机制,创新产业协作机制,奏响共同富裕的新篇章。首先,创造平台搭建机制。鹿城区和泰顺县合力联建平台,着力发展飞地经济,创新跨区域"飞地"平台"三供三保"共建机制(即由泰顺县提供土地指标、资金投入、建设管理,鹿城区强化落地、招商、收益保障),联合打造鹿城–泰顺总部科创园,土地由鹿城区提供,由泰顺拍得并抽调专业技术人员负责项目建设管理;鹿城将土地出让金全额返还泰顺用于该项目建设,并对优秀企业高管和人才在住房保障、子女入学等方面给予倾斜照顾。通过以鹿城–泰顺总部科创园为平台,打造集总部办公、研发、展销、金融、商贸、产业孵化、互联网大数据等功能于一体的综合性"飞地"园区,更好地集聚人才、技术、资金、信息等要素资源。其次,创新产业协作机制。创新实施村集体抱团投资增收,目前已有218个村抱团投资鹿城–泰顺总部科创园项目。产业联动,着力蓄能山区发展,推进文旅业态创新和营销推广。两年来吸引游客1435万多人次,实现旅游综合产值94亿元。①鹿城区、泰顺县坚决执行"八八战略",将"山海协作"作为共同富裕的切入点,推动了高质量发展。浙江省温州市鹿城区和泰顺县实现共同富裕发展的主要经验:充分利用其区位优势,创新建设机制、拓展协作领域、优化投资环境,打造山海协作特色亮点。引进人才、资源,不断在产业、资源、要素上实现新的突破。鹿城区和泰顺县的山海协作工程,是新时代浙江省破解区域发展不平衡不充分问题、推动浙江省贫困县跨越式高质量发展的有效举措,也是浙江省推进共同富裕示范区建设的主要路径。

浙江省杭州市西湖区,打造"乡村康养"新模式,解决老龄化问题,迈向共同富裕新阶段。杭州市西湖区推出金色年华项目,是一个集居养、助养、护养和颐养等不同类型的养老方式于一体的大型综合养老机构。近年来,退休人员在浙江省西湖区,逐步形成了以杭州金色年华退休生活社区为发

---

① 浙江省发展和改革委员会官网,https://fzggw.zj.gov.cn/art/2021/3/24/art_1621010_58925127.html#:~:text。

展基地,"机构-社区-居家"三位一体、医养、康养、智养相结合的养老服务模式。随着农村养老矛盾的突出,成为限制中国新阶段实现共同富裕的重要因素。浙江省杭州市西湖区通过打造"金色年华"项目,把项目的基地选择重心从城市转向农村,选择浙江省杭州市富阳区的永昌镇作为乡村康养基地。永昌镇位于杭州市富阳区的西北部,距杭州市区60千米,当地环境优美、生态良好、特产丰富、民风淳朴,是得天独厚的康养胜地,金色年华的目标是将它打造成为"乡村康养"方式的样板,并通过长者的互动交流,带动乡村传统养老观念的转变。从2019年开始,金色年华与永昌镇紧密合作,采取"农业+康养+文化"的发展模式,实施"三变三替"战略,即打造资源变资产、资本变股本、农民变股民,"乡村"替农村、"乡业"(乡愁产业)替农业、"乡民"替农民的"乡村共同体",从而助力"共同富裕"目标的实现。金色年华聚焦"活力老人"群体,变传统的"圈养"为"散养",依托在养老、康养产业的品牌优势、客户资源、服务体系等,按照康养居住、康养农业、康养旅游"三位一体"的整体规划,全面引领"乡村康养"模式的打造。除此之外,金色年华还与永昌镇的"全国文明村"——唐昌村进行合作,按照康养居住、康养农业、康养旅游"三位一体"的思路合作开发,金色年华以现金方式出资(90%),唐昌村以资源加物业的方式入股(10%),唐昌村每年分红保底,确保集体增收。浙江省西湖区永昌镇唐昌村,已经逐步形成了新型的乡村旅居模式,并且带动了周边农村地区的旅游和经济的发展,成功打造了一个新型的"有乡愁、有辐射"的新农村。

　　浙江省杭州市西湖区促进共同富裕迈向新阶段的主要经验:选择区位优势和名声载誉的地区通力合作,改变农村"养儿防老"的传统养老理念。改变农民的传统理财方式,将定期储蓄为主转换为投资新兴产业。在立足农业发展的基础上,盘活资源,实现"土地有人耕种";通过引进资金流入村,搭建桥梁,实现了"房子有人居住";借助文创产品导入,品牌打造,实现了"文化有人传承"。浙江省西湖区永昌镇,已经逐步形成了"有乡愁、有主题、有停留、有辐射"的乡村旅居模式,并开始带动周边旅游和经济的发展。杭州市西湖区养老项目的新方式、新观念,正在打造一个全阶段的养老服务体系,助力乡村振兴和共同富裕目标的实现。

浙江省杭州市临安区昌化镇后营村,秉承高质量发展主题,依托科技力量成功引领了浙江省的数字化乡村建设,推动了高质量的乡村建设。杭州市临安区昌化镇后营村,主要依托该区数字乡村建设为引领打造未来乡村共同富裕试点行动计划的发展契机。数字乡村建设是"数字中国"的治理单元,也是接续共同富裕发展的新动能。以推动农村高质量发展为主题,以科技强农为促进共同富裕的引擎,数字乡村建设破解了传统土地、人力等资源闭环运转困局,而以数据、信息、技术持续创新着数字化应用。

浙江省杭州市临安区促进高质量发展前提下的共同富裕的主要做法:一是以产兴村,致富村民,通过提供数字化羊场养殖参观,烤全羊篝火晚会助力,田园风光休闲游运营等内容,提高产品销售、特色活动和住宿黏性,实现民宿业与羊产业的螺旋上升。二是搭建数字化数据信息网,临安区统建驾驶舱与"e治理"相结合的新模式。临安区通过推出"e治理"智慧社区模式,依托线上软件(App)与线下居民议事客厅为平台,社区工作人员和居民进行各类问题的反映、沟通、建议、评议,在线进行包括停车、垃圾分类、消防、噪音等小区事务的处理,拓宽居民的发声通道,提升居民参与及社区治理现代化、信息化、智能化水平。三是通过平台志愿者可以快速地进行社区的安全巡查,工作人员可以便捷地在线上处理村民上报反馈的信息和问题,可以将村民的违法违规现象共享至平台当中,实现村民之间的互相监督。四是打造服务生活设施数字化,打开手机,动动手指,就能轻松实现无纸化阅读、挂号、智慧停车、智慧乘坐公共交通、智慧旅游等。服务生活设施数字化,主要是软硬件基础设施的数字化建设,既满足了村民需求,同时也为游客提供了更高质量的服务。数字乡村建设是推动共同富裕的动力引擎。浙江省杭州市临安区昌化镇后营村推动高质量乡村建设,推进城乡一体化的主要经验:做大"蛋糕",以农业增收、产业转型为内容的数字化生产推进农民的创收增收。共享"蛋糕",数字化赋能乡村治理新模式,在做大"蛋糕"的前提下,为数字乡村富裕共同体提供了红利共享的"资金池"。

浙江省海宁县丁桥镇,开创党建引领乡村振兴的新局面,谱写农村精神文明建设的新画卷。浙江省海宁县丁桥镇通过党建引领,实现了基层治理模式推陈出新。丁桥镇诸桥村党委建立了"一网情深"的治理模式,精准解决基层的困难和问题。基层党员干部不断创新工作方法,密切联系群众,深入群众当中,知晓群众的真实需求,根据农民群众的意见和需求开展相关活动,使农村精神文明创建活动取得更为明显的成效。丁桥镇在农村精神文明建设中,充分展现了农村基层党组织的先进性,发挥了党员的模范作用,保证了农村党员队伍的质量。针对农村基层党组织部分党员干部"四个意识"不强、缺乏政治担当、文化素质较低的现状,通过集中培训、开展主题教育等方式提高了其整体素质。深化教育促进党员队伍能力提升。满足基层党组织和党员干部的实际工作需求,根据不同村社的实际情况和干部特点,量身定制培训"菜单",将继续教育同工作实践结合,让党员在学思践悟中提升自我。丁桥镇通过党建赋能美丽乡村,发挥党员"火车头"作用,带动全民参与人居环境整治提升等基础工程。

浙江省海宁县丁桥镇促进共同富裕迈向新阶段的主要经验:一是充分发挥党建引领乡村振兴,建设基层组织体系。选拔牢固树立"四个意识"、坚决做到"两个维护"的优秀党员干部,为乡村振兴提供强有力、精而优的骨干队伍,真正发挥战斗堡垒的政治引领作用。增强农村基层组织的创造力、凝聚力、战斗力,发挥了党组织在乡村振兴中的政治引领功能。二是不断优化组织资源下沉,强化乡村振兴队伍建设,让真正爱护群众的骨干力量充实到乡村振兴最前沿。

浙江省温州市平阳县建设德治与法治相融合的治理体系,化解农村的矛盾纠纷,进一步培养乡村新风,形成民事、民议、民办、民管的新格局。全面构建志愿者组织网络体系,丰富精神文明建设。浙江省温州市平阳县致力于打造志愿服务全域网络,组建了"3+1"志愿服务工作机构,开发了"平阳志愿者服务云平台"。高标准打造党建宣传氛围,建设功德榜表彰好人好事、功德簿记录先进典型,一个大喇叭宣传正能量,一个视频展现新变化,吹响跟党走的号角号。用多种宣传党建方式,让农民对党建耳濡目染。推动志愿服务更加精准便捷,服务项目"点单化"、服务运行"流程化"、服务方式"多元化"。通过实施完善志愿服务长效机制,对参与志愿服务的志愿者实施积分激励、消费激励和专项激励等措施,不断提升群众参与志愿服务的积极性。在乡村振兴的前提下,带动了农村乡村文明的发展。提高农村基层群众的整体素质,需要先进模范和先进典型发挥作用。

浙江省温州市平阳县促进共同富裕迈向新阶段的主要经验:一是实行乡村善治,号召广大群众参与,采取线上线下交流方式,同时创新党建联合体,有效打通乡村治理的难点。二是强化德治的柔性约束,加强农村精神文明建设,为新时代乡村全面振兴提供春风化雨的文化支撑。弘扬社会主义核心价值观,在乡村形成积极向善、普遍认同的价值标杆和道德准则;弘扬中华传统美德,宣传良好向上家风,传播淳朴和谐乡风,形成崇德向善、公平和谐的乡村新风尚。以德治重塑乡风民俗,推进乡村善治。

结合以上对浙江共同富裕示范区几个案例的分析,我们可以对其成功经验进行总结。为确保到2035年全体人民共同富裕取得更为明显的实质性进展,首先靠坚持中国共产党的领导,坚持中国特色社会主义道路,这是共同富裕的根本保证。

其次,要充分发挥体制机制优势,不断完善社会主义市场经济体制,推动以公有制为主体的多种所有制经济共同发展。坚持按劳分配为主体、多种分配方式并存。在鼓励劳动致富的同时还应按各种要素,包括知识、技术、人才、资金等进行分配,提高劳动者收入,激发劳动者创造性和积极性,让一切创造社会财富的源泉充分涌流。

　　再次，重点解决区域发展不平衡问题，在经济不发达的农村地区重点深入推进乡村振兴，在坚持发展农业的基础上，要做到第一二三产业的深度融合，打造第一产业、第二产业和第三产业之间融合发展的新业态。在推动乡村产业振兴的进程中，大力发展数字经济，做好农业产业化。在农村产业的各个环节，做到智能设计、智能制造，多样化的服务相统一。充分发挥科技力量，将传统的农林牧渔业转变为技术密集型产业，缩小行业之间以及产业之间的发展差距。利用数字经济，实现信息链、技术链、资金链的高度融合，吸引更多的资金、人才资金的集聚，吸引更多的创新创业的主体，营造良好的创业环境、创造更多的社会财富。推动乡村的产业振兴，更重要的是进一步发挥农村的特色产业优势，加快农村的现代化产业建设，走新型农业化道路。坚持具体问题具体分析，从当地的实际情况出发，制定合理的发展规划，通过招商引资和人才引进发展当地的特色农业。另外，注重运用区位优势，重点解决农村突出的矛盾和问题。人口结构失衡不仅是城市人口的问题，而且也是农村人口面临的重大问题。老年人口数量的增加，对于国家和社会来说是一种负担。虽然我国人口规模巨大，但如果老年人口占比较大，也很难发挥出人口的力量。通过解决老龄人口的养老问题，将农村打造成集康养居住、康养农业、康养旅游"三位一体"的新型康养乡村。既解决了农村人口的老龄化问题，又促进了农村人口人均可支配收入的增加，缓解了农村和城市之间发展不平衡的矛盾，推进了城乡一体化建设。不断完善农村的社会保障、社会福利等制度，对扎实推进新农村建设、全面构建和谐社会具有极为重要的意义。除此，坚持推动可持续发展，注重绿色发展，改变农村的生存环境。推进生态修复工作，建设更加绿色、低碳的农村生态环境。实现绿色发展，不仅要在农村的居住环境上下功夫，更要在实现产业振兴的过程当中发展绿色产业。发展绿色农业，在生产实践的过程当中，不断改善人与自然的关系，发挥农业的价值。促进农业的可持续发展，培育更加优良的、品质高的农产品品种，完善农田的配套设施，建设农村特色产业，形成自有品牌,深化农产品的质量监管,提供绿色的农产品。

最后,发挥党建引领的新模式,在党建引领下,使得农村的基层治理、产业升级、民生福祉等方面工作相继实现新突破。通过党建的引领既要实现产业的新升级、实现产业结构的调整,为疏通产业带富创新路径;同时也要以描绘美丽乡村、未来乡村的"大蓝图"为目标,练就广大党员在共富实践中提升自我的新本领,让党建引领农村的高质量发展。充分发挥"德治"的作用,弘扬社会主义核心价值观,形成良好的社会风尚,促进乡村精神文化展现出更多的凝聚力和创造力。

三、新时代新征程促进全体人民共同富裕面临的难题

(一)经济发展基础:实现共同富裕的现代化基础和动力有待增强

实现共同富裕从中国式现代化发展的道路上来看,是一个远大而艰巨的目标。客观地说,改革开放以来,我们在探索共同富裕的道路上,"富裕"的任务完成较好,"共同"的任务的完成还有待加强。需要强调的是,尽管探索"富裕"的任务完成较好,但"富裕"仍是未完成的使命。比如,我们从纵向角度与自身作比较。中国是世界第二大经济体,2019年我国的人均国民总收入达到了1.04万美元,比1978年改革开放之初的人均国民收入水平已经有了显著的提升。但从横向角度与世界上其他国家作比较,发达国家的平均人均国民收入达到了4.6万美元,是中国的4倍多。2020年,我国人均国民总收入达到1.05万美元,高于世界银行划分的中等偏上收入经济体的9387美元,但仍低于世界平均的1.1万美元,更大幅低于高收入经济体的4.4万美

元。即使到2035年我国人均国民总收入比2020年翻一番,达到2.1万美元,达到"中等发达国家水平",也可能不及高收入经济体的一半。因此,在推进共同富裕的过程中,一方面"共同"固然是重要任务,另一方面"富裕"也不可忽视。也就是说,我们不仅要强调分好"蛋糕",同时仍要继续做大"蛋糕"。为此,中国经济要想实现共同富裕还需在经济发展的基础上持续发力,继续把"蛋糕"做大。做大"蛋糕",是"分好"蛋糕的前提,要想分好"蛋糕","做大"蛋糕依旧是中国经济发展的首要任务,需要做到促进经济的高质量发展。面临世界经济下行时期如何促进高质量发展,增强实现共同富裕的现代化基础,关乎中国经济发展的可持续性。继续做大"蛋糕"是一方面,继续促进消费又是一方面。高质量发展的实现要求经济发展转型的完成,而在国际国内经济下行的环境下,经济转型会经历一个较长时间的阵痛期,将会面临外贸出口弱增长、投资增长面临难题、消费促增长短期难有较大作为等难题。中国的社会消费要有更大作为,必须触动结构和体制机制,基本的问题是分配结构的改进。未来扩大社会消费最雄厚的基础,是中等收入和中低收入阶层的购买力,要大力提高这些社会人群的购买力,就必须大力提高他们的财富水平。在这样一个较长的时期内,高质量发展如何实现,经济如何保持平稳有效增长,将直接关系共同富裕的推进进度、质量及其可持续性,这是亟须在理论和实践上继续探索的关键性问题。中国经济发展在世界经济全球化的基础之上,要不断迎接新的挑战和困境。巩固实现共同富裕的现代化基础,继续探索"富裕"的道路以及"共同"的方法,继续增强消费促进经济发展的能力和水平。

实现共同富裕的动力有待增强。劳动力是促进经济高质量发展的原始动力,劳动力对经济增长的贡献率是不可忽略的。"十四五"期间,中国劳动力的供需呈现不平衡状况,由于目前的经济发展前景,中国未来劳动力供需缺口还将持续扩大。长此以往,我国劳动力将出现供小于求,劳动力供给面临着潜在短缺风险。据数据显示,中国当今社会的生育率越来越低,这必然也会导致劳动数量的下降,同时也会加大劳动力供小于求的问题。与此同时,数据显示,中国当前的高等教育受教育人数呈现不断正增长趋势,这也就意味着年轻群体步入劳动力市场的年龄延后,不利于劳动力市场的发展。伴随着劳动力市场中劳动人数的减少,以及年轻群体步入劳动力市场的年龄增大,企业的用工成本就会增加,这些因素都制约了制造业的进一步发展和转型升级。改革开放以来,由于中国巨大的人口优势,中国充足的劳动力市场为低端制造业的发展提供了有利条件。但由于中国新生儿的出生率降低和老龄人口退出中国市场的年龄增大,劳动力成本不断增加等原因,导致中国"人口红利"的优势正在消失。人口老龄化带来的最大的问题就是适龄劳动力人口的减少和劳动力价格的提升,失能和半失能人口比例增长迅速,政府及居民养老、医疗、住房等压力大增,还会加剧系统性金融风险甚至诱发金融危机。未富先老、老而不康、城乡同老等问题都会对经济发展提出严重挑战。新时代,进一步推进质量、效能和动力改革,将经济高速发展的模式转变为高质量发展模式,而创新无疑为高质量发展提供了巨大的潜能。

实现共同富裕,重点解决中国经济发展动力转换问题。中国从2001年加入世界贸易组织,中国对外贸的依存度逐渐提高。中国经济的快速腾飞主要依靠政府投资、吸引外资和出口外需来拉动经济,而不是内生型的依靠技术进步和市场配置投资与需求来实现经济增长,因此转变经济结构和经济增长方式,显得尤为迫切和重要。新时代,创新成为推动经济发展模式转变的新动力。创新是一个民族进步的灵魂,是一个国家兴旺发达的不竭动力。在理论创新方面,我国原始创新能力不强,自主提出科学问题和有效解决实际产业问题的能力较弱。研发课题、技术路线往往跟踪国际热点前沿,较少自主提出科学思想、研究方向和技术路线,在创新的源头上失去了先机。在科技创新方面,中国科技走向了世界,中国科技展现了中国实力。改革开放以来,中国的高科技水平逐渐提升,中国的载人航天技术、海底深潜、探月工程、量子通讯等展现了中国科技发展的实力。然而我们也必须清醒认识到,我国中高端科技供给能力仍旧与发达国家存在明显差距,应完善科技创新体制,奋力突围"卡脖子"难题。过去,我们经济发展主要依靠人口红利,在当今全球化的背景下,必须提升科技创新实力,科技领先是中国走向全球大国强国行业的必备条件。而目前我国的中高端科技研发占比仍然较少,我国大部分企业的研发投入仅在10%左右,比如芯片产业,我国芯片专利申请量位居世界前列,然而2019年我国芯片自给率却仅为30%左右,高端芯片严重依赖进口,芯片产业严重制约着中国经济的发展。实现共同富裕必须坚持通过科技创新提高生产率,促使企业从价格竞争向价值竞争转型,从而打造高附加值就业机会,扩大中等收入群体,为共同富裕铸就灵魂。在制度创新方面,自主创新是强国之道,而制度创新是自主创新的保证,是推动技术进步最强劲的动力。没有政府职能的转变,没有政府创造的良好的政策社会环境,国家的创新体系建设就没有基础。而当前我国科技创新体系建设尚不完善,企业的创新主体地位远没有形成。各级地方政府长期以来倾向于产业发展规模的扩张,缺乏对核心技术进行相关的规划和保护,创新资源难以有效配置,部门之间协同性差。正是由于我国的理论创新、科技创新、制度创新仍存在短板,导致我国自主创新能力不强,距离2030年跻身创新型国家前列和2050年建成世界科技创新强国、成为世界主要科学中心和创新高地的目标,存在较大差距。

(二)社会关系结构:社会发展不平衡不充分造成多元利益间的张力不足

社会主要矛盾是对不同历史时期发展现实的概括性反映,因此解决社会主要矛盾必须回归现实,回到特定的历史时期。解决这些矛盾问题并非一朝一夕所能完成,需要经历一个漫长的时期。旧问题解决的同时也伴随着新问题的不断产生,这是一个不断循环的过程,社会发展问题不可能完全消除,不同的历史时期总有属于它的发展问题,无论是任何社会发展中问题的出现和最终解决，还是社会发展中新旧问题的更替变换，都具有一个逐渐积累、逐渐化解的过程。改革开放以后，我国的社会关系结构发生了翻天覆地的变化。新的社会阶层不断产生，原有的社会阶层发生了变化。城乡人口结构发生了根本改变，居民生产和生活方式迎来巨大改变，职业结构发生了变迁。值得注意的是，社会结构的变革也带来了一系列的挑战和考验。例如，社会发展不平衡不充分造成多元利益间的张力不足。社会财富分布不均衡，产生了权贵阶层固化、城乡二元化的存在阻碍了城乡一体化发展、不同区域和领域发展不平衡现象，从根本上消除面临严重的困难、产业之间不平衡问题，正在导致更多的不平衡问题。

社会发展不平衡不充分造成多元利益间的张力不足，主要表现在：第一，由于社会财富分布的不平衡，产生了权贵阶层固化。社会的中下层及年轻一代失去对未来的希望，于是"躺平""佛系"文化越来越多地出现在社会各行各业中，就连部分官员也普遍出现怠政、懒政和躺平现象。由于现代的年轻人面临着经济上的压力、学业上的压力、就业及社会压力，例如高房价、就业难等，这些困难与挑战使得一些年轻人无法正面解决问题，年轻人向上流通的机遇变小，年轻人的工作、生活无法实现进一步的跃升。在困难面前，年轻人感到无助和沮丧，最终选择"躺平"以回避压力。这些群体采取消极自慰、自嘲、自我禁欲的方式，来压抑欲望，对花花世界"视若无睹"。所以"低欲望躺平主义"其实是一种群体性社会焦虑对于外界社会的反映，反映了年轻人"内卷"后、努力后的失败感和挫败感。由于教育体制高度重视分数和竞争，忽视了个人的全面发展和充实。这就导致一些年轻人在面对竞争激烈的环境时，感觉自己没有竞争力，选择"躺平"。收入差距大，教育的不公平，导致"躺平""佛系"人员产生。如果勤劳无法产生归属于自己的财富，勤劳与财富流失呈反相关关系，越勤劳的人被剥削的程度越深，那么人们劳动的热情就会减退。防止社会阶层固化，畅通向上流动通道，给更多劳动者创造致富机会，形成人人参与的发展环境，才能避免"内卷""躺平"。

第二，我国城乡二元化的现实存在是城镇与乡村之间发展不平衡的关键问题。城乡之间差距加大导致了乡村人口逐渐减少、土地闲置率高、基础设施不完善、医疗卫生不健全等问题。这些年来，我们不断缩小城乡差距、推动城乡一体化发展，特别是乡村振兴战略的提出，有效缩小了城乡差距，尤其是城乡居民收入差距的缩小，但城乡二元体制依然存在。首先是市场经济体制的二元化，农村有商品市场，但没有土地市场、住房市场；农村的耕地、住宅地、住房、林地、林木等财产权不可自由交易，无法货币化、资本化。农村资源配置效率、使用效率偏低，在农村积累的财产不能随着国民经济发展而增值，农民也难以享受经济增长的增值红利。这种市场经济体制的二元现象在现实中是普遍存在的。但城市与农村之间的矛盾，并非一朝一夕就能改变。其次是社会身份体制的二元。农民作为劳动力和生产要素，有外出打工的自由，但作为社会成员因受到诸多体制的约束而没有家庭迁徙的自由。在城市工作生活的务工人员不能享受同城平等的就业待遇，他们的家庭在子女上学、老人养老、保障房等方面都不能享受同城平等待遇。再者，伴随着越来越多的农民跃升为新市民群体，仍与老市民群体的基本权益存在差距，这种社会身份的差异限制了农民家庭的人力资本积累和使用。比如，在教育方面，由于流动受限而制约了人力资本的形成。改革开放四十多年以来，农村进城务工人员作为生产要素和劳动力，通过外出务工有效提升了技能水平。但作为社会成员如何更好地实现自由流动和享受同城平等待遇，将是下一步结构性改革的重大课题。再比如，在户籍制度方面，由于在城市与农村当中仍旧存在着农村和城市两种户籍，并且农村人口在流向城市过程当中，还受到了阻碍。新时代，实行乡村振兴政策不平衡的现象得以缓解，但由于城市和农村当中资源的不平衡现象是从改革开放以来积攒的矛盾，所以仍需付出更大努力达到共同富裕。

第三，区域结构发展不平衡，且从根本上予以消除面临着重要困难。不同区域之间发展不平衡问题，导致区域结构升级面临困难。主要表现在：一是东部地区和西部地区资源分配不平衡。相关的配套政策、大量的资源补给集中在东部地区,使得东部地区发展迅速,生产力水平和生产社会化程度大幅提升。而西部地区,由于地理位置、时间限制,导致西部地区的发展受历史和现实影响因素较深。例如,西部地区住房保障、教育、医疗卫生在财政支出中占比不高,且支出水平较低,相对贫困人口占比高、规模大,导致教育、医疗、养老等基本公共服务能力和水平较低。教育落后居民受教育程度低,医疗卫生条件有限,养老、失业等社会保障不足。社会成员就业致富和抵御社会风险的能力较弱,不利于促进人的全面发展,从根本上消除不合理差别的难度较大。二是东北等老工业基地振兴比较困难。党的十八大以来,针对东北的经济发展形势和人口流失状况,党中央制定了较为全面的振兴政策。但由于经济体制的改革不全面,一些企业的发展受阻。主要原因在于,一方面,东北地区集聚着中国的大量国有企业,对国有企业的改革牵一发而动全身。既涉及国有企业组织结构的改革,更涉及管理体制的改革。对于企业自身来说,实行改革,需要突破现有的利益格局,一些既得利益者不愿让自身的利益被削弱,改革便遇到了阻力。对于国有企业职工来说,国有企业改革的变动,会影响到自身的岗位是否能够继续保留、社会保险是否会继续缴纳。这些关乎国企职工的个人发展,以及东北地区国有企业的改革。这些难题一时半会难以解决,需要政策的完善和政府的引导。另一方面,东北振兴比较困难的原因还在于,东北地区的营商环境相对较差。东北地区受计划经济体制的影响,营商环境沉浸于政府主导。市场经济的快速发展,要求市场的营商环境主动转换为以市场为主,营商环境为市场和企业服务。东北地方政府的观念大多处于计划经济时代,所以导致市场在运行当中遇到困难。所以要改变目前东北的经济发展缓慢的局面,实现东北振兴,首先必须改变东北的营商环境,为企业创造一个良好的发展环境才能吸引更多的企业前来投资。企业的发展速度,关系到人才的引进和流失问题。由于经济发展速度较慢,所以人才的流失率较高,人才的流失又导致经济发展缓慢,东北振兴面临人才和经济发展的恶性循环。除此之外,东北地区由于人才吸引力不足,更多的人才选择到沿海地区发展。在这样的形势下,缺乏人才的创新创造,导致经济发展新动力创新力不足,缺乏改革的土壤,东北振兴陷入人才缺失的发展困境当中。

第四,产业结构发展不平衡问题,正在导致更多的不平衡问题。进入21世纪以来,我国实体经济的生存发展面临着前所未有的挑战,这是因为虚拟经济当中的金融业和房地产业经历了飞速的成长。2011年之后的一段时期,我国的实体经济占比逐年下降,但金融业的占比却保持在持续增长的态势,甚至一度赶超绝大多数西方发达国家的平均水平。尽管在之后我国的金融业占比摆脱了持续增长的态势,但这个占比仍然处于较高的历史定位。一个国家或地区的金融业占比过高未必是乐观的,这说明金融业对本国本地区实体经济的发展产生了猛烈甚至带有毁灭性的冲击。2016年在我国的五百强企业中,有245家企业属于制造业,占比接近50%,但随便拿出两三家最盈利的银行所赚取的利润总和,就已经达到了占比近一半的245家企业所产生的利润总和。这种"不健康"的发展态势会导致我们国家的总体经济发展脱离实际,从而走向虚拟。

金融行业的比重上升,与此形成鲜明对比的是制造业的比重下降。制造业的增加值面临着从2012年以后呈现较快下降的趋势。制造业在部分地区甚至出现"空心化"现象。我国制造业的结构升级和比重上升面临严重考验。制造业从业人员下降现象亟待解决。东部、中部、西部面临着结构升级的压力,制造业的从业人员规模和比重大幅减少。东部、中部、西部地区制造业从业人员减少也存在不平衡特征。有些省份经济发展稳定,制造业下降比重符合正常的经济运行规律。但同时也有部分地区出现制造业下降速度不符合本地区经济运行规律的现象。例如黑龙江、天津、辽宁、吉林、内蒙古、上海等省份,制造业下降比例过大。东北地区的某些省份出现了制造业"空心化"现象。山东、广东等地制造业从业人员规模大幅度减少。制造业从业规模和比重的下降会抑制社会的消费需求。随着越来越多地方出现制造业"空心化"现象,新的老工业城市将会诞生并成为"问题区域",使得我国区域协调发展难度增大。制造业比重的大规模下降,同时会导致"去工业化"现象的出现。有些省份制造业比重下降幅度过大,并且人均国内生产总值低于全国平均水平,如果过早过快"去工业化"势头没有尽快得到遏制和扭转,那么今后将可能陷入"低增长、低效率、低收入、低投入"的恶性循环。并且如果一个地区发生了过早过快的"去工业化"现象,那么当地大量企业减产、停产甚至破产,且制造能力明显下降极有可能演变为一场空前的社会危机,失业率急速上升,社会稳定遭受严重威胁。

(三)制度运行:由"鼓励先富"向"先富带后富"的制度系统转换

改革开放以后,"鼓励先富"的制度运行,使得一部分人先富了起来。但先富是否愿意带动后富,以及先富能否带动后富实现共同富裕,这意味着由"鼓励先富"向"先富带后富"的制度系统转换成为新时代值得探讨的新话题。面临居民先富群体和后富群体之间收入与财富差距悬殊、收入与财富的代际传递等挑战。收入与财富差距悬殊意味着后富与先富差距较大,后富要追赶先富难度较大;收入与财富的代际传递意味着先富群体更愿意财富的纵向传递,而不愿意财富的横向转移,容易导致阶层固化。

1.先富群体与后富群体财富差距悬殊

从基尼系数来看,2012年我国居民即先富群体与后富群体的基尼系数,达到了0.73。而在2002年我国居民的财富基尼系数为0.55。并且据数据统计,2003以来,中国居民的基尼系数一直维持在国际水平的警戒线附近,达到0.4左右。这些数据反映了,施行"鼓励先富"面临着收入差距悬殊的问题,而这不符合社会主义的本质要求。这些问题表现在:

一是后富群体在追赶先富群体的过程当中,面临着障碍难以跨越、跨越难度大等问题。不同行业的就业群体不同,先富群体从事中高端行业,例如金融业、信息技术产业、高端医疗设计行业、建筑设计师等。而后富群体从事着低端制造业、底层建筑工人、环卫工人等行业。不同的行业就职,带来不同的收入差额,先富群体和后富群体的行业发展进一步影响了他们的收入差距。政府需要干预实施先富带动后富机制,实现"鼓励先富"到"先富"带动"后富"的制度性转化。二是区域发展差距导致先富群体和后富群体在享用公共服务方面存在着严重不平衡。改革开放之初,为了更好地促进经济各要素的增长,在收入分配上以效率优先、让一部分先富起来为基本导向。这也意味着,先富群体在户籍制度、社保制度等方面占据了优势。例如东部地区集聚着大量的先富群体,他们在教育资源、医疗资源、公共基础设施方面享用更多更优质的资源。而西部地区由于地理原因和历史原因,在建设公共基础设施和享用公共基础设施层面存在着困难。值得注意的是,先富群体与后富群体财富差距悬殊,导致社会不稳定性因素增多。收入分配差距过大,容易加剧社会矛盾,引发社会不稳定,危及经济可持续发展。对社会稳定、经济可持续发展及和谐社会的实现产生不利影响。如上所述,伴随着适龄劳动力的减少,中国人口红利减弱,劳动力的稀缺成为常态。所以提升劳动的话语权,提高劳动在国民收入分配中的份额,适当抑制资本,在收入分配上更重视公平、分好蛋糕、共同富裕,要"反垄断和防止资本无序扩张""把逐步实现全体人民共同富裕摆在更加重要的位置上""先富带后富帮后富""合理调节过高收入,鼓励高收入人群和企业更多回报社会""推动更多低收入人群迈入中等收入行列",成为缓和"先富"群体与"后富"群体财富差距的关键因素。

2.先富群体与后富群体代际传递

先富群体更愿意财富的纵向代际传递,而不愿意横向转移,这就会导致先富群体与后富群体之间出现较强的代际收入传递。例如,在人力资本方面,先富群体可以为其子女提供较好的人力资本投资,增加子女的人力资本水平,进而获取较高收入;在社会资本方面,先富群体较多的财富可以转化为较强的社会关系网,进而使其子女在就业与创业方面具有更多的机会,获取更多的收入;在财富资本方面,由于我国尚未全面征收财产税与遗产税,财富的代际传递成本很小。据数据统计,父代与子代处于同一阶层的概率较高,特别是父代为低收入阶层子代亦为低收入阶层的概率高达0.38,父代为高收入阶层子代亦为高收入阶层的概率高达0.39。这表明父代阶层对子代阶层具有重要影响,我国具有阶层固化的倾向,而阶层固化对先富群体带动后富群体实现共同富裕构成了挑战。对于来自农村和非城市户口的人群即后富群体,他们在经济地位上和社会地位上都处于弱势,另外由于缺乏一定的机遇,很难实现由下而上的流动。脱贫攻坚以来,国家已经解决了9899万贫困人口的贫困问题,但同时也要看到相对于经济发展速度快的地区还存在着差距。一些相对贫困地区代际传递现象较突出,一方面是由于政府投入不足、经济滞后、交通不便、信息闭塞等问题存在,教育水平和质量存在很大提升空间。另一方面,这些地区师资极度缺乏,教师待遇普遍偏低。长期以来,由于待遇低、条件差、上升通道狭窄,农村教师数量不足,优秀教师流不进来,学校成为"孤岛",教育不发展,贫困观念就难根本改变。伴随着国家政策的调整,对于乡村支教的教师关注程度提高,教师待遇也进行了适当调整,但同时农村和城镇的发展还存在一定差距,乡村教师的待遇上升空间较低。除教育之外,还应看到制度可以阻断社会财富不合理传递。政策、制度更多在就业、升职等诸多方面的不断完善刻不容缓,为贫困人口改变命运提供公平保障,打通自下而上的流通渠道。

(四)文化基础:支撑共同富裕的精神文明建设不足

在中国式现代化进程中推进共同富裕,不断深化精神文明建设的有益成果是必不可少的重要环节。中国式现代化是物质文明和精神文明相协调的现代化,精神文明的缺失会导致文化产业和文化事业的发展不均衡。然而我国文化事业与文化产业发展相对于发达国家来说处于较发达的状态。现代化国家的精神文明状态与现代化的经济发展水平不相匹配、人民对于当前的文化产业和文化事业处于不满足状态、人民迫切需要发展更加多样化的文化事业与文化产业。新发展阶段下中国精神文明建设还存在精神富裕的价值内涵缺失、公共文化服务水平发展不平衡、部分年轻群体奋斗精神缺失等问题,实现人民精神文化生活共同富裕依旧任重道远。

1.精神领域共同富裕的价值内涵缺失

什么是精神领域的共同富裕,它的内涵是什么,在学界和社会实践领域都有待挖掘。在当前社会的经济运行影响之下,由于市场经济规则不够完善,社会治理体系不够健全,我国社会道德领域仍存在问题。在物质条件相对薄弱的地区,由于物质基础客观因素和人民受教育程度的主观因素影响,一部分人存在理想信念严重缺失、精神生活空虚等问题。这些现象表明我国道德领域失范,诚信缺失问题较为突出。违背文明行为准则、违反公序良俗,甚至伤害国家尊严及民族感情的社会事件时有发生。随着经济社会深刻变革,互联网技术和新媒体产业快速发展,各种思想文化之间的交流也更为频繁,网络精神文明建设也面临严峻挑战。网络谣言、网络诈骗、网络色情等精神文明问题在互联网领域尤为突出。在社会舆论方面,尽管各个利益集团、各个职业群体、各个年龄群体,对共同富裕有着不同的见解,但是主流媒体应该加强舆论引导,澄清各种模糊认识,确定共同富裕的基本价值共识,减少各种非理性的、情绪性言论的干扰。

共同富裕的内涵是丰富的,它不只是群体之间贫富两极的共同富裕,它还包括地区之间、城乡之间、全体社会成员之间的共同富裕。共同富裕的内涵是广阔的,物质富裕也不只是可以获得高昂的收入、较多的财富,还有获得更多的教育机会、医疗资源、就业机会、健康保障、住房福利等。伴随着社会的进步和发展,人们对富裕的认识也有了新的理解,新时代的富裕观并不追求豪宅名车、珠光宝气、美酒佳肴这些外在的标识,而是在财务相对自由的基础上追求普通的生活、新颖的思想、健康的情趣、自律的品德、怜悯的情怀等内在的体验。共同富裕的内涵是深入的,物质生活富裕与精神生活富裕并不一定是等价的,物质生活贫困未必精神生活也相应贫困,物质生活富裕未必精神生活也相应富裕,现实生活中二者的反差是经常存在的。党中央提出,人民群众物质生活和精神生活的双重富裕,正是要尽力消除这二者之间的不平衡、不对等状况,逐步让更多的人民群众物质生活和精神生活都富裕起来。

　　对于贫困的定义更是进一步理解精神领域共同富裕的窗口。贫困的定义是一个从狭义向广义不断扩展的过程。早期的贫困定义将视野局限于物质生活,强调物质和收入的绝对数量;而新近的贫困定义则把个人能力、社会公平、文化教育也纳入其中,更倾向于运用相对指标来度量贫困。习近平从精神方面拓展了贫困的内涵,他在《摆脱贫困》一书中指出:"'摆脱贫困',其意义首先在于摆脱意识和思路的'贫困',只有首先'摆脱'了我们头脑中的'贫困',才能使我们所主管的区域'摆脱贫困',才能使我们整个国家和民族'摆脱贫困',走上繁荣富裕之路。"①当前,人民群众对美好生活的向往更加强烈,要求也不断提高。要想促进人民精神生活共同富裕,就要不断深挖共同富裕的价值内涵,满足人民群众多层次、宽领域的精神文化需求。人民的精神需要是实现人民精神生活共同富裕的内在动力。人民作为一个整体性概念,不是少数人,而是全体人民,实现人民精神生活共同富裕意味着要实现全体人民精神生活共同富裕。人民对精神需要的满足是无限的、丰富的、广泛的,不同国家、不同群体、不同阶层的人民对精神需要的具体要求也不同,因此推进人民精神生活共同富裕的实现必须满足多样化、多层次、多方面的精神需要,特别是要满足人民的知识需要、心理健康需要、文化和美的需要、道德情感需要、理想信念需要、信仰需要等。

---

① 习近平:《摆脱贫困》,福建人民出版社,1992年,第160页。

2.公共文化服务水平发展不平衡

人民物质生活共同富裕是人民精神生活共同富裕的基础,同时人民物质生活共同富裕为人民精神生活共同富裕的实现提供了良好的物质条件。例如,人民物质生活共同富裕为人民精神生活共同富裕的实现提供了闲暇时间,人民只有具备一定的闲暇时间,才有机会去选择、追求、创造、共享精神文化资源来满足自身的精神文化需求。人民物质生活共同富裕的实现程度制约着人民精神生活共同富裕的实现。人民精神生活共同富裕的实现程度与当下我国所处生产力发展水平密切相关,人们所达到的生产力的总和同时决定着社会状况。当前,实现人民精神生活共同富裕必须清醒地认识到我国发展不平衡不充分以及城乡区域发展和收入分配差距较大的事实,这也就意味着实现人民精神生活共同富裕必须分阶段、分目标,把握动态发展、循序渐进的原则。

地级市和县域级别的城市公共文化服务水平发展不平衡,县域级别的城市要不断升级才能迈向地级市的公共文化服务水平。随着时代的进步和实践的发展,文化发展程度早已成为衡量人民幸福指数的重要尺度,公共文化事业和文化产业的发展程度成为提高人民生活质量的重要因素。然而我国公共文化服务供给和需求之间还存在较为突出的结构性矛盾。首先,公共文化事业的供给能力尚有不足,新型城镇化推进过程中形成的新的居民区的配套公共文化设施还不够完善。县域之间的公共文化设施联动发展不足,县域内的公共文化资源仍需要进一步整合。基层特别是农村公共文化事业形式单一,公众参与度低。由于当前不少地区公共文化服务标准和服务目录中缺乏彰显地方特色的内容和项目,不能充分发挥本地特色文化资源的带动作用,影响了群众参与的积极性,使得不少地区的基层群众在公共文化服务体系建设中仍是传统意义上的被动接受者,无法主动参与到公共文化服务体系的建设中。其次,文化产品无法满足人民高品质、多样化的文化需求。随着物质财富的不断积累,人民对于文化消费的升级与高品质文化产业供给不足的矛盾也日益凸显。文化产业与科技、旅游等相关领域的融合发展仍需要进一步拓展。再次，文化产品的供给结构不平衡。在农村伴随着乡村振兴的逐渐推进，乡村的基础设施建设，例如乡村的道路硬化、健身广场、饮水设施和水利设施逐渐健全，甚至一些地方出现基础设施供给过剩的现象。但是涉及满足精神文化需求的公共精神文化产品短缺。例如，法律援助、技能培训、继续教育等公共产品的供给不足。最后，公共文化产品的供给精准度不高。不同社会成员对公共文化产品的供给精准度不够高，调研机制不健全，加之政府职能限制，政府在提供公共文化产品时存在心有余而力不足的问题。社会组织在提供公共文化产品时存在由于信息的差异导致出现需求不匹配或者需求错位等问题。

东部地区和西部地区之间公共文化服务水平发展不平衡，受教育程度和教育资源有待进一步缩小差距。东部地区和西部地区的受教育程度不同，文化事业和文化产业发展的速度不一。东部地区集聚着优质的教学资源和师资力量，东部地区的教育速度发展要远快于西部地区。西部地区各省份居民受教育程度大部分低于全国平均水平，人均教育文化娱乐支出在消费支出中占比不高，这说明西部地区文化建设较为落后，与全国平均水平存在较大差距。整体来看，西部地区精神文化生活层次有待提高，促进经济社会发展所需的精神凝聚力有待增强。

3.奋斗精神的缺失

奋斗是中国共产党能够百余年风华正茂的关键因素。习近平特别注重青少年的奋斗精神，在多次讲话当中提到青少年要持续不断地奋斗，为实现中华民族的伟大复兴梦做出自己的贡献。

随着网络信息技术的飞速发展，新媒体的普及使得青春年少的大学生踏入一个充满无尽信息的世界。伴随着对信息世界的探索，部分青少年迷失了方向，出现了奋斗精神的缺失现象。主要表现在两个方面：一方面，伴随着大数据信息迭代更新，部分大学生在网络提供的幻境当中迷失了自己的方向,缺失了奋斗精神。一是部分学生出现了奋斗目标虚空,网络化的社交形态使得辨识力相对薄弱的学生出现思维辨识力下降,思维认知片面化的风险。这部分学生将自己的幸福感建立在物质条件基础之上,将奋斗目标制定为享乐,这种奋斗目标的错位具有一定的危害性,导致青年沉溺于虚荣心,试图通过满足物质追求来满足精神上所谓的成就感,甚至会出现相互攀比的现象。二是部分学生出现自我认同感低,对人生持悲观主义的态度。悲观主义表现为两个方面,首先是对学习的悲观主义。在学习当中劳而不获,缺乏学习前进的动力。党的十八大以来,国家重视职业教育的发展。但社会上仍有不少人将其视为"低人一等"的教育,"不愿把孩子送去职业院校",也成为一些家长的心声。但事实上,职业教育不仅是扶贫济困的手段和授人以一技之长的实用性教育,更是振兴国家经济社会发展的基础力量。为满足国家和社会发展对技术技能型人才的迫切需求,稳步发展职业教育,已成为国家的鲜明导向,是吸引广大青年人走技能成才、技能报国之路的重要举措。其次是对社会的悲观主义。面对社会现实缺乏奋斗的动力以及行动力,通过沉溺于网络来躲避现实同时也为此感到羞愧。根据调查发现,越来越多的大学生精神焦虑,患上焦虑症和忧郁症。这种对社会持悲观态度的部分青少年,长时间的精神内耗,导致大学生迷茫与颓废,最终选择逃避来解决问题。

另一方面,在我国农村的相对贫困者身上,部分群体存在着精神文化贫穷现象。一是部分群体持"宿命论"理念。这些人认为人生都是命运决定的,对命运的作用深信不疑,认为个人的努力是没有用的,命由天定。在贫困的持续影响和生存的压力影响之下,这些人产生了消极被动、自轻自贱和悲观绝望的心态。当扶贫者劝导他们要努力奋斗才能过上好的生活时,这部分群体持奋斗无用论,无论什么样的人最终都摆脱不了命运的把持等各种理由。二是一部分适龄接受教育的孩子认为学习无用,甚至有的孩子连九年制义务教育都没有完成。正是由于接受的知识文化的有限性,导致这些孩子们的视野狭隘。在不了解当今世界日新月异，飞速发展的前提下，这些人只想安全缩在自己的小屋中，不敢承担任何微小的风险。三是一部分群体在价值观念上安土重迁，环境再险恶，认为是祖先生存的地方，不愿意搬迁到自然环境好的地方去。四是一部分群体在生活上不思进取，目光短视，只看到眼前的事物，看不到长远的事物，于是产生了不敢接受新的事物，不愿意接触、学习新的知识与事物，害怕接触新的环境，甚至怕外出打工的想法。五是一部分群体办事没有计划性，也没有时间观念，甚至"当一天和尚，撞一天钟""今朝有酒今朝醉"。六是一部分群体好逸恶劳，希望扶贫者将他们的生活全部兜底，而自己不用努力、奋斗、付出。这些群体会与富裕群体对比，但只比收入与结果，不提努力与投入。低收入者这种贫瘠的精神世界，即使拥有了丰富的物质财富，在精神上依然是贫困者。经济贫困只是一时，精神贫瘠才更为致命，它使贫困者在心理上很难理解外部的改变，更不要提抓住发展的机会。而这样的文化一旦形成，即便外部环境已经发生变化，也会生成自我延续的机制。因此，丰富相对贫困群体的精神文化世界，切实增强他们的幸福感和获得感，让他们参与到社会发展中来刻不容缓。

第六章

新时代新征程促进全体人民共同富裕的路径

　　党的二十大报告指出,全体人民共同富裕是中国式现代化的中国特色和本质要求。在全党全国各族人民迈上全面建设社会主义现代化国家、向第二个百年奋斗目标进军的新征程上,"我们不能等实现了现代化再来解决共同富裕问题,而是要始终把满足人民对美好生活的新期待作为发展的出发点和落脚点,在实现现代化过程中不断地、逐步地解决好这个问题"①。站在新的历史起点上,面对全体人民共同富裕新的阶段性发展目标,任务仍然艰巨,情况愈加复杂,需要进一步探索促进全体人民共同富裕的实践路径。

一、在新时代新征程中以经济高质量发展促进全体人民共同富裕

　　促进全体人民共同富裕没有捷径可走,必须在高质量发展、建设现代化

---

　　①　习近平:《论把握新发展阶段、贯彻新发展理念、构建新发展格局》,中央文献出版社,2021年,第503页。

国家的进程中推进。"高质量发展不只是一个经济要求,而是对经济社会发展方方面面的总要求;不是只对经济发达地区的要求,而是所有地区发展都必须贯彻的要求;不是一时一事的要求,而是必须长期坚持的要求。"①高质量发展是高效、公平、绿色、可持续的发展,是"五位一体"的协调发展,是实现全体人民共同富裕的重要基础和关键因素。

(一)探索创新高质量发展,培育共同富裕发展动能

创新是引领发展的首要动力,是牵动经济社会发展全局的"牛鼻子"。创新高质量发展注重解决的是发展动力问题,即发展动力转换的问题。社会生产力不断发展、经济总量不断增多是扎实推动共同富裕的必要条件。当前,面对我国国内外经济形势的变化,需要加快实现我国经济发展动力的转换,摆脱要素驱动的路径依赖,深入实施创新驱动发展战略,让创新成为驱动发展的新引擎,加快构建以国内大循环为主体、国内国际双循环相互促进的新发展格局。创新高质量发展不仅体现在科技方面,还体现在理论、制度、文化等多个方面,从而为推进共同富裕提供全方位的发展动能。

1.理论创新

理论的生命力在于创新,理论创新是社会发展与社会变革的先导。在推动全体人民共同富裕的进程中,共同富裕理论创新能够为共同富裕实践创新提供科学的行动指南,引领新的共同富裕实践。

理论创新源于实践、始于问题。在不断追求共同富裕的进程中,中国共产党坚持把马克思主义基本原理同中国具体实际相结合,形成了具有中国特色的共同富裕理论。随着社会的发展,不同阶段的共同富裕理论既一脉相承,又在与时代特征的紧密结合中与时俱进、不断创新。总体上看,共同富裕理论创新可以概括为四个阶段,并且在各个阶段均为推动共同富裕实

---

①　习近平:《论把握新发展阶段、贯彻新发展理念、构建新发展格局》,中央文献出版社,2021年,第533页。

践发展的重要动能。

在新民主主义革命时期,具有中国特色的共同富裕理论开始萌芽。1840年鸦片战争后,中国成为半殖民地半封建社会,帝国主义、封建主义、官僚资本主义就像三座大山,沉重地压在中国人民肩头。1917年,俄国十月革命一声炮响,给中国送来了马克思列宁主义,为具有中国特色的共同富裕理论提供了思想基础和理论支撑。中国共产党自成立之日起,就以马克思列宁主义为指导,把为中国人民谋幸福、为中华民族谋复兴的重任扛在肩上,把对中国人民的深切关怀和共产主义远大理想相结合,探索救国救民的道路,并指出"社会主义是要富的,不是要穷的"①,认为未来社会"使生产品为有计划的增殖,为极公平的分配……人人都能安逸享福,过那一种很好的精神和物质的生活"②,主张"协作的生产,并得真正平均的分配"③。此时,中国共产党人已经开始思考社会主义共同富裕理想及其实现的问题,具有中国特色的共同富裕理论开始萌芽,为新中国成立后进一步认识和推进共同富裕奠定了基础。

在社会主义革命和建设时期,具有中国特色的共同富裕理论得到初步探索。中国共产党团结带领中国人民,浴血奋战、百折不挠,最终取得了新民主主义革命的胜利,建立了人民当家作主的中华人民共和国,为追求全体人民共同富裕创造了根本社会条件,并对实现共同富裕展开初步探索。1953年12月,中共中央通过《中国共产党中央委员会关于发展农业生产合作社的决议》,提出"使农民能够逐步完全摆脱贫困的状况而取得共同富裕和普遍繁荣的生活"④,这是在党的文件中最早提出"共同富裕"的概念。1955年10月,毛泽东在资本主义工商业社会主义改造问题座谈会上的讲话中指

---

① 《李大钊全集》(第四卷),人民出版社,2013年,第458页。
② 《李大钊全集》(第四卷),人民出版社,2013年,第457页。
③ 《李大钊全集》(第四卷),人民出版社,2013年,第248页。
④ 中共中央文献研究室编:《建国以来重要文献选编》(第四册),中央文献出版社,1993年,第662页。

出，"现在我们实行这么一种制度，这么一种计划，是可以一年一年走向更富更强的，一年一年可以看到更富更强些。而这个富，是共同的富，这个强，是共同的强"①，强调实现共同富裕必须走社会主义道路，"这种共同富裕，是有把握的"②。在此阶段，中国共产党不仅明确提出了"共同富裕"概念，深刻认识到"向社会主义大道前进"③在促进全体人民共同富裕中的必要性，并且在"巩固我们的新制度，建设我们的新国家"④，"提高经济、文化水平，建设现代化的工业、农业和文化教育"⑤中不断发展社会主义建设，为实现全体人民共同富裕奠定了根本政治前提和一定的经济基础。

在改革开放和社会主义现代化建设新时期，具有中国特色的共同富裕理论得到继续推进。1978年党的十一届三中全会拉开了改革开放的历史大幕，中国共产党坚持解放思想、实事求是，基于中国仍处于并将长期处于社会主义初级阶段的基本国情，对全体人民共同富裕的探索迈入了新的阶段。此时，共同富裕被上升到社会主义本质的高度进行认识。邓小平指出，社会主义的本质是"解放生产力，发展生产力，消灭剥削，消除两极分化，最终达到共同富裕"⑥，强调"贫穷不是社会主义，社会主义要消灭贫穷"⑦，"不发展生产力，不提高人民的生活水平，不能说是符合社会主义要求的"⑧，提出以先富带动后富推动全体人民共同富裕的实践路径，"让一部分人、一部分地区先富起来，大原则是共同富裕"⑨。"三个代表"重要思想和科学发展观也进一步丰富和发展了具有中国特色的共同富裕理论。

进入中国特色社会主义新时代，具有中国特色的共同富裕理论得到深

---

① 《毛泽东文集》(第六卷)，人民出版社，1999年，第495页。
② 《毛泽东文集》(第六卷)，人民出版社，1999年，第496页。
③ 《毛泽东文集》(第六卷)，人民出版社，1999年，第429页。
④ 《毛泽东文集》(第七卷)，人民出版社，1999年，第216页。
⑤ 《毛泽东文集》(第八卷)，人民出版社，1999年，第71页。
⑥ 《邓小平文选》(第三卷)，人民出版社，1993年，第373页。
⑦ 《邓小平文选》(第三卷)，人民出版社，1993年，第116页。
⑧ 《邓小平文选》(第三卷)，人民出版社，1993年，第116页。
⑨ 《邓小平文选》(第三卷)，人民出版社，1993年，第166页。

化发展。党的十八大以来,中国特色社会主义进入新时代,党中央坚持以人民为中心的发展思想,深刻把握我国经济社会发展新变化,把逐步实现全体人民共同富裕摆在更加重要的位置,深化发展了具有中国特色的共同富裕理论。习近平总书记关于共同富裕的重要论述,科学回答了什么是共同富裕、为什么要实现共同富裕、怎样实现共同富裕等重大理论和实践问题,是新时代扎实推动共同富裕的方向指引和根本遵循。习近平指出,"共同富裕是社会主义的本质要求,是中国式现代化的重要特征。我们说的共同富裕是全体人民共同富裕,是人民群众物质生活和精神生活都富裕,不是少数人的富裕,也不是整齐划一的平均主义"①,促进共同富裕要把握好"鼓励勤劳创新致富""坚持基本经济制度""尽力而为量力而行""坚持循序渐进"②的原则,要坚持脚踏实地,久久为功,不断"提高发展的平衡性、协调性、包容性""着力扩大中等收入群体规模""促进基本公共服务均等化""加强对高收入的规范和调节""促进人民精神生活共同富裕""促进农民农村共同富裕"③。浙江共同富裕示范区的建设,为各地因地制宜探索推进共同富裕的有效路径提供了重要经验和示范窗口,有助于全体人民共同富裕逐步推开。

当前,我国已经迈上全面建设社会主义现代化国家新征程、向第二个百年奋斗目标进军的关键时刻,在新征程上扎实推动共同富裕需要继续深化理论创新,进一步丰富共同富裕的时代内涵,进一步构建科学系统的共同富裕评价指标体系,从整体上系统把握共同富裕政策的整体协调性,从而为持续推动全体人民共同富裕的实践创新提供动能。

2.制度创新

"共享是中国特色社会主义的本质要求,实现共同富裕不仅是经济问

---

① 《习近平著作选读》(第二卷),人民出版社,2023年,第501页。
② 《习近平著作选读》(第二卷),人民出版社,2023年,第501~502页。
③ 《习近平著作选读》(第二卷),人民出版社,2023年,第503~505页。

题,而且是关系党的执政基础的重大政治问题。"①坚持和完善中国特色社会主义制度,是坚持和发展中国特色社会主义的必然要求,是实现中华民族伟大复兴中国梦的有力保证。新征程上扎实推动共同富裕,必须秉持系统观念,把握整体性,既充分发挥中国特色社会主义制度集中力量办大事的独特优势,又在时代发展中不断探索制度创新、完善制度体系,充分发挥以制度推动全体人民共同富裕的最大效能。

以制度创新推进共同富裕,首先要充分发挥中国特色社会主义制度的内在优势,而中国特色社会主义制度的最大优势是中国共产党的领导。"办好中国的事情,关键在党"②,历史和实践充分表明,没有中国共产党,就没有新中国,就没有中国特色社会主义,也就没有中国特色社会主义制度。回首往昔,正是因为有中国共产党的坚强领导,我们才能不断跨过各种急流险滩,战胜各种艰难险阻,接续朝着正确方向前进;展望未来,只有在中国共产党的坚强领导下,我们才能不断推进全体人民共同富裕,实现中华民族伟大复兴。在新时代推进全体人民共同富裕的事业中,党的领导起到总揽全局、协调各方的作用,是推进全体人民共同富裕的根本保证。2021年,习近平在全国脱贫攻坚总结表彰大会上庄严宣告,经过全党全国各族人民共同努力,在迎来中国共产党成立一百周年的重要时刻,我国脱贫攻坚战取得了全面胜利,为新的历史起点上扎实推动共同富裕奠定了坚实基础。新时代新征程上,"坚持和完善党的领导,是党和国家的根本所在、命脉所在,是全国各族人民的利益所在、幸福所在"③,要以实践基础上的理论创新不断推动制度创新,及时把坚持和加强党中央集中统一领导的理论原则、成功的实践经验转化为制度,坚定维护党中央权威和集中统一领导,把党的领导落实到推动

① 中共中央宣传部、中央国家安全委员会办公室编:《总体国家安全观学习纲要》,学习出版社、人民出版社,2022年,第53页。
② 《习近平著作选读》(第一卷),人民出版社,2023年,第194页。
③ 《习近平著作选读》(第一卷),人民出版社,2023年,第194页。

全体人民共同富裕各领域、各方面、各环节。同时不断健全党和国家监督体系，不断健全提高党的执政能力和领导水平制度，使党的领导更加适应实践、时代和人民的要求。

以制度创新推进共同富裕，要以社会主义基本经济制度推动高质量发展和公平正义分配。一要坚持和完善公有制为主体、多种所有制经济共同发展的所有制结构，为"做大分好蛋糕"奠定制度基础。公有制为主体、多种所有制经济共同发展的所有制结构，既是全体人民共享发展成果的制度性保证，又有利于调动各类经济主体的积极性、主动性和创造性，提高资源配置效率和经济发展活力。一方面，要坚持公有制经济主体地位、国有经济主导作用；另一方面，要坚持鼓励、支持、引导非公有制经济发展。二要坚持和完善按劳分配为主体、多种分配方式并存的收入分配制度，为"切好分好蛋糕"给予制度保障。一方面，在初次分配领域，注重突破制度性障碍，提高劳动所得在国民收入中的比重，增加劳动者特别是一线劳动者的劳动报酬；另一方面，在再分配领域和第三次分配领域，进一步优化税制结构和税收征收管理流程，提高税收征管效率和质量，发挥社会保障和慈善组织在再分配和第三次分配环节的"填谷"作用，促进橄榄型分配结构稳步形成。三要坚持和完善社会主义市场经济体制，为"做优蛋糕"提供制度活力。一方面，充分发挥市场对资源配置的决定性作用，提高全要素生产率，进一步激发市场活力，不断推动社会生产力发展；另一方面，更好发挥政府作用，不断巩固脱贫攻坚成果，逐步缩小地区、城乡、收入三大差距，不断推进共同富裕。新征程上扎实推动共同富裕，需要进一步完善社会主义市场经济体制，推动有效市场与有为政府更好结合，充分发挥社会主义制度的独特优势。

以制度创新推进共同富裕，要以统筹城乡的民生保障制度提供兜底保障。民生是人民幸福之基、社会和谐之本。统筹城乡的民生保障制度，事关人民群众最关心、最直接、最现实的利益问题，是推进全体人民共同富裕的兜底保障。新时代新征程上完善和发展统筹城乡的民生保障制度，要牢牢立足我国仍处于并将长期处于社会主义初级阶段的基本国情和最大实际，既尽力而为，又量力而行，不断回应人民群众对美好生活需要的新期待。要注重加强普惠性、基础性、兜底性民生建设，围绕民生短板，织密扎牢民生保障"安全网"，健全有利于更充分更高质量就业的促进机制，构建服务全民终身学习的教育体系，完善覆盖全民的社会保障体系，强化提高人民健康水平的制度保障，从而不断增进人民福祉，促进改革发展成果更多更公平惠及全体人民。

实现共同富裕是一项复杂的系统工程，以制度系统集成创新扎实推动共同富裕，有利于确保在高质量发展的同时使广大人民群众共享改革发展成果，朝着全体人民共同富裕的目标不断迈进。

3.科技创新

科技创新是创新发展的核心，科技自立自强是保障国家发展和共同富裕的战略需要，高水平共同富裕依赖强大科技创新实力。党的二十大报告指出："教育、科技、人才是全面建设社会主义现代化国家的基础性、战略性支撑。必须坚持科技是第一生产力、人才是第一资源、创新是第一动力。"[1]创新在我国现代化建设全局中居于核心地位。找准科技创新的发力方向，对于在新征程上扎实推动共同富裕具有重要意义。

以科技创新推进共同富裕，要坚持人民至上，加快民生科技发展。要坚持以人民为中心的发展思想，化科技优势为民生福祉，以科技创新赋能社会进步和人的全面发展。要充分释放社会创新发展潜能，提高全社会创新参与度，充分发挥人民群众的集体智慧，激发社会创新发展的巨大活力，鼓励勤劳致富、创新致富。要全力攻坚关系国计民生的重要领域的关键核心技术，将"科技创富"与"科技共富"相结合，坚持人民性与时代性相统一，"把满足人民对美好生活的向往作为科技创新的落脚点，把惠民、利民、富民、改善

---

① 习近平：《高举中国特色社会主义伟大旗帜 为全面建设社会主义现代化国家而团结奋斗——在中国共产党第二十次全国代表大会上的报告》，人民出版社，2022年，第33页。

民生作为科技创新的重要方向"①,不断加强民生领域的科技创新与应用,不断夯实共同富裕的物质基础和技术基础,让科技更好地惠及民生。

以科技创新推进共同富裕,要开辟新领域新赛道,塑造发展新动能新优势。要集聚战略科技力量进行原创性、引领性科技攻关,加快突破关键核心技术,努力实现关键核心技术自主可控,把握创新主动权、发展主动权,加快实现高水平科技自立自强。要促进创新链产业链深度融合,加速科技成果向现实生产力转化,催生新产业新业态新模式,拓展发展新空间,促进产业智能化、绿色化、融合化发展,为实现经济质的有效提升和量的合理增长提供强有力支撑。要不断提升科技攻关体系化能力,全面增强国家创新体系整体效能,坚定不移走中国特色自主创新道路,加强体系化协同,推动国家战略科技力量围绕国家战略需求开展整合式创新,全面提升国家科技攻关体系化能力。要推动创新生态与产业生态融合,在自主创新基础上坚持产业链协同创新、生态圈融合创新,实现科技强、产业优、生态美,在高质量发展中不断推进共同富裕。

以科技创新推进共同富裕,要加强区域科技合作与城乡要素流动,推动城乡融合与区域协调发展。要优化产业空间布局,畅通要素流动渠道,引导创新要素跨区域有序流动和高效聚集,让科技、人才、资源双向流动,不断推动城乡融合与区域协调发展。要深入实施创新驱动发展战略和区域协调发展战略,进一步推进东西部科技合作体系化、机制化、组团式发展,引导创新要素加快向西部汇集,加快西部地区创新发展,增强科技创新的可及性,创新成果的均衡性。要坚持科技兴农、科技强农、科技富农,以科技发展推动乡村振兴,在推进农业科技自主创新、加快农业科技成果转化应用、提高农民科技素质上下功夫,不断增强发展的平衡性、协调性。

---

①　习近平:《论把握新发展阶段、贯彻新发展理念、构建新发展格局》,中央文献出版社,2021年,第272页。

4.文化创新

共同富裕既要"富口袋",也要"富脑袋"。文化创新是一个民族永葆生命力和富有凝聚力的重要基础。习近平在文化传承发展座谈会上指出:"'第二个结合'是又一次的思想解放,让我们能够在更广阔的文化空间中,充分运用中华优秀传统文化的宝贵资源,探索面向未来的理论和制度创新。"[①]在守正创新中推动中华优秀传统文化创造性转化、创新性发展,对于肩负起新时代新的文化使命,在新的起点上继续推动文化繁荣、推进共同富裕,具有重要意义。

在守正创新中推动中华优秀传统文化创造性转化、创新性发展,首先要把握传承和创新之间的关系,坚持"学古不泥古、破法不悖法"[②],让中华优秀传统文化成为文化创新的重要源泉。中华优秀传统文化博大精深、源远流长,是中华民族的"根"和"魂"。传承和创新是中华文化发展繁荣的鸟之双翼、车之两轮,传承是文化发展的内在要求,创新是文化永葆生机的源泉和文化发展的不竭动力,二者有机统一于中华文化的发展之中,不可偏废。对于中华优秀传统文化,不忘本来才能开辟未来,善于继承才能更好创新。

在守正创新中推动中华优秀传统文化创造性转化、创新性发展,要讲究科学的方式方法。一要"守正",守住马克思主义在意识形态领域指导地位的根本制度,守住"两个结合"的根本要求,守住中国共产党的文化领导权和中华民族的文化主体性,[③]充分挖掘中华优秀传统文化独有的精神内涵,为新时代新征程上文化建设积累丰厚的历史积淀和精神资源。二要"创新",探索文化创新的"新思路、新话语、新机制、新形式"[④],既在时代发展中推动中华优秀传统文化与时俱进、推陈出新,寻找传统文化和现代生活的连接

---

① 习近平:《在文化传承发展座谈会上的讲话》,人民出版社,2023年,第8页。
② 《习近平谈治国理政》(第四卷),外文出版社,2022年,第325页。
③ 习近平:《在文化传承发展座谈会上的讲话》,人民出版社,2023年,第11页。
④ 习近平:《在文化传承发展座谈会上的讲话》,人民出版社,2023年,第11页。

点,创造传统文化融入人民日常生活的当代路径,进一步满足人民精神文化需要、增强人民精神力量;又在开放包容中推动中华文化吸收外来、交流互鉴,在不断汲取各种文明养分中丰富和发展中华文化,形成一批熔铸古今、汇通中西的优秀文化成果;同时以科技力量为文化创新赋能,不断推动文化事业、文化产业高质量发展,让中华优秀传统文化在传承中赓续、在创新中发展。

习近平指出:"冲破思想观念的障碍、突破利益固化的藩篱,解放思想是首要的。"①以文化创新赋能共同富裕,要突出打造精神文明高地,探索精神生活共同富裕路径。在新的起点上高质量推动中华优秀传统文化创造性转化、创新性发展的过程中,中华优秀传统文化将彰显出更加丰富的历史积淀和时代内涵,展现出更为深厚的影响力和感召力,不断汇聚实现中华民族伟大复兴的精神力量,更好满足人民群众的精神文化需求。

(二)探索协调高质量发展,优化共同富裕发展结构

共同富裕与协调发展关系尤为密切,要实现共同富裕,意味着要解决好发展不平衡问题。协调发展理念着眼于解决我国经济社会发展中存在的不平衡、不协调问题,强调在关注发展速度的同时,把握发展规律,更加注重发展的整体性、协调性和平衡性,是推动共同富裕持续健康发展、优化共同富裕发展结构的内在要求。

探索协调高质量发展,奠定实现共同富裕的经济基础。生产是分配的前提和基础,生产力不断发展才能真正实现共同富裕,共同富裕需要经济发展支撑。我国仍处于并将长期处于社会主义初级阶段,发展依然是新时代党执政兴国的第一要务,是解决我国一切问题的基础和关键。习近平指出:"实现社会公平正义是由多种因素决定的,最主要的还是经济社会发展水

---

① 《习近平著作选读》(第一卷),人民出版社,2023年,第175页。

平。"①协调发展的着眼点在于发展,是更高质量、更高水平的发展。既毫不动摇巩固和发展公有制经济、坚持公有制主体地位,又毫不动摇地鼓励、支持、引导非公有制经济发展,在推动经济增长、改善人民生活的同时,促进社会公平正义、防止两极分化,为推动共同富裕奠定坚实经济基础。协调发展还要求强化行业和企业发展的协调性,加快推进垄断行业改革,支持中小企业发展,着力构建大中小企业相互依存、相互促进的企业发展生态。

探索协调高质量发展,促进区域、城乡共同富裕。共同富裕是全体人民的富裕,不是少数人的富裕。我国幅员辽阔、人口众多,各地区在基础条件上具有较大差别,带来了发展不平衡不协调的问题。全面建成小康社会之后,区域之间的发展差距已经缩小,但尚未消除。区域协调发展要求树立全局观和整体观,建立更为有效的区域协调发展新机制,持续调整和完善国家宏观区域政策,加快构建统一、高效的区域发展管理机制,建立健全促进区域协调发展的法律法规体系,从而推动各地区人民收入水平和生活质量不断提升,促进全体人民共同富裕。新时代新征程上探索协调高质量发展,要坚持"深入实施区域协调发展战略、区域重大战略、主体功能区战略、新型城镇化战略"②,"推动西部大开发形成新格局,推动东北全面振兴取得新突破,促进中部地区加快崛起,鼓励东部地区加快推进现代化"③,不断推动区域协调发展,全面推进乡村振兴,坚持城乡融合发展。

探索协调高质量发展,促进物质文明、精神文明共同提升。共同富裕是人民群众物质生活和精神生活都富裕。随着经济社会发展水平的提高,人民群众在物质生活得到满足的同时,精神生活的需求相应提高。物质文明和精神文明共同发展,是推进全体人民共同富裕的内在要求,也是促进协调

---

① 《习近平谈治国理政》,外文出版社,2014年,第96页。
② 习近平:《高举中国特色社会主义伟大旗帜 为全面建设社会主义现代化国家而团结奋斗——在中国共产党第二十次全国代表大会上的报告》,人民出版社,2022年,第31页。
③ 习近平:《高举中国特色社会主义伟大旗帜 为全面建设社会主义现代化国家而团结奋斗——在中国共产党第二十次全国代表大会上的报告》,人民出版社,2022年,第32页。

发展的题中应有之义。新时代以来,党中央从全局和战略高度,推动物质文明和精神文明协调发展,全党全国各族人民文化自信明显增强、精神面貌更加奋发昂扬。新征程上探索协调高质量发展,要在推动经济高质量发展的同时,持续开展精神文明建设工作,实现物质文明和精神文明相协调,以经济发展为精神文明奠基,以精神文明建设为经济发展赋能,在物质生活和精神生活的富裕和共享中,促进人的全面发展。

探索协调高质量发展,推动基本公共服务均等化、普惠化。共同富裕既是经济层面的发展目标,也是社会层面的发展追求,要求发展成果全民共享。推动基本公共服务均等化、普惠化,有利于全体人民公平地获得大致均等的基本公共服务,有利于确保人民群众基本权利的实现。新时代新征程上推动基本公共服务均等化、普惠化,要以促进机会均等为核心,坚持"健标准、补短板、提效能"。健标准,即聚焦民生保障目标,不断健全完善国家基本公共服务标准体系,并在动态中持续调整;补短板,即通过增强举措的针对性、扩展举措的覆盖面、强化举措的有效性,进一步补齐基本公共服务的弱项和短板;提效能,即通过科学谋划、统筹规划,在与时俱进的改革创新中系统提升公共服务效能,不断提升公共服务的共享性、高质性、便利性,使全体人民获得感幸福感安全感更加充实、更有保障、更可持续。

应当明确的是,强调发展的协调性、均衡性,并不意味着整齐划一的平均主义。正如习近平强调的,实现共同富裕"不是所有人都同时富裕,也不是所有地区同时达到一个富裕水准,不同人群不仅实现富裕的程度有高有低,时间上也会有先有后,不同地区富裕程度还会存在一定差异,不可能齐头并进"①。总之,协调发展的价值取向、内在要求契合全体人民共同富裕的要求,协调发展是实现全体人民共同富裕的内在诉求和必然选择。

---

① 《习近平谈治国理政》(第四卷),外文出版社,2022年,第147页。

（三）探索绿色高质量发展，转换共同富裕发展方式

绿色发展是永续发展的必要条件。绿色发展是以效率、和谐、持续为目标的经济增长和社会发展方式，注重的是解决人与自然和谐问题。绿色发展理念的提出源于我国长期以来的生态实践，虽然生活水平有所提高，但环境状况不容乐观，人们愈发关注环境问题，追求人与自然和谐发展。当前，我国经济已转向高质量发展阶段，绿色应成为经济发展的鲜明底色，这与共同富裕可持续发展的内在要求相契合。推进绿色发展是一项系统工程，需要从绿色产业、绿色技术、绿色制度、绿色理念等方面着力，多渠道助力共同富裕。

探索绿色高质量发展，加快发展绿色产业。绿色产业是推动绿色发展的基础。大力发展绿色产业，培育、壮大绿色发展新动能，是加快发展方式绿色转型的重要途径。新时代新征程上发展绿色产业，要加大政策引导和推动力度，持续深化供给侧结构性改革，不断增强对绿色产业的支持，推动产业结构持续优化，促进绿色产业持续健康发展，形成经济发展与生态环境保护的良性循环，促进人民富与生态美同频共振；要深入打好污染防治攻坚战，加强生态系统保护和修复，推动传统产业绿色改造升级，大力发展清洁能源，使绿色产业发展进一步提速；要做精做优生态农业、做大做强生态工业、做活做旺生态文旅产业、培育壮大战略性新兴产业，创造更多绿色生态品牌，既能够夯实共同富裕的物质基础，又有利于拓展就业新领域、促进全体人民共同富裕。

探索绿色高质量发展，推动绿色技术创新。绿色技术创新是推动绿色发展的动力。绿色技术服务于绿色低碳发展，是促进生态文明建设、实现人与自然和谐共生的新兴技术，绿色技术的创新与推广对于提高落后地区生产效率、缩小区域差距具有重要价值。新时代新征程上推动绿色技术创新，要不断扩充绿色技术创新规模，加大政策支持和资金保障力度，加快实现绿

色低碳关键技术突破,建设更多具有创新能力的绿色研发基地;要建立健全绿色技术创新网络,发展建设国家级绿色技术创新中心,以区域协调机制为纽带,整合全国优势资源,优化创新分工协作,聚力联合创新攻关;要进一步夯实绿色技术创新保障,持续完善"产学研用"协同机制,借助多学科交叉融合和跨学科研究,推动供给和需求衔接匹配,不断促进绿色技术创新更好地转化为应用效能;要继续加强绿色技术创新人才培养,厚植创新环境氛围,全面激发全社会绿色技术创新活力,培养更多绿色技术创新专业人才,让人民群众共享绿色技术创新成果。

探索绿色高质量发展,加强绿色制度建设。绿色制度是推动绿色发展的保障。当前,我国生态环境保护压力尚未得到根本缓解,需在发展过程中大力推进绿色制度建设,以更加完善高效的制度推动更高质量的发展。在新时代新征程上加强绿色制度建设,要进一步健全生态环境保护制度,完善横向、纵向生态补偿制度,保障在生态环境保护面前人人平等,促进生态系统良性发展;要构建碳市场监管体系,加快建设统一透明的碳排放管理体系,形成稳定、长效、系统的全国性政策和法律法规的支持,同时发展配套"双碳"服务支撑体系,因地制宜推进低碳发展;要打造公平转型制度体系,倡导气候治理和绿色低碳转型过程中的公正公平,为不同区域、不同行业、不同群体提供差异化的政策协助,在实现社会效益和经济效益最大化的同时,减少不同区域、不同行业、不同群体的不公平现象;要探索实施绿色激励机制,鼓励企业采用更为环保的生产方式减污降碳,转向更加绿色的发展道路,切实承担起生态环境保护的社会责任,引导金融资本支持绿色低碳转型,同时宣传推广绿色消费理念,不断拓展绿色消费市场。

探索绿色高质量发展,大力培植绿色理念。绿色理念是推动绿色发展的灵魂。生态环境没有替代品,用之不觉、失之难存,因此绿色发展人人有责、人人共享。探索绿色高质量发展,需要在思想和实践中厚植绿色理念,为绿色发展提供重要精神支持。新时代新征程上大力培植绿色理念,首先要牢固树立绿色发展的大局观、长远观、整体观,使全社会充分认识到绿色发展的重要性,深刻认识到"绿水青山就是金山银山;保护环境就是保护生产力,改善环境就是发展生产力"①;要构建绿色理念传播平台,倡导绿色发展方式和生活方式,宣传先进人物的模范带动作用,践行勤俭节约、绿色低碳、文明健康的生活方式与消费模式,促进绿色理念成为社会主流价值观。共同富裕不仅体现在物质层面,而且体现在生态层面,要求经济与生态协调发展。在全面建设社会主义现代化国家新征程上,面对错综复杂的形势和严峻的风险挑战,应坚持以习近平新时代中国特色社会主义思想为指导,坚定不移走生态优先、绿色发展之路,不断推动高质量发展取得新突破、共同富裕取得更为明显的实质性进展。

(四)探索开放高质量发展,扩展共同富裕发展格局

对外开放是中国的基本国策,也是国家繁荣富强的必由之路。开放发展注重的是解决发展内外联动问题。新时代新征程上,以共同富裕为目标导向的高水平开放实践路径,就是要坚持实施更大范围、更宽领域、更深层次的对外开放,建设更高层次的开放型经济格局,积极参与全球经济治理体系改革。

探索开放高质量发展,坚持走更大范围开放的共同富裕道路。新时代新征程上,以更大范围的对外开放推进共同富裕,要高质量推动"一带一路"建设,及时把握相关政策优势,积极拓展沿线区域间要素共享的广度和深度,进一步提升经济发展活力和效率;要进一步推进设施联通、贸易畅通、资金融通,秉承人类命运共同体理念,更加积极主动地参与全球经济治理,以开放合作的姿态,不断加强与经济贸易伙伴的合作互联,切实提升地区间互联互通水平;要立足全球视野,各地应结合自身比较优势,实施差异化、特色

---

① 《习近平著作选读》(第一卷),人民出版社,2023年,第434页。

化的开放举措,适应开放新趋势,进一步缩小区域开放差距,在扩大对外开放中增强发展动能、拓展发展空间,实现陆海内外联动、东西双向互济。

探索开放高质量发展,坚持走更宽领域开放的共同富裕道路。新时代新征程上,以更宽领域的对外开放推进共同富裕,要在继续深化制造业领域开放的同时,主动有序扩大服务业开放,构建优质高效的服务业新体系,进一步放宽服务领域外资准入限制,深化服务业国际合作与交流,增强服务贸易的自由化、便利化程度,有利于提升劳动者的知识技能水平,有利于推动中等收入群体的扩大;要坚持开放创新,加强国际科技交流合作,坚持互利共赢的开放战略,深度参与国际科技合作与竞争,不断提升统筹和综合运用国际、国内两种资源的能力,不断提升国际科技合作的经济效应,稳步拓展国际合作新空间。

探索开放高质量发展,坚持走更深层次开放的共同富裕道路。新时代新征程上,以更深层次的对外开放推进共同富裕,要稳步推进规则、管理、标准等制度型开放,积极主动对接国际高标准经贸规则,积极参与国际规则和标准制定,构建与国际高标准规则相衔接的制度体系和监管模式,扩大面向全球的高标准自由贸易区网络;要建设更高水平开放型经济新体制,放宽市场准入,合理缩减负面清单,充分发挥市场在资源配置中的决定性作用,更好发挥政府作用,在开放中不断加快自身制度建设、法规建设,持续优化市场化、法治化、国际化营商环境,促进"引进来"和"走出去"更好结合,为加快打造对外开放新高地、推动经济高质量发展提供制度保障。

(五)探索共享高质量发展,提升共同富裕发展层次

共同富裕是高质量发展过程和发展结果的统一,既要求我们把"蛋糕"做大做好,又要求我们把"蛋糕"切好分好。我国经济发展的"蛋糕"不断做大,但同时也存在发展不平衡不协调的问题,城乡、区域、收入差距较大。共享发展注重的是解决社会公平正义问题,与共同富裕具有内在的高度契合

性,要求坚持以人民为中心,在有效的统筹协调中带领全体人民迈向共同富裕。

探索共享高质量发展,进一步解决好发展成果分享问题。带领全体人民实现共同富裕、创造幸福美好生活,是中国共产党始终不渝的奋斗目标。共同富裕,不是少数人的富裕,不是整齐划一的平均主义,而是全体人民通过共同努力、共同奋斗,共享社会发展成果。新时代新征程上进一步解决发展成果分享问题,要不断提高发展的平衡性、协调性、包容性,加快完善社会主义市场经济体制,实施区域重大战略和区域协调发展战略,强化行业发展的协调性,不断缩小区域、行业差距,解决好人民日益增长的美好生活需要和不平衡不充分的发展之间的矛盾,不断增强人民群众的获得感和幸福感;要着力扩大中等收入群体规模,推动更多低收入人群迈入中等收入行列,加强对高收入的规范和调节;要巩固拓展脱贫攻坚成果,全面推进乡村振兴,加快农业产业化,增加农民财产性收入,促进农民农村共同富裕。

探索共享高质量发展,进一步处理好公平与效率的关系问题。在发展中必须审慎关注和处理效率与公平之间的关系,坚持统筹兼顾,避免顾此失彼,实现二者的辩证统一。新时代新征程上进一步处理好公平与效率的关系问题,一方面要坚持更有效率、更加公平、更可持续、更为安全的高质量发展,在激发市场活力的基础上,更加注重公平公正,在提升效率不断做大"蛋糕"、以公平公正不断分好"蛋糕"中实现公平和效率的有机统一,坚持公有制为主体、多种所有制经济共同发展,促进非公有制经济健康发展、非公有制经济人士健康成长,"允许一部分人先富起来,同时要强调先富带后富、帮后富,重点鼓励辛勤劳动、合法经营、敢于创业的致富带头人"[①];另一方面要通过更加有效的制度安排保障发展成果更多更公平惠及全体人民,构建初次分配、再分配、三次分配协调配套的基础性制度安排,在依法保护合法收

---

① 《习近平著作选读》(第二卷),人民出版社,2023年,第502页。

入的同时防止两极分化、消除分配不公,不断推进基本公共服务均等化,加大普惠性人力资本投入,不断完善兜底救助体系、养老和医疗保障体系,重点帮扶保障低收入群体,在动态发展中推动共同富裕不断取得新成效。

二、在新时代新征程中以补位城乡与区域差异协调全体人民共同富裕

党的十八大以来,习近平就"做好区域协调发展'一盘棋'这篇大文章"①作出重要部署,强调"不能简单要求各地区在经济发展上达到同一水平,而是要根据各地区的条件,走合理分工、优化发展的路子"②。中国的城乡差距、区域差距是发展不充分和发展不平衡交织作用的结果,缩小城乡差距、区域差距是新征程上扎实推动共同富裕的重要内容。

(一)探究农村土地价值变现模式

土地对于农民而言是非常重要的资产。近些年,随着大量农村劳动力向城市转移,土地闲置现象愈发明显,探究农村土地价值变现模式有助于解决土地闲置问题,保障进城落户农民合法的土地权益。农村土地价值变现模式主要有四种。一是土地使用权流转,即拥有土地承包经营权的农户保留承包权、转让使用权,将土地经营权(使用权)转让给其他农户或经济组织,从而获得收益;二是土地承包权有偿退出,即农民退出土地承包权后,可以领取到一笔土地补偿,分为长期退出和永久退出;三是土地经营权抵押贷

---

① 中共中央宣传部、国家发展和改革委员会编:《习近平经济思想学习纲要》,人民出版社、学习出版社,2022年,第93页。
② 中共中央宣传部、国家发展和改革委员会编:《习近平经济思想学习纲要》,人民出版社、学习出版社,2022年,第93页。

款,主体可分为两类,一类是普通农户,另一类是家庭农场、合作社、农业企业等新型农业经营主体,二者在抵押贷款期限上存在区别;四是土地经营权入股农业产业化经营,农民按股分红,获得收益。

为保证农村土地价值变现健康顺利推进,其一,要坚持"农民自愿"原则。农村土地价值的变现,要充分建立在农民自愿的基础之上,要"保障进城落户农民合法土地权益,鼓励依法自愿有偿转让"[1],任何组织或个人不得强迫或阻碍农民对于农村土地价值变现的意愿。其二,要更好发挥基层政府作用。既使市场在资源配置中起决定性作用,又更好发挥政府作用,不断完善各项政策措施,以务实的态度、创新的思路、有力的措施,在更加有效地保障各方合法权益的同时,推动现代农业发展。其三,要坚持因地制宜、循序渐进。依据各地地域差异、经济基础和农村劳动力转移等客观现实情况,实事求是地有序推进农村土地价值变现。其四,要进一步强化风险管控。加快推进农村承包地确权登记颁证工作,完善土地经营权价格评估体系,健全土地经营权流转市场,妥善处理农村土地价值变现过程中的问题和纠纷,完善相关政策制度和程序设计,防范、化解潜在风险,维护农民利益。

(二)探索市场和社会力量参与提升农村公共服务供给模式

随着乡村振兴战略的深入推进,农民生活质量不断提高,对公共服务的需求越来越多元多样。习近平指出,要"提高乡村基础设施完备度、公共服务便利度、人居环境舒适度,让农民就地过上现代文明生活"[2],特别是要加快养老、教育、医疗等方面的公共服务设施建设。农村公共服务是一个地区农村整体发展水平的重要体现。精准提供更多优质农村公共服务、优化农

村公共服务供给模式,是进一步破解发展不平衡不充分问题、推进全体人民共同富裕的重要路径。

第一,聚焦农民急难愁盼,加快补齐农村公共服务短板。完善农村公共服务供给,逐步补上农村公共服务短板是一项重要任务。长期以来,农村地区基础设施建设相对薄弱,教育、医疗、文化等公共服务相对滞后,成为城乡发展不平衡、农业农村发展不充分的突出表现。为此,要加快补齐农村公共服务短板,提高农村公共服务质量,加强保障和改善民生。以增强农村公共服务便利性为目标,采取一系列惠民生、暖民心举措,在医疗、养老、教育、文化等农民尤为关心的领域提标扩面,提供更多更优质公共服务,不断促进城乡基本公共服务均等化。

第二,积极构建多主体供给模式,以政府为主导,多元主体协同共建。一方面,突出政府主导作用,加快服务型政府职能转变,发挥制度优势,加强农村基本公共服务的兜底保障供给,满足农民基本公共服务需求。另一方面,推进多元主体协同共建,引导企业等市场主体主动参与农村公共服务供给,扶持带动农村自治组织、公益机构等社会力量加入农村公共服务供给,形成多元主体的农村公共服务和产品供给模式,不同主体分工负责不同服务领域,有利于不断提升农村公共服务供给效率和质量。

第三,加大投入力度,持续优化农村公共服务供给广度和深度。不断加强与农民生活密切相关的公共服务基础设施建设,有利于带动各项公共服务制度落地生效。在教育方面,改善农村办学条件,完善农村教育资源布局,多渠道增加农村教育资源供给和建设投入;在医疗卫生方面,探索健全适应农村特点、优质高效的农村医疗卫生体系,发展壮大农村医疗卫生人才队伍,切实改善农民就医服务体验;在养老方面,加强政策设计,不断完善农村养老服务体系,强化服务资金保障,优化人才队伍,重视信息平台建设,持续深化养老服务的互动和协作;在公共文化服务方面,加强公共文化服务体系建设,持续增加公共文化建设投入,丰富公共文化服务载体,依托村民文化广场、篮球场、农家书屋、宣传栏等文化阵地,不断创新文体活动组织形式,丰富农民农村精神文化生活,培育文明乡风、良好家风、淳朴民风。在进行"硬件"建设的同时,也要加强人才、管理等"软件"建设投入,双管齐下提升农村公共服务供给水平。

第四,进一步完善农村公共服务供给决策机制和监督考评体系。一方面,继续完善农村公共服务供给决策机制,促进"自上而下"决策机制向"自上而下和自下而上相结合"决策机制转变,搭建政府和农民之间公开透明的双向交流互动平台,畅通农民对公共服务需求的表达渠道,进一步了解农民真实需求,引导农民积极参与公共服务建设。另一方面,继续完善农村公共服务供给监督考评体系,增加基层群众的评议权重,以农民满意度作为重要评价指标,进一步加强法治化监督,推进多方协同监督,落实管护责任,增强服务信息透明度,实现农村公共服务供给监督考评常态化、长效化。

(三)探索合约城市开发模式

共同富裕是社会主义的本质要求,是人民群众的共同期盼,深入推进以人为核心的新型城镇化是推进全体人民共同富裕的必由之路。在城镇化发展过程中,探索合约城市开发模式,有助于提高投资效率,减少地方偿债压力,有助于推动全体人民共同富裕。

合约城市,是以民营企业为主规划、建设、运营的城市。民营企业通过与政府、村集体等签订一连串合约,从而获得对城市的规划、开发、运营等权利。城市作为一组合约关系网,使拥有分立产权的人群通过雇佣合约、婚姻合约等多种多样的合约聚集在一起。相对应的,城市化的过程,体现为这些合约关系网更加密集化的过程。探索合约城市开发模式,需要不断优化合约结构、加强资源的合理高效配置。

探索合约城市开发模式,需要将改善合约结构作为城市化和城市发展的基本动力。一方面,推动城乡产业结构升级、要素质量提升。城镇化是现代化的必由之路,城镇化的过程,也是城乡各类要素通过有序流转实现高效重组的过程。通过技术升级、管理模式改进、企业结构改变、产品质量与生产效率提高、产业链升级等方式,推动企业整体结构升级。通过供给和需求两端同时发力,促进资源配置的动力稳定、结构优化和公平公正,推动资源配置从数量追赶转向质量提升、从要素驱动转向创新驱动、从规模升级转向结构升级,促进城乡融合和区域协调发展。另一方面,更好发挥政府"因势利导"作用,转变政府职能,发挥制度优势,通过制度创新、政策创新和投资创新不断优化合约结构,在宏观政策、产业规划、基础设施建设、完善法律法规等方面持续推动产业结构优化升级,实现资源的合理、有效配置,促进城乡融合发展。

　　探索合约城市开发模式,需要从多个维度破解城乡二元结构。其一,破解城乡二元制度结构。户籍制度改革是破解城乡二元结构的重要突破口,有利于有序推进农业转移人口市民化,有利于真正实现制度设计由二元走向一元。还要进一步完善覆盖全民、全地域、全生命周期的城乡衔接的社会保障体系,完善城乡公共就业服务体系,打破城乡制度分割藩篱。其二,破解城乡二元市场体系。通过搭建互联网信息平台、完善城乡交通网络,加强城乡信息传递和要素流通,畅通农村与城市,破除要素从城市向农村流动的障碍,深化农村土地制度改革,建立健全城乡统一的土地市场,保障农民农村合法权益。其三,破解城乡二元治理格局。以一张蓝图谋划城乡产业发展,推进城乡产业融合发展、实现城乡产业协调发展,推进农村公共基础设施建设,破解城乡二元公共服务供给机制。

(四)探索不同区位的现代化城市群和立体化都市圈模式

　　推动区域协调发展"不仅是国土空间均衡布局发展的需要,而且是走共同富裕道路的要求"①,是实现高质量发展的必由之路,是实现中国式现代化的关键支撑,是破解发展不平衡不充分问题的重要路径。

城市群,是在特定地域范围内,由若干特大城市和大城市集聚而成的高度一体化城市群体,是新型城镇化主体形态,是支撑全国经济增长、促进区域协调发展、参与国际竞争合作的重要平台。都市圈,是城市群内部以超大特大城市或辐射带动功能强的大城市为中心、以一小时通勤圈为基本范围的城镇化空间形态。都市圈在体量和层级上低于城市群。无论是都市圈还是城市群,均体现出区域一体化的发展思路主线。

其一,以城市群、都市圈为重点引领面向共同富裕的区域合作。城市是社会经济活动集聚的空间,城市群是城市的集合,都市圈是城市群内部的城镇化空间形态。推动城市群、都市圈现代化发展,要坚持和加强党的全面领导,坚持以人民为中心的发展思想,坚持稳中求进的工作总基调,坚持推动高质量发展;要遵循城镇化发展规律,坚持市场化改革、扩大高水平开放,充分考虑不同城市群、都市圈现有基础和发展潜力的差异性,科学制定发展规划,因地制宜推动城市群、都市圈建设,形成区域竞争新优势;要统筹城市群、都市圈整体利益和各城市比较优势,促进功能互补、共建共享,强化互联互通、融合发展,在深化合作中实现互利共赢。

其二,探索不同区位的现代化城市群和立体化都市圈模式,需要以新科技拓展区域发展新空间。一体化的科技体系是探索现代化城市群和都市圈的重要支撑,为此,要大力推进科技创新,统筹推进科技高水平自立自强,形成多元主体、共创共享的科技创新共同体,推动科技创新和经济社会发展深度融合;各地区依据自身发展条件和已有基础,聚焦数字经济、智能经济等多种经济形态,在教育、医疗、养老等多个领域,推动新技术新模式新业态融合创新,运用科技力量不断促进基本公共服务均等化,持续提升区域合作层

---

①　中共中央党史和文献研究院编:《习近平关于"三农"工作论述摘编》,中央文献出版社,2019年,第29页。

次与协同治理水平。

其三,探索不同区位的现代化城市群和立体化都市圈模式,需要发挥共同富裕示范区建设在推进区域协调发展中的带动作用。2021年,《中共中央　国务院关于支持浙江高质量发展建设共同富裕示范区的意见》发布,意味着浙江在新发展阶段承担起在共同富裕方面探索路径、积累经验、提供示范的重要使命,为全国区域协调发展探索新路径、提供新经验。在探索现代化城市群和都市圈的过程中,可以在市场一体化发展、深化区域合作、基本公共服务均等化等方面借鉴共同富裕示范区发展经验,同时结合具体实际探索创新,进一步推动全体人民共同富裕。

(五)探索飞地经济模式

"飞地经济",是指两个相互独立、经济发展存在落差的行政地区打破原有行政区划限制,通过跨空间的行政管理和经济开发,实现互利共赢的区域经济合作模式,即在平等协商、自愿合作的基础上,跨行政区划转移建设项目。发展飞地经济是实现区域协调发展的重要途径,有利于充分发挥区域经济的比较优势,解决区域发展不平衡不充分问题,实现地区之间的互利共赢。

探索飞地经济模式,需要完善发展相关政策。一方面,结合已有基础和发展现状,通过有效协商和沟通,因地制宜加快制定和完善有关飞地经济的指导性政策,构建利益分享和投入分担机制,调动双方积极性,为探索飞地经济模式提供制度性保障,实现合作共赢;另一方面,随时代发展持续完善、动态调整飞地经济相关政策,以不断适应国内外经济发展环境和变化,保障飞地经济可持续发展,推动经济规模、产业结构、运行模式合理化发展。

探索飞地经济模式,需要充分发挥政府作用。推动政府作用从"管理型"向"服务型"转变,积极搭建人才培养、人事咨询、政务公开等多项平台,出台更多招商引资政策,对于发展飞地经济给予更多政策支持,加强顶层设计、统筹施策,作好发展规划和项目对接,推动市场作用和政府作用有机统一、相互补充、相互协调。

探索飞地经济模式,需要积极引进和培养人才。要立足产业资源,不断推动产业转型升级,激活人才"源头活水";要完善人才流动机制,加大引进和培养飞地经济发展需要的高层次人才,加强专业化、职业化技能培训,广纳人才,补齐人才"短板",推动以产聚才、以才兴产、产才融合发展。

三、在新时代新征程中以破解相对贫困增进全体人民共同富裕

2020年,我国历史性地消除了绝对贫困,但是"脱贫摘帽不是终点,而是新生活、新奋斗的起点。解决发展不平衡不充分问题、缩小城乡区域发展差距、实现人的全面发展和全体人民共同富裕仍然任重道远"[1]。在全面建设社会主义现代化国家的新征程上,破解相对贫困问题与扎实推动共同富裕密切相关。如何在消除绝对贫困之后继续推进相对贫困治理工作,逐步缩小社会贫富差距,是我国在扎实推动共同富裕进程中面临的重要课题。

(一)探索相对贫困标准的界定

贫困是人类社会的顽疾,也是世界各国在推进现代化进程中面临的共同挑战,主要表现为绝对贫困和相对贫困两种形态。绝对贫困指的是个人或家庭因缺乏生活资料或收入极为低下而难以维持基本生存需求的极度贫困状态,是一种生存性贫困。相对贫困则是个人或家庭所具有的资源虽能够满足其基本生存需求,却远低于社会平均水平的状态,是一种发展性贫

---

[1] 《习近平谈治国理政》(第四卷),外文出版社,2022年,第138页。

困。相较于绝对贫困,相对贫困的现实情况更为复杂,需要在巩固现有脱贫攻坚成果的基础上,合理界定相对贫困的标准,这是解决相对贫困问题的重要前提。

其一,相对贫困标准具有多维性。如果说绝对贫困回应的是个体生存困境,那么相对贫困回应的则是更为复杂的社会公平问题。相较于以经济收入为单一测度的绝对贫困,相对贫困具有明显的多维性特征。一方面,相对贫困标准的内容具有多维性。相对贫困涉及教育、医疗、住房、社会保障等多个方面,还包括精神贫困、能力贫困等多个维度,涵盖经济、政治、文化、社会、生态文明多个领域,无法仅以单一收入指标进行衡量,需要设置超越单一物质贫困的多维测量体系。另一方面,相对贫困标准的对象具有多维性。当前,我国发展不平衡不充分问题依然突出,城乡、区域、行业、收入差距较大,因而相对贫困标准的制定应充分考虑各类差距因素,采取分层级、分区域制定的办法,使其能够更加贴合实际,更加具有针对性和实用性。

其二,相对贫困标准具有精准性。精准识别相对贫困人口,是有效开展相对贫困治理、推动全体人民共同富裕的重要前提。一方面,精确落实相对贫困标准。制定出具有多维性的相对贫困标准之后,需要进行准确落实,精准认定相对贫困人口。通过上门入户,详细了解个人或家庭情况,加以比对核查、筛选过滤,去虚存实、去伪存真,确保相关数据和情况真实准确。既对相对贫困人口的摸查做到全覆盖,又对相对贫困人口的基本信息收集做到全覆盖,不漏一户、不落一人,公平公正、公开透明、接受监督。另一方面,在动态中加强对相对贫困人口的监测。随着城镇化的发展、城镇化率的提升,城乡融合趋势日益明显,相对贫困人口在城乡之间均有分布,人口基数大并呈现出分散性。基于此,相对贫困标准的精准性也体现在相对贫困监测的动态性。既包括对农村相对贫困人口的动态监测,重点是对农村弱势群体的动态监测,防止脱贫不稳定户和边缘易致贫户返贫风险,预防返贫、致贫现象发生;又包括对城镇相对贫困人口的动态监测,预防失业和致贫风险,充分运用相关大数据平台,加强信息共享和数据比对,实现多部门联动,完善风险预警、判断和处置机制,增强相对贫困治理的预见性和准确性,做到早发现早救助。

其三,相对贫困标准具有阶段性。与推进共同富裕的阶段性过程相对应,相对贫困标准也并非固定不变,需要适时进行动态调整,总体上呈现出渐进提高的态势。依据习近平提出的推动共同富裕"三阶段",即"到'十四五'末,全体人民共同富裕迈出坚实步伐,居民收入和实际消费水平差距逐步缩小。到2035年,全体人民共同富裕取得更为明显的实质性进展,基本公共服务实现均等化。到本世纪中叶,全体人民共同富裕基本实现,居民收入和实际消费水平差距缩小到合理区间"①,相对贫困标准的界定也可以相对应地划分为三个阶段。第一个阶段是从当前到"十四五"末,相对贫困标准应略高于2020年贫困户脱贫应达到的年人均纯收入4000元标准,并结合城乡、区域等差异进行适度调整;第二个阶段是从"十四五"末到2035年,采用收入、教育、医疗、社会保障等多维指标,推动相对贫困标准从一维向多维过渡;第三个阶段是从2035年到21世纪中叶,根据共同富裕取得更为明显的实质性进展的实际情况,按比例逐步调整和提高相对贫困标准,可以将国际社会中的相对贫困标准作为参考。目前国际上没有统一的相对贫困标准,但收入依然是重要衡量指标,国际社会通常以人均可支配收入的中位数为基准制定相对贫困线,能够在一定程度上避免过高收入造成的均值"被增长"。例如,欧盟和部分经济合作与发展组织国家常用居民收入中位数比例作为相对贫困测量的标准,该比例一般在40%~60%。我国可以将符合国内发展实际的比例作为基准设置相对贫困标准,并进行周期性调整。例如,可以把相对贫困线纳入国民经济和社会发展五年规划,或者巩固拓展脱贫攻坚成果专项规划,每五年为一个动态调整期,根据收入增速和收入分配结构

---

① 《习近平谈治国理政》(第四卷),外文出版社,2022年,第142页。

进行动态调整,以确保其准确性和递进性。

(二)探索益贫式经济增长模式

益贫式增长(Pro-Poor Growth)作为亚洲开发银行减少贫困战略的三项支柱之一,在1999年被正式提出,在强调经济增长的同时,更加关注贫困群体是否能够从增长中获益。益贫性衡量的是贫困群体在经济增长中的受益程度。经济发展的益贫性越高,经济增长就越有利于贫困群体,在既定的经济增长率下,贫困群体收入的改善程度就越高。在我国扎实推动共同富裕、破解相对贫困难题的进程中,益贫式经济增长模式具有重要的启发意义。

第一,推动益贫式增长,鼓励相对贫困群体"弱鸟先飞"。一方面,欠发达地区和相对贫困群体要增强主动性,形成"先飞"的意识和潜能。相对贫困群体要树立"先飞"意识,主动接受相关培训,在具有地方特色和比较优势的领域实现"先飞",走出一条因地制宜发展经济之路,不断提升欠发达地区和相对贫困群体的内生发展动力和能力。另一方面,为欠发达地区和相对贫困群体发展提供外推力,加大国家和社会投资支持力度,促进欠发达地区资产积累。基础设施作为先行资本投入,不断提升基本公共服务均等化水平,进一步深化互联互通;在加快优化空间布局、产业布局、功能布局中,促进欠发达地区具有比较优势的产业优先快速发展,建立发达地区与欠发达地区区域联动机制,促进共同发展;进一步加快科技创新步伐,以数字平台为依托,坚持"数据要素 + 数字技术"双轮驱动,推动数字经济与现代服务业深度融合,推动欠发达地区生产性服务业数字化转型。

第二,发展数字普惠金融,惠及更多相对贫困群体。新时代新征程上,推动共同富裕需要充分发挥数字普惠金融的经济增长益贫性效应。一方面,大力发展经济发展水平和经济运行效率相对较低地区的数字普惠金融,提高相对贫困群体获得金融服务的可能性,进一步增强数字普惠金融的服务深度,推动经济相对落后地区与发达地区经济差距进一步缩小。另一方面,加快科技创新,完善经济相对落后地区数字普惠金融基础设施建设,加大移动终端投入力度,通过多种互联网技术不断完善面向经济相对落后地区的数字普惠金融综合服务平台,强化数字普惠金融服务在创业、增收和收入分配上的作用。

第三,推动益贫式增长要尽力而行、量力而为。共同富裕不是少数人的富裕,是全体人民共同富裕,但不是同等富裕,也不是整齐划一的平均主义。在推动共同富裕的进程中,一方面,要尽力而为,不断满足人民群众对美好生活的需要,面对不同的阶段性目标,切实采取针对性措施,更深层次增进民生福祉,以更大力度、更实举措让人民群众在新时代新征程上有更多获得感、幸福感、满足感;另一方面,要量力而行,立足我国仍处于并将长期处于社会主义初级阶段的基本国情,推进共同富裕不能脱离这个最大实际,"不能提过高的目标,搞过头的保障"[①],要在我国经济社会发展可承受范围之内,坚持循序渐进,脚踏实地,久久为功。

(三)探索相对贫困群体的人力资本建设和发展能力建设

相对贫困是由发展不平衡不充分造成的,不是简单的生存性贫困,而是人在综合发展方面的贫困。相对贫困群体内在的致贫风险主要体现为内在发展动力不足,既包括不思进取的思想贫困,又包括能力不足的能力贫困。故而,不断提升相对贫困群体的内生发展能力,是破解相对贫困问题的重要路径,主要包括人力资本建设和发展能力建设。

从长远看,人力资源是极具能动性的资源,人力资本建设在相对贫困治理中意义重大。新时代新征程上探索相对贫困群体的人力资本建设,要更加重视精神帮扶,常态化激励相对贫困群体勤劳致富的内生发展动力,通过

---

① 《习近平著作选读》(第二卷),人民出版社,2023年,第502页。

教育培训等方式不断提升相对贫困群体的文化知识水平,形成正确价值观。一方面,要加快构建优质均衡的基本公共教育服务体系,加快缩小区域、城乡差距,提升相对贫困群体的人力资本,实现参与机会的均等,创造公平的发展机会。另一方面,要重视对相对贫困群体的科学文化教育和思想教育,不断丰富其科学文化知识,改变部分相对贫困群体中存在的"等靠要"思想,激发他们追求美好生活的信心和勇气,培养他们建立良好积极的人生观、价值观,引导他们形成自觉主动、锐意进取的意识,摆脱精神贫乏状态,激发内生发展动力,从而打破相对贫困的代际传递,不断提升生活水平和质量。

发展能力建设对于相对贫困群体而言同样重要,能够增强相对贫困群体的就业能力和就业水平。一方面,要加强对相对贫困群体的职业教育,不断加大对职业教育的投入,扩大职业教育资源覆盖面,促进相对贫困地区职业院校建设和发展,不断提高相对贫困地区的职业教育水平,以满足相对贫困群体的技能培训需要。另一方面,结合产业金融等政策,支持相对贫困群体参与创业活动,围绕就业机会更加充分、就业结构更加合理、就业环境更加公平、就业能力持续增强、就业保障稳步提升,不断提升相对贫困群体公共就业服务质量,推动其在收入增长的同时具备可持续发展能力,增强其摆脱相对贫困的志气和底气。

(四)探索兜底性政策顶层设计

新时代新征程上,我国相对贫困的表现及成因愈加复杂,发展不平衡不充分是主要体现。故而,在相对贫困治理中依然需要重视物质基础保障,特别是兜底性保障,从而为扎实推动共同富裕织密织牢政策基础。具体地看,探索兜底性政策顶层设计可分为宏观上政策制定和微观上政策落实两个维度。

在宏观上,加强党委领导、政府主导、分类推进,推动兜底性政策可持续发展。一方面,坚持和加强党的全面领导,强化各级政府承担兜底保障供给数量和质量的责任,优先保障基本公共服务供给,稳步提升基本公共服务均等化水平,在教育、医疗、住房等方面加大服务型救助政策比重,提升社会救助水平,促进社会救助政策取得更大实效,保障全体人民生存和发展基本需要。另一方面,发挥政府作用,积极引导市场配置资源,通过支持公益性社会机构或市场主体,增加服务供给、规范服务质量,推动重点领域非基本公共服务普惠化发展,使相对贫困群体共享社会经济发展成果。例如,深化公共服务领域事业单位改革,引导事业资源参与公共服务供给;培育壮大各类社会组织,鼓励社会力量参与公共服务供给。同时,适应信息化、数字化发展趋势,通过科学技术手段持续优化社会救助识别机制,通过互联网大数据平台,实现资源有效整合和数据动态监管,深化民生领域政务信息化建设,推动公共服务智能化发展,为人民群众提供更加智能、便捷、优质的公共服务。

在微观上,推动顶层设计落地落实,打造相对贫困治理典型样板。总结相对贫困治理的地区成功经验,对于在全国范围内破解相对贫困问题、推进全体人民共同富裕具有重要意义。2021年《中共中央　国务院关于支持浙江高质量发展建设共同富裕示范区的意见》发布,支持浙江省先行先试、作出示范,为全国推动共同富裕提供省域范例。浙江省围绕组织建设、高质量发展、缩小城乡差距、缩小地区差距、缩小收入差距、促进基本公共服务均等化等方面,形成了"共富工坊"、数字经济"一号工程"、"两进两回"行动、山海协作、医共体等一批可复制可推广的实践经验,推动示范区建设实现良好开局。其他地区在学习借鉴浙江省经验时,要充分结合本地区自然地理环境和经济发展水平,因地制宜、因地施策,制定适合本地区的、具有地方特色的、能够发挥本地区比较优势的相对贫困治理方案,进而推动全体人民共同富裕。

四、在制度现代化张力中保障全体人民共同富裕

新时代新征程上推进全体人民共同富裕的制度现代化,需要在准确认识社会主要矛盾、遵循经济社会发展规律的前提下,探索集约公共利益的政府治理模式、财产性收入增益模式、慈善益贫方式、中等收入群体倍增模式、权力寻租约束机制等,展开一系列制度性创新,从而奠定扎实推动共同富裕的制度基础。

(一)探索集约公共利益的政府治理模式

习近平在指导扶贫工作中强调:"贫困县党委和政府对脱贫攻坚负主体责任,党政一把手是第一责任人。"[①]在全体人民共同富裕进程中,政府治理起到至关重要的作用。集约公共利益的政府治理模式,主要体现为在政府、市场与社会三方良性互动的基础之上,达致社会公共利益最大化。推进全体人民共同富裕,既是集约公共利益的过程,又是衡量政府治理能力和水平的重要标尺。所以推动全体人民共同富裕,需要科学界定政府、市场与社会各自的角色定位,在三者之间的良性互动之中协同推进。

探索集约公共利益的政府治理模式,需要初次分配、再分配、第三次分配协调联动。初次分配是基础,再分配是保障,第三次分配是补充,三者既相互区别,又相互联系。其一,发挥初次分配的基础性作用。初次分配是根据土地、资本、劳动力、数据等各种生产要素在生产过程中的贡献进行分配。市场平等竞争机制能够充分激发不同市场主体的内生动力和创新活力,有利于社会经济发展朝气蓬勃、充满活力,有利于在人尽其才、物尽其用中推

---

① 中共中央党史和文献研究院编:《习近平扶贫论述摘编》,中央文献出版社,2018年,第51页。

动社会财富的扩大,为推进全体人民共同富裕积累物质基础。然而市场分配并非万能,往往受到自然资源禀赋、制度政策壁垒、个人素质能力等内外条件的影响或限制。为此,要"完善按要素分配政策制度,探索多种渠道增加中低收入群众要素收入,多渠道增加城乡居民财产性收入"[1],提高居民收入在国民收入分配中的比重,提高劳动报酬在初次分配中的比重。其二,发挥再分配的关键性作用。再分配以政府为主导,根据法律法规,在初次分配的基础上,通过征收税收和政府非税收入,在各收入主体之间进行收入再分配,以弥补初次分配的不足。再分配中,政府作用至关重要,要"加大税收、社会保障、转移支付等的调节力度"[2],完善税收调节机制,促进基本公共服务均等化,规范收入分配秩序,通过转移支付为少数易返贫致贫户提供兜底保障。其三,发挥第三次分配的补充性作用。第三次分配是企业、社会组织、个人等基于自愿原则,以募集、捐赠、资助、义工等慈善、公益方式对所属资源和财富进行分配,是对初次分配和再分配的有效补充。要兼顾效率、公平、自愿原则,"引导、支持有意愿有能力的企业、社会组织和个人积极参与公益慈善事业"[3],推动"先富带动后富",促进全体人民共同富裕的实现。

探索集约公共利益的政府治理模式,需要政府、市场、社会"三轮驱动"。其一,构建有效市场。要形成高效规范、公平竞争的国内统一市场,充分发挥市场在资源配置中的决定性作用,加快建设高标准市场体系,全面实施市场准入负面清单制度,完善现代化市场监管机制,营造法治化营商环境,维护市场安全与稳定,推动资源配置实现效益最大化和效率最优化,避免"无效市场"。要持续激发各类市场主体活力和内生动力,一视同仁、平等对待各类市场主体,以国有企业改革激发国有企业活力,毫不动摇鼓励、支持、引导非公有制经济发展,弘扬企业家精神,构建亲清政商关系,为释放市场主

---

① 《习近平著作选读》(第一卷),人民出版社,2023年,第39页。
② 《习近平著作选读》(第一卷),人民出版社,2023年,第39页。
③ 《习近平著作选读》(第一卷),人民出版社,2023年,第39页。

体的积极性、主动性和创造性提供广阔空间。要推进高水平对外开放,培养世界眼光,拓展海外市场,面向全球配置资源,不断提升参与国际市场竞争的能力,不断提升国际循环质量和水平。其二,建设有为政府。坚持党的领导,实现有效市场与有为政府有机结合,以市场有效促进政府有为,以政府有为推动市场有效,通过更好发挥政府作用,深化"放管服"改革,克服、弥补市场的不足与缺陷。通过完善宏观调控体系,弥补市场调节的滞后性;通过强化市场监管,弥补市场的自发性、盲目性;通过建立全国统一大市场,促进生产要素资源区域间自由流动;通过推进国家治理体系和治理能力现代化,防范化解各种风险挑战,克服"市场失灵"。其三,发展有爱社会。和谐、向善、温暖的社会氛围,是推进共同富裕的重要环境保障。通过政策激励、先进示范、法律支持等举措,推进慈善捐赠、志愿服务、公益文化等事业发展,以社会主义核心价值观感召、以中华优秀传统美德凝聚全体社会成员共建有爱社会,团结一切可以团结的力量,形成全体社会成员共画同心圆的良好社会氛围,焕发社会"温情效应",汇聚推进全体人民共同富裕的社会合力。

探索集约公共利益的政府治理模式,需要构建多元主体利益兼容机制。在推进全体人民共同富裕进程中,政府是社会公共利益的代表,在保障分配正义、实现共同富裕过程中承担主要责任,面对利益分配问题时要坚持公平公正原则,实现各方利益的平衡、协同、共赢;企业是重要的市场主体,无论是国有企业还是民营企业,都是促进共同富裕的重要力量,都具有推动全体人民共同富裕的社会责任,要坚持良性发展,增强家国情怀,增强先富带后富、促进共同富裕的责任感和使命感;社会组织是参与社会共建共治共享的多元力量之一,是慈善资源、志愿服务的有效载体,应在推动全体人民共同富裕进程中找准定位、发挥专长,促进多元主体间的协调互动,在新时代新征程上展现新气象、彰显新作为。

（二）探索财产性收入增益模式

当前,我国经济已由高速增长阶段转向高质量发展阶段,各行各业发展形势良好,居民收入水平不断提高。不过,就我国目前情况看,财产性收入占比仍然偏低,存在较大上升空间。探索财产性收入增益模式,是新征程上促进居民收入增长、扎实推动共同富裕的重要举措,正如党的二十大报告中所强调的"探索多种渠道增加中低收入群众要素收入,多渠道增加城乡居民财产性收入"[①]。

探索财产性收入增益模式,需要多渠道稳定和增加居民财产性收入。其一,以稳增长、稳就业推动稳增收,促进财产积累。经济增长对居民收入具有推动作用,就业是居民收入的主要来源。发挥中央和地方两个积极性,做实做强做优实体经济,加快建设以实体经济为支撑的现代化产业体系,扎实推进产业升级,畅通国民经济循环,健全要素市场,通过产业带动、政策激励,鼓励创业、扩大就业,实现稳增收、促增收。其二,加强市场监管,维护市场秩序。增强市场信息透明度,完善相关政策法规,规范资本市场,维持良性运行的市场秩序,重视保护投资者,特别是中小投资者合法权益。其三,完善产权保护制度,依法保护产权。健全增加城乡居民财产性收入的各项制度,深化国有企业混合所有制改革、金融改革、农村土地制度改革,推动形成全社会对公民财产长久受保护的良好和稳定预期。其四,强化困难群体帮扶,兜牢民生底线,不让任何人掉队。不断织密织牢社会保障网,加快健全多层次社会保障体系,加大对教育、养老、医疗等基本公共服务的投入,进一步减轻居民负担、稳定居民收入预期。

探索财产性收入增益模式,需要有序有效地开展财经素养教育。其一,推广普及性和基础性的财经素养教育。从国家层面,尽快出台财经素养教

---

① 习近平:《高举中国特色社会主义伟大旗帜　为全面建设社会主义现代化国家而团结奋斗——在中国共产党第二十次全国代表大会上的报告》,人民出版社,2022年,第47页。

育相关支持政策,推动普及公民财经素养教育,增强人们对金融基础概念的理解,掌握一定的财经知识和理财技能,形成正确的财富观、金钱观。其二,建设高质量财经素养教育体系,在各学段教育中加强财经素养教育。在基础教育阶段,根据学生身心发展规律和学科特点,重点开展财经常识等普及性教育,在理论教育和实践体验中引导学生树立正确的财富观念;在高等教育阶段,鼓励支持有条件的高校面向全体学生开设财经素养类相关课程,推动财经基础知识有机融入课程教材体系。同时,重视强化教师包括财经素养在内的各方面素养培训,促进教师财经素养教育能力提升。其三,制定具有科学性和可操作性的财经素养教育评价标准。按年龄段制定出不同的评价标准,加深人们对自身财经素养的评估与认知,有利于有的放矢进一步提升自身财经素养,在实现财富积累的同时提高财产性收入。

探索财产性收入增益模式,需要全面完善金融市场体制。金融市场是居民获得财产性收入的主要场所,需要在不断完善金融市场体制中实现规范化发展。其一,进一步建设高标准市场体系。坚持以人民为中心的价值取向,积极发展普惠金融,在金融资源供给方面向中低收入群体倾斜,多渠道增加居民的财产性收入;持续疏通金融市场资金进入实体经济的渠道,坚持"引进来"和"走出去"并重,坚持稳字当头、稳中求进,推动金融市场高质量发展。其二,进一步加强和完善金融监管。坚持审慎监管,依法将各类金融活动全部纳入监管,强化金融反腐败和人才队伍建设;强化市场规则,打造规则统一、监管协同的金融市场,规范金融市场发行和交易行为,提升市场透明度和风险揭示能力,强化参与主体行为规范,对违法违规行为"零容忍",维护金融市场健康生态。其三,进一步加强金融市场法治建设。加快推进相关立法工作和重要立法修法项目,推动重点法律法规修订,研究完善金融领域定期修法协调机制,为金融市场稳健运行保驾护航。

探索财产性收入增益模式,需要进一步发展科技金融。其一,加强金融科技战略部署。深刻把握金融工作的政治性、人民性,把握金融科技发展态势,做好统筹规划,强化金融科技合理应用,为经济社会发展提供高质量服务。其二,畅通"科技—产业—金融"良性循环。持续完善金融科技产业生态,优化产业治理体系,夯实金融科技基础支撑,保障金融科技健康有序发展。其三,推动金融创新。创新金融体系,探索网络交易模式,鼓励创造更多支持实体经济发展、使民众分享增值收益的金融产品,让人们拥有更为多样的金融理财工具和产品,增加民众投资渠道。其四,增强金融风险技防能力。运用金融科技提升跨市场、跨业态、跨区域金融风险的识别、预警和处置能力,加强网络安全风险管控和金融信息保护,提高风险控制的有效性。不过,科技作为一把"双刃剑",我们不能忽视金融科技可能带来的负面影响和潜在风险,要做好新技术应用风险防控。

(三)探索慈善益贫方式

党的二十大报告指出,要"引导、支持有意愿有能力的企业、社会组织和个人积极参与公益慈善事业"①。站在新的历史起点上扎实推动共同富裕,需要进一步探索慈善益贫方式,更好地发挥慈善事业对全体人民共同富裕的促进作用。

探索慈善益贫方式,要坚持把握正确的政治方向和价值导向。慈善事业是中国特色社会主义事业的重要组成部分,在促进全体人民共同富裕、维护社会和谐稳定等方面具有重要作用。要坚持和加强党的全面领导,充分发挥党总揽全局、协调各方的领导核心作用,以习近平新时代中国特色社会主义思想为指导,确保新时代慈善事业具有团结奋斗的强大政治凝聚力,推动慈善事业高质量发展,更好服务党和国家事业发展全局,为促进全体人民共同富裕贡献慈善力量。要坚持以人民为中心的发展思想,实现好、维护好、发展好最广大人民的根本利益,聚焦人民最关心、最直接、最现实的利益

---

① 习近平:《高举中国特色社会主义伟大旗帜 为全面建设社会主义现代化国家而团结奋斗——在中国共产党第二十次全国代表大会上的报告》,人民出版社,2022年,第47页。

问题,做好慈善救助和慈善服务工作,推动慈善资源与人民群众的迫切需求实现更精准对接。

探索慈善益贫方式,要系统完善慈善事业发展政策。补齐慈善政策短板,修订完善配套政策,形成良好的政策环境。强化慈善法治,加强法治宣传,发挥法治的引领和保障作用,维护慈善组织和捐赠人、受益人的合法权益。形成覆盖全国、层级明确、各具特色的慈善表彰奖励体系,引导和激励更多社会力量积极投身慈善事业。健全公益慈善与社会救助、社会福利等工作的有效衔接机制,充分发挥慈善参与第三次分配作用,加强协同合作、资源统筹,形成互为补充、各有侧重的工作机制。完善慈善专业人才选拔与培养机制,开展慈善从业人员职业培训,加强慈善组织与高校、科研机构等的合作,共同培养高素质慈善专业人才。加强慈善事业多方监管,形成常态化监督机制,强化政府监管、行业监督、社会监督、慈善组织自身监督,并及时回应监督内容。

探索慈善益贫方式,要持续推进慈善文化建设。推动全社会践行社会主义核心价值观,"弘扬和衷共济、团结互助美德,营造全社会扶危济困的浓厚氛围"①,不断激发全社会向上向善的正能量,建设热心公益、互相帮扶的良好慈善环境,积极营造全社会共同支持慈善事业的浓厚氛围,促使慈善事业深入人心。在全社会弘扬慈善精神、宣传慈善人物和慈善事迹,以大流量激发正能量,有利于充分凝聚社会共识,在激发全民慈善热情、拓宽全民慈善路径中,为慈善事业高质量发展注入强大精神力量,夯实推进全体人民共同富裕的共同思想基础。

探索慈善益贫方式,要以科学技术赋能慈善新生态。充分利用互联网、区块链、大数据、人工智能等现代科技手段,降低慈善门槛、促进慈善参与主体多元化,提高慈善募捐效率和管理水平。持续发挥数字技术优势,不断开

---

① 《习近平著作选读》(第二卷),人民出版社,2023年,第441页。

发公益慈善新模式,丰富平台载体、拓宽参与渠道、优化活动体验、扩大覆盖范围、传播慈善文化,让慈善事业借助互联网更加透明、高效,推动塑造更为健康清朗、生机勃勃的互联网公益生态,激发慈善事业长远发展、持续发力,推动人人为慈善、慈善为人人,实现中国慈善公益事业高质量发展。

(四)探索中等收入群体倍增模式

新时代新征程上推动全体人民共同富裕,要坚持以人民为中心的发展思想,扩大中等收入群体比重,"形成中间大、两头小的橄榄型分配结构,促进社会公平正义"①,在高质量发展中促进共同富裕。当前,我国中等收入群体超过4亿人,但发展不平衡不充分问题依然存在,需要着力扩大中等收入群体规模和比重,更好推动全体人民共同富裕。

探索中等收入群体倍增模式,要促进中等收入群体"扩容"。扩大中等收入群体规模,要"抓住重点、精准施策,推动更多低收入人群迈入中等收入行列"②。其一,以高质量发展推动居民生活水平稳步提升。发展是解决我国一切问题的基础和关键。要完整、准确、全面贯彻新发展理念,加快构建新发展格局,加快建设现代化产业体系,确保国民经济循环畅通,推动经济实现质的有效提升和量的合理增长,在高质量发展中持续提升居民收入水平。其二,有效识别有望进入中等收入群体的目标群体。对于高校毕业生、技术工人、中小企业主和个体工商户、进城务工人员、公务员特别是基层一线公务员及国有企事业单位基层职工等重点群体,分类设计相关扶持政策,实现精准施策。其三,畅通向上流动通道。"破除妨碍劳动力、人才社会性流动的体制机制弊端,使人人都有通过辛勤劳动实现自身发展的机会"③,促进社会公平正义,为人民提高受教育程度、增强发展能力创造更加普惠公平的

① 《习近平著作选读》(第二卷),人民出版社,2023年,第503页。
② 《习近平著作选读》(第二卷),人民出版社,2023年,第503页。
③ 《习近平著作选读》(第二卷),人民出版社,2023年,第38页。

条件;推进以人为核心的新型城镇化,鼓励辛勤劳动、诚实劳动、创造性劳动,深化户籍制度改革,强化基本公共服务保障,形成人人参与的发展环境,实现城镇化进程的可持续发展。

探索中等收入群体倍增模式,要促进中等收入群体"提质"。扩大中等收入群体规模,既要注重数量,更要注重质量。其一,健全就业公共服务体系。适应经济发展方式转变新要求,强化就业优先政策,健全就业公共服务体系,加快推进就业公共服务均等化,促进就业信息和数据互通共享,努力实现不同地区、不同行业、不同群体劳动者享受同等服务,大力提高劳动者综合素质,实现高质量就业。其二,构建更加完善的要素市场化配置体制机制。深化要素市场化配置改革,促进要素自主有序流动,提高要素配置效率,推进土地要素、资本要素市场化配置,加快发展技术要素、数据要素市场,加快要素价格市场化改革,引导劳动力要素合理畅通有序流动。其三,充分运用数字普惠金融等带动经济发展的新引擎。数字经济作为新经济发展模式,与传统行业相比,不受限于自然地理条件,为探索中等收入群体倍增模式提供了新思路。以互联网为代表的数字技术催生的数字红利是社会发展的新成果,互联网的公开性、连通性有助于改善传统资源分配不均衡状态,丰富个体的资源获取渠道,能够将线上资源转化为线下资本,能够缓解资本匮乏和资源获取渠道缺失的问题,推动优化资源配置,推动经济发展效率提升。

探索中等收入群体倍增模式,要促进中等收入群体"稳住"。重视防范新迈入中等收入行列的人群或"脆弱"中等收入人群因突发变故等不确定因素而滑落为低收入群体。其一,稳就业。就业是民生之本。要推进实施就业优先战略,强化就业优先政策,把稳就业提高到战略高度通盘考虑,坚持以发展促就业,突出高校毕业生等重点群体就业,以更高的站位、更深的情怀、更实的举措稳就业、保就业。要完善公共就业服务体系,统筹城乡就业政策体系,健全终身职业技能培训制度,加强特殊困难群体就业的兜底帮扶和援助,发展灵活就业和新就业形态,稳住就业基本盘,巩固就业基本民生。其二,稳收入。收入分配是民生之源。要持续完善收入分配政策,规范收入分配秩序,不断改善收入结构,不断缩小城乡和地区居民收入差距,在做大"蛋糕"的基础上合理分配"蛋糕",保护合法收入,合理调节过高收入,多渠道增加城乡居民收入,在全体人民共享经济社会发展成果中保障改善民生、推进共同富裕。其三,稳社会保障。"社会保障体系是人民生活的安全网和社会运行的稳定器"①,要持续完善覆盖全民、统筹城乡、公平统一的多层次社会保障体系,不断扩大教育、就业、医疗、养老、住房保障等城乡基本公共服务覆盖面,加强基本社会保障制度的统一性和规范性。要尽可能通过政策兜底降低外部环境的不确定性对居民的影响,防范新迈入中等收入行列的人群或"脆弱"中等收入人群的降级风险,织密筑牢社会保障安全网,不断提高人民生活品质。

(五)探索权力寻租约束机制

权力寻租指的是握有公权者以权力为筹码谋求获取自身经济利益的一种非生产性活动,本质上是权力腐败。在推进全体人民共同富裕的过程中,要依法科学合理设计权力行使的具体程序,强化权力流程控制,探索权力寻租约束机制,最大限度减少权力寻租的空间,防止权力寻租,为推动全体人民共同富裕减轻障碍。

探索权力寻租约束机制,要坚定理想信念,清除权力寻租的思想根源。在推进全体人民共同富裕的进程中,牢牢坚守中国共产党为中国人民谋幸福、为中华民族谋复兴的初心和使命,牢牢坚守中国共产党人对马克思主义的信仰、对社会主义和共产主义的信念,始终把人民立场作为根本立场,补足精神之钙。认真学习马克思主义中国化的理论成果,尤其是习近平新时

---

① 《习近平著作选读》(第一卷),人民出版社,2023年,第39页。

代中国特色社会主义思想这一最新成果,牢固树立以人民为中心的发展思想,坚持用科学理论武装头脑、指导实践。对于相关典型案件,要加以利用,以案明纪,以案说法,把警示教育作为长期性任务和经常性工作,以深刻汲取教训,筑牢思想防线。

探索权力寻租约束机制,要凝聚监督合力,让权力在阳光下运行。完善"全党统一领导、全面覆盖、权威高效的监督体系,完善权力监督制约机制,以党内监督为主导,促进各类监督贯通协调"①,推进政治监督具体化、精准化、常态化。以日常监督为本位,以专责监督为补位,结合工作实际,各相关部门各司其职、汇聚监督合力,同时加强日常性风险监控分析预警,形成监管长效机制,强化对容易滋生权力寻租环节的监督力度,紧盯关键少数、重点岗位、高危人员,从源头上有效防范风险。全面加强作风建设,以严的基调、严的措施、严的氛围持续深化纠治"四风",坚决防止形式主义、官僚主义滋生蔓延。拓展监督的深度和广度,搭建"互联网＋监督"平台,充分发挥社会舆论和新闻媒体的监督合力,增强监督实效。

探索权力寻租约束机制,要加强制度环境建设,把权力关进制度的笼子。一体推进不敢腐、不能腐、不想腐的制度建设,对权力进行规范、限制和约束,堵塞权力寻租的渠道,遏制权力寻租的腐败敛财行为,避免权力与资本合谋以及由此造成的社会财富分配比例的严重失调,为推进全体人民共同富裕营造风清气正的政治环境,使共同富裕公平正义的要求真正落到实处,绘就共同富裕清廉底色。优化队伍建设,按照"政治强、业务精、作风好"的标准优化人员配置,在制度上对人员的配备比例、素质结构进行硬性要求,建立起专业人才培养机制,为约束权力寻租提供重要人才保障。

---

① 《习近平著作选读》(第一卷),人民出版社,2023年,第54页。

五、在新时代新征程中以培育精神共同体实现全体人民共同富裕

在扎实推动全体人民共同富裕的新征程上，要实现物质文明和精神文明相协调，在"富口袋"的同时更要"富脑袋"。正如习近平所指出的，"摆脱贫困首要并不是摆脱物质的贫困，而是摆脱意识和思路的贫困"[1]，培育精神共同体对于新征程上扎实推动共同富裕意义重大。

（一）培育科学的共同富裕观

其一，明确共同富裕是社会主义的本质要求，是中国式现代化的重要特征。共同富裕是社会主义区别于资本主义的显著优势，"社会主义与资本主义不同的特点就是共同富裕，不搞两极分化"[2]。马克思恩格斯指出，"无产阶级的运动是绝大多数人的，为绝大多数人谋利益的独立的运动"[3]，在未来理想社会，"生产将以所有的人富裕为目的"[4]。中国共产党自成立以来，始终不渝坚持和发展马克思主义，坚持全心全意为人民服务，朝着实现全体人民共同富裕不断迈进。中国式现代化是全体人民共同富裕的现代化，共同富裕是中国特色社会主义的本质要求。要坚持以人民为中心，在实现现代化过程中锚定共同富裕目标，始终把实现好、维护好、发展好最广大人民的根本利益作为党和国家一切工作的出发点和落脚点，做到发展为了人民、发展依靠人民、发展成果由人民共享，不断满足人民对美好生活的新需要、新

---

① 中共中央党史和文献研究院编：《习近平扶贫论述摘编》，中央文献出版社，2018年，第137页。

② 《邓小平文选》（第三卷），人民出版社，1993年，第123页。

③ 《马克思恩格斯选集》（第一卷），人民出版社，2012年，第411页。

④ 《马克思恩格斯选集》（第二卷），人民出版社，2012年，第787页。

期待,"解决地区差距、城乡差距、收入分配差距,促进社会公平正义,逐步实现全体人民共同富裕"[①],让改革发展成果更多更公平惠及全体人民。

其二,明确实现共同富裕必须加强中国共产党的领导。中国共产党的领导是中国特色社会主义最本质的特征,是中国特色社会主义制度的最大优势,是实现共同富裕的根本保证。在百余年奋斗历程中,中国共产党领导中国人民迎来了中华民族从站起来、富起来到强起来的伟大飞跃。党的十八大以来,党中央把逐步实现全体人民共同富裕摆在更加重要的位置上,带领全国人民凝心聚力,不断推进共同富裕理论和实践创新,打赢脱贫攻坚战,全面建成小康社会,为促进共同富裕创造了良好条件。"实现共同富裕不仅是经济问题,而且是关系党的执政基础的重大政治问题"[②],在新时代新征程上促进共同富裕,需要坚持和加强党的全面领导,充分发挥党总揽全局、协调各方的领导核心作用,对推动全体人民共同富裕进行顶层设计、总体布局、统筹协调、整体推进,充分发挥中国特色社会主义制度的显著优势,在高质量发展中解决发展不平衡不充分问题,有效防范化解各种重大风险挑战,推动人人共享高质量发展成果,最终实现共同富裕。

其三,明确共同富裕是全体人民共同富裕,不是少数人的富裕,也不是整齐划一的平均主义。共同富裕是全体人民的富裕,全体人民共享经济、政治、文化、社会、生态文明各方面建设成果,促进人的全面发展和社会全面进步,"共同富裕路上,一个也不能掉队"[③]。共同富裕是消除了贫穷与两极分化基础上的普遍富裕,既不是同时富裕,也不是同等富裕;既不是贫富悬殊的两极分化,也不是整齐划一的平均主义。由于个人的天赋和能力差异、地区的发展条件和基础差异,富裕的程度也不会整齐划一,而会有所差别,只

---

①　《习近平著作选读》(第二卷),人民出版社,2023年,第367页。
②　《习近平著作选读》(第二卷),人民出版社,2023年,第407页。
③　中共中央党史和文献研究院编:《习近平扶贫论述摘编》,中央文献出版社,2018年,第23页。

是这些差别在符合公平正义的合理区间范围之内,并且随着经济社会的持续发展而不断缩小。因而在推进全体人民共同富裕过程中,要允许一部分人先富起来,先富带后富、帮后富,对共同富裕的长期性、艰巨性、复杂性作出充分估计,尽力而为,量力而行,循序渐进,最终实现共同富裕目标。

其四,明确共同富裕是人民群众物质生活和精神生活都富裕。"我国现代化是物质文明和精神文明相协调的现代化"①,共同富裕是人民群众物质生活和精神生活都富裕的全面富裕。物质生活富裕是精神生活富裕的现实基础,精神生活富裕是物质生活富裕的精神支撑。扎实推动共同富裕,不仅要解决物质贫困问题,还要解决精神贫乏问题,"促进共同富裕与促进人的全面发展是高度统一的"②。新时代新征程上,人民群众对美好生活的向往更加强烈,对美好生活的需要更加广泛、更加多样,包含物质与精神、数量与质量多重维度。随着人们物质生活水平的不断提高,对精神生活的追求也愈来愈趋向高质优质。为此,要积极发展公共文化事业,完善公共文化服务体系,为人民群众提供更加丰富的精神食粮,不断满足人民群众多样化、多层次、多方面的精神文化需求,推动物质文明、精神文明、政治文明、社会文明、生态文明的全面提升,促进人民物质生活和精神生活共同富裕协同发展。

(二)深化社会主义共同价值认同

"国无德不兴,人无德不立",社会主义核心价值观是社会主义核心价值体系的内核,是凝聚人心、汇聚民力的强大力量,能够有效聚拢社会意识,形成社会价值认同。新时代新征程上扎实推动共同富裕,需要广泛践行社会主义核心价值观,不断深化社会主义共同价值认同。

深化社会主义共同价值认同,要深入开展社会主义核心价值观宣传教

① 《习近平著作选读》(第二卷),人民出版社,2023年,第368页。
② 《习近平著作选读》(第二卷),人民出版社,2023年,第505页。

育。当前,世界正处于百年未有之大变局,各种思想文化相互激荡,价值观念多元多样。为了统一思想、凝聚力量,扎实推动全体人民共同富裕,要坚持以社会主义核心价值观为引领,广泛培育和践行社会主义核心价值观,为最大程度凝聚全社会团结奋斗的共识与合力筑牢思想根基。其一,丰富宣传教育内容。深化爱国主义、集体主义、社会主义教育,"持续抓好党史、新中国史、改革开放史、社会主义发展史宣传教育,引导人民知史爱党、知史爱国,不断坚定中国特色社会主义共同理想"①。其二,坚持教育内容与形式相统一。在突出社会主义核心价值观的内涵、性质、先进性的基础上,实现教育语言接地气、教育方式添生气,融入社会发展和社会生活,不断增强教育实效。其三,扩展教育空间和路径。推动理想信念教育常态化、制度化,用好红色遗址、红色故事、历史展览馆、爱国主义教育基地等红色资源,持之以恒缅怀革命先烈,宣传时代楷模,弘扬先进榜样力量,筑牢全国各族人民团结奋斗的共同思想基础。

深化社会主义共同价值认同,要用社会主义核心价值观铸魂育人。"完善思想政治工作体系,推进大中小学思想政治教育一体化建设"②,以社会主义核心价值观为引领,着力于培养担当民族复兴大任的时代新人目标,加强协同合作,注重资源整合,建设大中小学思政课一体化共同体,将社会主义核心价值观作为思想政治教育的重要内容进行设计和规划,推进中国化时代化马克思主义最新成果进教材、进课堂、进头脑,切实把思政课讲好。落实立德树人根本任务,坚持德育为先,突出教育立德,在基础教育、高等教育、职业教育、继续教育等多领域创新工作方式方法,切实发挥思政课立德树人关键课程作用,在坚定理想信念、厚植爱国主义情怀、加强品德修养、增长知识见识、培养奋斗精神、增强综合素质等方面下功夫,使学生有理想、有本领、有担当,加快建设教育强国,办好人民满意的教育。不断加强师德师

① 《习近平著作选读》(第一卷),人民出版社,2023年,第36页。
② 《习近平著作选读》(第一卷),人民出版社,2023年,第36页。

风建设力度,坚持教育者先受教育,促进教师既精通专业知识,又涵养道德品行,做到以文化人、以德育人,真正将用社会主义核心价值观铸魂育人落细落实。

深化社会主义共同价值认同,要把社会主义核心价值观融入法治建设、社会发展、日常生活。法律是成文的道德,道德是内心的法律,法治和德治相互补充、相互促进、相得益彰。广泛践行社会主义核心价值观,要坚持依法治国和以德治国相结合,以道德滋养法治,以法治保障道德。不断健全相关法律法规,提高全民法治意识,重视发挥法律政策在核心价值观建设中的促进作用,完善弘扬社会主义核心价值观的法律政策体系。实施公民道德建设工程,推进新时代文明实践中心建设,营造崇德向善的良好社会环境和社会风气,把社会主义核心价值观广泛融入人民群众的日常社会生活,使之成为人们自觉认同的价值理念,达到"日学而不察,日用而不觉"的境界。坚持德法相济、协同发力,把社会主义核心价值观融入法治建设和社会治理全过程,促进社会主义核心价值观真正成为弘扬正气、引人向上的强大精神力量,并且在这种强大精神力量的指引下推动全体人民共同富裕的实现。

(三)提升社会主义公民意识

公民意识是社会意识的一种存在形式,指的是公民个人对自己在国家中地位的自我认识,即对自身的政治地位和法律地位的认识,对自身应履行权利和应承担义务的认识。在新时代新征程上扎实推进共同富裕的过程中,提升社会主义公民意识集中体现为公民参与共同富裕建设与享受共同富裕发展成果的有机统一,即共建和共享的有机统一,这也是人民主体地位的重要体现。

一方面,全民共建共同富裕。人民群众是历史的创造者,是推动历史发展的根本力量。共同富裕的实现必须激发各类主体活力,依靠全体人民共同奋斗,只有人人参与、人人尽力,才能实现人人享有、共享幸福。新时代是奋斗者的时代,每一个人都是新时代的见证者、开创者和建设者。马克思恩格斯指出,"生产将以所有的人富裕为目的"①,"通过社会化生产,不仅可能保证一切社会成员有富足的和一天比一天充裕的物质生活,而且还可能保证他们的体力和智力获得充分的自由的发展和运用"②。共同富裕不是"养懒人",不是坐享其成、"天上掉馅饼",而是全体人民勤劳致富、共同奋斗的结果。"幸福不会从天降,美好生活靠劳动创造"③,劳动既是创造财富的手段,也是赋予人生意义和获得幸福的方式,幸福是奋斗出来的。因此,在实现共同富裕的道路上,需要积极营造"人人参与"的发展环境,需要努力构建"人人尽力"的制度安排,需要全体人民坚持不懈拼搏、携手并肩奋斗,持续激发广大人民的积极性和创造性,不断增强人民群众的致富本领,人人努力,共同奋斗。其一,在实现共同富裕的道路上,每个人各尽所能,各展所长。尽管每个人的能力有差异、起点有差别、机遇亦不同,但只要脚踏实地、勤劳奋斗,向着共同富裕的目标更加积极主动作为,用勤劳智慧创造更加丰富的物质财富和精神财富,都是值得尊敬的奋斗者。其二,在创造财富的过程中,所有人同心协力、携手并进。积极营造公平公正的社会环境和奋斗氛围,整合一切人力、物力、财力,团结一切可以团结的力量,激发全体社会成员奋斗精神,实现心往一处想、劲往一处使、智往一处谋,让一切创造社会财富的源泉充分涌流,使每个人都成为推进共同富裕的建设者和奋斗者,团结互助,共创未来。

另一方面,全民共享共同富裕。广大人民群众既是社会财富的创造者,更是社会财富的享有者。共建共享相互促进、辩证统一,共建是共享的前提和基础,共享是共建的目标和动力,体现着共同富裕合规律性与合目的性的有机统一,二者应统筹发展、协同推进。其一,以高质量发展夯实全民共享

---

① 《马克思恩格斯选集》(第二卷),人民出版社,2012年,第787页。
② 《马克思恩格斯选集》(第三卷),人民出版社,2012年,第670页。
③ 习近平:《论坚持人民当家作主》,中央文献出版社,2021年,第158页。

基础。坚持发展是第一要务,持续做大做好共同富裕"蛋糕",统筹高质量发展和高水平安全,为保障社会公平正义奠定更加坚实的物质基础,更好地满足人民日益增长的美好生活需要。其二,以缩小"三大差距"促进全民共享。增强区域发展的平衡性,实施区域重大战略和区域协调发展战略,加大对欠发达地区的支持力度;巩固拓展脱贫攻坚成果,全面推进乡村振兴,促进农民农村共同富裕;着力扩大中等收入群体规模,加强对高收入的规范和调节,在依法保护合法收入的同时,防止两极分化、消除分配不公。加快完善社会主义市场经济体制,逐步缩小地区差距、城乡差距、收入差距,推动发展更平衡、更协调、更包容。其三,以优质公共服务完善全民共享。促进基本公共服务均等化,统筹做好教育、就业、医疗、住房、养老、扶幼、社会保障等各方面工作,进一步完善兜底救助体系,促进人民精神生活共同富裕,在推动高质量发展中创造高品质生活,让发展成果更多更公平惠及全体人民。其四,以科学技术赋能共享载体建设。通过以数据、信息为关键生产要素的数字经济,推动打破信息壁垒、解决信息不对称问题,在数字化场景下打造新型教育共同体、医疗共同体、帮扶共同体、社会治理共同体等共富载体,切实增强人民群众的获得感、幸福感、安全感。

(四)布局文创事业,促进传统文化内涵式发展

文化创意产业是以创造力为核心的新兴产业,将文化、艺术与商业相结合,通过技术、创意和产业化的方式开发、营销知识产权。简单来说,文化创意产业就是经济、文化、技术等社会元素相互融合的产物,涉及广播影视、动漫、音像、传媒、视觉艺术、表演艺术、环境艺术、服装设计等多个领域。近年来,我国文创产业正处于快速发展阶段,文创园区越来越大,创意市集越来越多,文创已经慢慢融入人们的日常生活之中,成为新的经济增长点。但是总体上看,我国文创事业发展仍处于成长期,需要进一步推动文创事业发展,提升中华优秀传统文化助力共同富裕的能力和水平,让文化"软实力"成

为共同富裕的"硬支撑"。

其一,保持文创事业领导力与文创事业创造力之间的合理张力。"党的领导是社会主义文艺发展的根本保证"①,文化创新是文化发展的不竭动力。一方面,坚持中国共产党的文化领导权。加强党对宣传思想文化工作的领导,保证文化发展的先进性和正确方向,确保文化发展成果始终为人民服务、为社会主义服务。另一方面,推动新时代文化建设发展守正创新。注重激发全民族文化创新创造活力,发挥中国特色社会主义制度的显著优势,在宪法和法律允许的范围内,充分尊重作家、艺术家的创造性劳动,提倡不同学术观点、艺术流派的争鸣和切磋,充分释放社会主义文化创新创造活力,形成积极健康、宽松和谐的文化发展氛围,实现"百花齐放、百家争鸣"。

其二,坚持以人民为中心的文创事业导向。人民需要文艺,文艺需要人民。以人民为中心,体现着文化发展鲜明的社会主义底色。以人民为中心,就是要"把满足人民精神文化需求作为文艺和文艺工作的出发点和落脚点,把人民作为文艺表现的主体,把人民作为文艺审美的鉴赏家和评判者,把为人民服务作为文艺工作者的天职"②。一方面,文艺工作者要深入生活、扎根人民。"文艺只有植根现实生活、紧跟时代潮流,才能发展繁荣;只有顺应人民意愿、反映人民关切,才能充满活力"③,要立足时代前沿,在文化宝库中寻找源头活水,在时代脉搏中把握艺术脉动,把对人民的美好情感倾注到文创产品设计之中。另一方面,文艺工作者要虚心向人民学习、向实践学习。人民群众的生产生活实践是文艺创作的重要源泉。文艺工作者要以强烈的责任感和使命感投身社会实践,"从人民的伟大实践和丰富多彩的生活中汲取营养,不断进行生活和艺术的积累,不断进行美的发现和美的创造"④,以优

① 习近平:《论党的宣传思想工作》,中央文献出版社,2020年,第116页。
② 《习近平著作选读》(第一卷),人民出版社,2023年,第288-289页。
③ 《习近平著作选读》(第一卷),人民出版社,2023年,第291页。
④ 《习近平著作选读》(第一卷),人民出版社,2023年,第291页。

秀文创产品全方位全景式展现新时代新气象。

　　其三,坚持把社会效益放在首位、社会效益和经济效益相统一。要夯实思想基础,在文化发展中正确认识和把握社会效益和经济效益的关系,始终把满足人民群众日益增长的精神文化需求作为出发点和落脚点,将社会效益放在首位、两个效益相统一作为衡量文化发展成效的重要标准,既在艺术上取得成功,又在市场上广受欢迎。要强化创新机制,结合文化发展实际,完善政府与市场相协调的机制、宣传与经营两分开的机制、精品扶持的机制。要强化考核评价,强化产品内容考核评价,推动产品内容综合评价体系的建立与应用,不断提高、优化产品质量;强化发展绩效考核评价,突出社会效益指标考核,注重社会监督评价,进一步发挥文艺工作者的积极性、主动性、创造性;强化人才质量考核评价,"打铁还需自身硬",坚持德才兼备、以德为先,不断提高文艺工作者自身素养。

　　其四,与时代同频共振,有效推动中华优秀传统文化创造性转化、创新性发展。在发展文创事业的过程中,注重弘扬中华优秀传统文化的当代价值,找到传统文化与现代生活的连接点,打造文化标识、振兴传统工艺、形成产品矩阵、做强相关产业。一是重视传统文化与时尚、科技的融合。深入挖掘传统文化、文物资源背后的传统技术工艺,让传统技术工艺与现代流行时尚相结合,与现代工艺和现代审美相结合,促进传统文化与现代时尚在设计创作中融合转化;组织专业人才队伍,成立相关项目课题,对优秀传统文化及其相关研究成果进行价值挖掘、创意设计、投入生产、营销推广等工作,形成更为系统化、专业化的文创发展体系;借助科技力量,通过新技术、新材料不断优化文创产品质量的同时,降低成本和资源消耗,助力绿色发展,赋予文创产品科技含量与社会价值。二是重视年轻"后浪"的文化需求。年轻一代对于新事物的接受能力更强、接受程度更高,更加追求文化意趣和文化创意,是文创消费的主力人群,有助于激活更大文创市场。三是健全文创人才培养体系。文创设计师通过系统的文化学习和技能培训,在守正创新中探索设计更多高质量文创产品;加强文创相关课程建设,不断完善文创课程体系,通过校企合作实现理论与实践相结合,增强文创人才培养实效;重视专家资源、专业团队引进,进一步优化文创人才结构,进一步完善文创人才长效培养机制,持续激发文创人才的积极性、主动性和创造力,打造一批懂文化、会设计、熟市场的复合型专业人才队伍,推动文创事业发展。

(五)赋能文旅产业,培育高质量文化竞争力

文化旅游产业是旅游产业的重要组成部分,是结合了文化和旅游两个元素的综合性创意产业,对于改善产业结构、增加人民收入、丰富人民精神追求具有综合性优势。文化是文旅产业的核心,旅游是文化的载体。新时代新征程赋予了文旅产业满足人民不断增长的精神文化需要的新任务。探索文旅产业高质量发展,对于提高文化竞争力、扎实推动全体人民共同富裕具有重要意义。

其一,赋能乡村文旅产业高质量发展。在党中央坚强领导下,经过全党全国各族人民共同努力,我国脱贫攻坚战取得全面胜利,"三农"工作重心转向了全面推进乡村振兴。全面推进乡村振兴,要"扎实推动乡村产业、人才、文化、生态、组织振兴"①,加快农业产业化,促进农民农村共同富裕。乡村文旅产业作为乡村发展新业态,是全面推进乡村振兴的重要路径,既有助于盘活农村资产,实现乡村传统产业的转型升级和产业结构的改善,推动乡村基础设施建设,增加农村就业机会,使更多农村居民勤劳致富;又有助于挖掘乡村历史底蕴、推动乡村文化传承,优化乡村公共服务环境,促进人民精神生活共同富裕,实现既看得见发展,又留得住乡愁。在实践中,乡村文旅产业既可以发挥区位优势、立足乡村特色,发展农家乐等传统特色产业;又可以向观光、休闲、度假复合型转变,结合数字技术,发展乡村酒店、乡村公园、

---

① 《习近平著作选读》(第一卷),人民出版社,2023年,第25页。

乡村度假村等特色项目,适应个性化、创意化、精品化需求,深度推进"农旅合一"。

其二,赋能红色文旅产业高质量发展。红色文化是中国共产党在领导中国革命、建设和改革百余年历程中创造的先进文化,展现了中国共产党的梦想与追求、情怀与担当、牺牲与奉献,是伟大建党精神的生动体现。"加强革命文物保护利用,弘扬革命文化,传承红色基因,是全党全社会的共同责任"①,红色文旅产业在党史学习教育、革命传统教育、爱国主义教育等方面具有重要作用,能够激发广大人民群众的精神力量,有助于增强文化自信、促进人民精神生活共同富裕。推动红色文旅产业高质量发展,要完善红色文旅专项规划,确保红色文旅资源的科学开发、高效利用、可持续发展;要精准定位红色文旅主题,依托革命圣地、战斗遗址、烈士陵园、革命纪念馆、革命博物馆、党史馆等红色基因库,因地制宜打造特色鲜明的区域红色文旅产业带,依托红色文化资源,打造红色精神高地;要推动文旅产业数字化发展,运用数字技术保护好、发展好红色文化资源,推动传统红色文化场馆数字化转型升级,运用数字技术载体创造红色文化新业态,实现对红色文化的沉浸式体验和深层次感悟。

其三,赋能体育文旅产业高质量发展。建设体育强国,是中国国家整体发展的重要组成部分,是全面建设社会主义现代化国家的一个重要目标。推动体育文旅产业高质量发展,促进体育和文旅在更广范围、更高水平、更深层次融合,要进一步培养产业融合意识,坚持以人民为中心,加强组织领导和统筹协调,健全相应体制机制,完善体育文旅融合发展政策,让全体人民共享体育发展成果;要积极发展体育赛事活动,结合实际开发重大赛事、精品赛事、民族特色体育赛事等更多更具特色的体育文旅项目,加强活动宣传引导,提升全民参与体育锻炼的热情,让体育锻炼既成为强身健体的方

① 中共中央党史和文献研究院编:《习近平关于社会主义精神文明建设论述摘编》,中央文献出版社,2022年,第12页。

式,也成为放松身心、愉悦自我的精神追求,以体育力量凝聚爱国情怀、振奋民族精神;要不断完善相关基础设施和配套设施建设,发挥产业集群效应,从而有效带动经济发展;要建设高素质人才队伍,为体育文旅产业高质量发展提供丰富的专业人才支撑。

其四,文创和文旅彼此赋能、协同发展。文创和文旅相互融合的过程,也是二者相互赋能的过程,有助于文化精品和文化热点的形成。推动文创和文旅在彼此赋能中高质量发展,要在形成优秀文创产品、优质文旅项目的基础上,既以文创产品形成旅游吸引力、消费拉动力,又以文旅项目为文创产品提供展示载体和消费平台,打造独具特色、富有吸引力的品牌形象和品牌市场,更好地激发文创、文旅市场主体活力,促进文创、文旅产业消费,在传统与现代的连接中不断丰富和发展中华优秀传统文化,优化高质量文化供给,促进人民精神生活共同富裕,推动全体人民共同富裕的实现。

结　论

　　实现全体人民共同富裕既是社会主义的本质要求,也是中国式现代化的本质要求,是社会主义制度优越性的集中体现。党的十八大以来,党中央根据我国所处的新的历史方位,把逐步实现全体人民共同富裕摆在更加重要的战略位置上。当前,我们正朝着全面建设社会主义现代化强国的第二个百年奋斗目标前进,实现全体人民共同富裕已经成为实现第二个百年奋斗目标的关键性工作,这就必须把促进全体人民共同富裕作为为人民谋幸福的着力点,不断夯实党长期执政基础。为此,在新时代,我国必须"着力解决发展不平衡不充分问题和人民群众急难愁盼问题,推动人的全面发展、全体人民共同富裕取得更为明显的实质性进展"[①],从而为顺利实现第二个百年奋斗目标奠定坚实的物质基础。

一、实现全体人民共同富裕是一个长期
且紧迫的历史过程

　　新时代新征程实现全体人民共同富裕是一个长期且紧迫的历史过程,

---

① 习近平:《在庆祝中国共产党成立100周年大会上的讲话》,人民出版社,2021年,第12页。

不可能一蹴而就。因此，我们首先必须对新时代新征程下实现全体人民共同富裕有一个正确的认知。回望历史，中国共产党在带领广大人民实现共同富裕的百余年进程中，存在许多发展阶段，每个阶段的工作重心、目标皆有不同。经过多年的实践，新时代下，我国仍存在发展不平衡不充分、城乡区域发展和收入分配差距较大等问题，这表明实现共同富裕这件事，等不得，也急不得，因而需要我们对新时代新征程下实现全体人民共同富裕的长期性、艰巨性、复杂性要有一个充分的估计和正确的认识。

第一，谋划新篇，实施共同富裕"三步走"战略。实现共同富裕的复杂性与艰巨性，要求我们必须分阶段、分目标促进共同富裕。即第一步，"到'十四五'末，全体人民共同富裕迈出坚实步伐，居民收入和实际消费水平差距逐步缩小"。经过党中央和人民多年的努力，我国不仅取得了全面脱贫攻坚的胜利，解决了影响共同富裕的最大一部分主体的贫困问题，而且社会主义现代化的程度不断提高，为我国实现共同富裕奠定了坚实的物质基础。第二步，"到2035年，全体人民共同富裕取得更为明显的实质性进展，基本公共服务实现均等化"。在这一阶段，国家将继续全面深化改革，不断提升人民生活水平，实现学有所教，劳有所得，病有所医，老有所养，住有所居，从而不断提升人民群众的满足感、获得感、幸福感。第三步，"到本世纪中叶，全体人民共同富裕基本实现，居民收入和实际消费水平差距缩小到合理区间。"即到21世纪中叶，把我国建成富强民主文明和谐美丽的社会主义现代化强国的目标实现，全体人民将享有更加幸福安康的生活。可以说，实施共同富裕"三步走"战略，既是党和国家在新的历史方位下对实现共同富裕作出的顶层设计，又构成了实现共同富裕的基本原则。

第二，脚踏实地，解决社会主要矛盾中防止两极分化。贫穷不是社会主义，两极分化不是社会主义，消除两极分化、实现共同富裕是社会主义的题中之义。经过多年的发展，我国已经成为世界第二大经济体，人民的生活水平也实现了整体的跃升。所以相对于人民日益增长的"量"的物质文化需要而言,我国社会主要矛盾已经转化为"质"的"人民日益增长的美好生活需要和不平衡不充分的发展之间的矛盾",主要表现为:当前我国发展不平衡不充分问题突出,城乡区域发展和收入分配差距较大。同时,新一轮科技革命和产业变革也有使社会收入差距进一步拉大的趋势,这成为我国实现共同富裕进程中亟待解决的问题。为此,新时代下,我们既要适应我国社会主要矛盾的变化,更好满足人民日益增长的美好生活需要,不断为广大人民群众提供优质的公共产品,又要坚决防止出现两极分化,充分汲取西方发达国家现代化发展进程中出现的贫富严重分化、中产阶层塌陷等问题导致社会撕裂、政治极化、民粹主义泛滥的深刻教训,从而扎实促进共同富裕,实现社会和谐安定。

第三,先行示范,设立共同富裕示范区。实现全体人民共同富裕是一个长远目标,需要一个漫长的过程。因而新时代新征程实现全体人民共同富裕更要打破传统体制束缚,允许一部分人、一部分地区先富起来,推动解放和发展社会生产力,形成共同富裕示范区。示范区的形成,不仅有利于通过实践进一步丰富共同富裕思想内涵,也有利于拓宽破解新时代社会主要矛盾的途径,更有利于为全国实现共同富裕提供省域范例,即通过开展示范区建设,及时形成可复制推广的经验做法,能为其他地区分梯次推进、逐步实现全体人民共同富裕作出示范。这就要求我们做好以下工作:一是从目标导向出发,坚持共同富裕是全体人民的富裕的基本原则,重点从人的物质生活、精神生活、生态环境、社会环境和公共服务等方面进行谋划部署。二是从问题导向出发,瞄准阻碍实现共同富裕的最薄弱环节,提出着力缩小城乡区域发展和不同群体间收入分配差距的重点政策举措。要完善先富带后富的激励帮扶机制和制度设计,更加注重向农村、基层、相对欠发达地区倾斜,向困难群众倾斜。三是以改革创新为根本动力,持续推动共同富裕体制机制创新。要着力破除制约高质量发展、高品质生活的体制机制障碍,强化有利于调动全社会积极性的重大改革开放举措,率先在推动共同富裕方面实现理论创新、实践创新、制度创新和文化创新。

<h1 style="text-align:center">二、实现全体人民共同富裕需要处理好的
三对关系</h1>

新时代新征程实现全体人民共同富裕是一个发展与分配相统一的历史过程。一方面,高质量发展既构成了高水平分配的前提,也为实现高水平分配奠定充足的物质基础;另一方面,高水平分配又是高质量发展的题中应有之义和必然要求,双方相辅相成,共同统一于实现共同富裕的历史进程之中。

一是生产与分配相统筹的关系。实现全体人民共同富裕要求我们既要把"蛋糕"做大做好,又要通过合理的制度安排把"蛋糕"切好分好。二者本质上是生产与分配的关系,即生产决定分配,且分配具有相对独立性,并反作用于生产。在马克思主义政治经济学理论中,分配被当作社会生产与再生产总过程的环节之一,马克思认为"分配的结构完全决定于生产的结构。分配本身是生产的产物,不仅就对象说是如此,而且就形式说也是如此"①。这表明生产决定分配,即生产方式决定分配方式,生产对象决定分配对象,生产数量决定分配数量。所以"蛋糕"做得越大,人们分得的"蛋糕"绝对份额才能越大。同时,马克思主义政治经济学认为,分配具有相对独立性,且反作用于生产。分配不是劳动者获得消费品的简单过程,还包括分配制度、分配机制、分配结构、分配功能等一系列的分配系统,分配也有自身的客观发展规律。恩格斯在《反杜林论》中认为:"分配并不仅仅是生产和交换的消极的产物;它反过来也影响生产和交换。"②所以新时代新征程实现全体人民

---

① 《马克思恩格斯文集》(第八卷),人民出版社,2009年,第19页。
② 《马克思恩格斯文集》(第九卷),人民出版社,2009年,第155页。

共同富裕,既要做大"蛋糕",又要将"蛋糕"分得公平合理。唯有如此,才能充分调动劳动者和要素所有者的积极性、主动性和创造性,提高社会生产效率,促进经济发展,从而进一步把"蛋糕"做得更大更好。

二是效率与公平相兼顾的关系。做大"蛋糕"和分好"蛋糕"是紧密联系、不可分割的有机统一体。做大"蛋糕"侧重物质基础,解决效率问题;分好"蛋糕"侧重分配结果,解决公平的问题,忽略二者任一方面,都将造成共同富裕的理论紧张与实践障碍。一方面,若忽略做大"蛋糕",则会使共同富裕滑向平均主义。只强调生产资料的公有性质和分配的绝对平等,忽视社会现实的生产条件,恰恰是空想社会主义的特征之一。对此,马克思曾尖锐指出:"这种空论的社会主义实质上只是把现代社会理想化,描绘出一幅没有阴暗面的现代社会的图画,并且不顾这个社会的现实而力求实现自己的理想。"①要想解放和发展社会生产力,将社会财富的"蛋糕"做大做优,就要调动起每一个社会成员的生产积极性。所以在社会主义初级阶段,实现全体人民共同富裕必须坚持和完善中国特色社会主义基本分配制度,最大限度使一切创造社会财富的源泉充分涌流,提高"蛋糕"的生产效率,增加"蛋糕"生产数量。另一方面,若忽略了分好"蛋糕",则会造成社会矛盾迭出,影响共同富裕的真实性,甚至导致两极分化。因此,新时代新征程实现全体人民共同富裕必须把握和处理好做大"蛋糕"和分好"蛋糕"的协同关系,不可厚此薄彼甚至顾此失彼。因此,在新发展阶段,党中央高度重视共同富裕,强调高质量发展和以人民为中心的发展理念,这正是由侧重"做蛋糕"到"做大且分好蛋糕"的新的一次战略转向。

三是发展与需求相辅相成的关系。中国特色社会主义进入新时代,我国社会主要矛盾已经转化为"人民日益增长的美好生活需要和不平衡不充分的发展之间的矛盾"。究其实质来看,就是"需要"与"发展"之间的矛盾,

---

① 《马克思恩格斯文集》(第二卷),人民出版社,2009年,第166页。

而做大"蛋糕"和分好"蛋糕"的关系,也是发展与需求的关系。因此,做大"蛋糕"和分好"蛋糕"是新时代社会主要矛盾的具体体现,处理做大"蛋糕"与分好"蛋糕"的关系的过程,也是解决新时代社会主要矛盾的过程。所以在新时代新征程上,要如期完成建设社会主义现代化强国和实现全体人民共同富裕的任务,需要以系统的思维和方法处理各种纷繁复杂的关系,如内政、外交的关系,"四个全面"之间的关系,改革、发展、稳定的关系,物质文明与精神文明的关系等。而处理好种种关系的核心和关键,就是处理好做大"蛋糕"和分好"蛋糕"的关系。做大"蛋糕",意味着经济发展、社会财富增加,综合国力提升;分好"蛋糕",意味着发展成果由全体人民共同享有,符合最广大人民的根本利益。因此,处理好做大"蛋糕"和分好"蛋糕"的关系是将国家的"强"和个人的"富"统一起来的关键,二者的关系是在新时代新征程上实现第二个百年奋斗目标需要处理的核心关系之一。

总之,新时代新征程实现全体人民共同富裕战略意义重大,既要立足当前,着眼长远,又要量力而行,循序渐进;既要做大共同利益的"蛋糕",又要分好"蛋糕";既要防止两极分化,又要避开和跨越"中等收入陷阱"。尽管当前扎实推进全体人民共同富裕取得了明显进展,但我们也要看到实现全体人民共同富裕还面临着发展不平衡不充分、收入差距大、困难群体数量大等诸多严峻挑战。因此,我们始终要正确认识实现共同富裕的长期性、艰巨性、复杂性,因地制宜探索有效路径,总结经验,逐步推开。我们坚信,在迈向第二个百年奋斗目标的伟大征程中,伴随中国式现代化的持续展开和亿万人民的共同奋斗,全体人民的共同富裕终将实现。

参考文献

(一)经典著作

1.《马克思恩格斯文集》(第一至十卷),人民出版社,2009年。

2.《列宁选集》(第一至四卷),人民出版社,2012年。

3.《毛泽东文集》(第一至八卷),人民出版社,2009年。

4.《邓小平文选》(第一、二卷),人民出版社,1994年。

5.《邓小平文选》(第三卷),人民出版社,1993年。

6.《江泽民文选》(第一至三卷),人民出版社,2006年。

7.《胡锦涛文选》(第一至三卷),人民出版社,2016年。

8.《习近平谈治国理政》,外文出版社,2014年。

9.《习近平谈治国理政》(第二卷),外文出版社,2017年。

10.《习近平谈治国理政》(第三卷),外文出版社,2020年。

11.《习近平谈治国理政》(第四卷),外文出版社,2022年。

12.《习近平著作选读》(第一、二卷),人民出版社,2023年。

13. 习近平:《高举中国特色社会主义伟大旗帜 为全面建设社会主义现代化国家而团结奋斗——在中国共产党第二十次全国代表大会上的报告》,人民出版社,2022年。

14. 中共中央文献研究室编:《习近平关于关于全面建成小康社会论述摘编》,中央文献出版社,2016年。

15. 中共中央文献研究室编:《习近平关于社会主义生态文明建设论述摘

编》,中央文献出版社,2017年。

16.中共中央党史和文献研究院编:《习近平扶贫论述摘编》,中央文献出版社,2018年。

17.中共中央文献研究室编:《十八大以来重要文献选编》(中),中央文献出版社,2016年。

18.《中共中央关于党的百年奋斗重大成就和历史经验的决议》,人民出版社,2021年。

19.中共中央党史研究室、中央档案馆编:《中国共产党第一次全国代表大会档案文献选编》,中共党史出版社,2015年。

(二)中文著作

1.[荷]B.曼德维尔:《蜜蜂的寓言》(第一卷),肖聿译,商务印书馆,2016年。

2.[印]阿比吉特·班纳吉、[法]埃斯特·迪弗洛:《贫穷的本质:我们为什么摆脱不了贫穷》,景芳译,中信出版社,2013年。

3.[印]阿马蒂亚·森:《贫困与饥荒——论权利与剥夺》,王宇、王文玉译,商务出版社,2001年。

4.[印]阿玛蒂亚·森:《以自由看待发展》,任赜等译,中国人民大学出版社,2002年。

5.[英]阿瑟·塞西尔·庇古:《社会主义和资本主义的比较》,谨斋译,商务印书馆,2016年。

6.[美]彼得·埃德尔曼:《贫富之惑》,苏丽文译,生活·读书·新知三联书店,2019年。

7.陈先达:《中国百年变革的重大问题》,人民出版社,2019年。

8.邓智平:《现代化十讲》,华中科技大学出版社,2019年。

9.[瑞典]冈纳·缪尔达尔:《世界贫困的挑战:世界反贫困大纲》,顾朝阳等译,北京经济学院出版社,1991年。

10.顾海良:《马克思在中国》,湖南人民出版社,2018年。

11.韩康、张占斌:《奔向共同富裕:中国式现代化》,湖南人民出版社、民主与建设出版社,2022年。

12.韩庆祥:《中国道路及其本源意义》,中国社会科学出版社,2019年。

13.王立胜:《中国式现代化道路与人类文明新形态》,江西高校出版社,2022年。

14.黄奇帆:《共同富裕:科学内涵与实现路径》,中信出版社,2021年。

15.[美]吉尔伯特、特瑞:《社会福利政策导论》,黄晨熹等译,华东理工大学出版社,2003年。

16.[意]康帕内拉:《太阳城》,陈大维等译,商务印书馆,1997年。

17.李鹏:《中国式现代化:基于马克思主义政党与经济理论的研究》,国家行政管理出版社,2022年。

18.厉以宁、黄奇帆、刘世锦:《共同富裕:科学内涵与实现路径》,中信出版社,2022年。

19.刘同舫:《马克思人类解放思想史》,人民出版社,2019年。

20.罗荣渠:《现代化新论——世界与中国的现代化进程》,商务印书馆,2004年。

21.[英]马尔萨斯:《人口原理》,朱泱等译,商务印书馆,1996年。

22.彭华民等:《西方社会福利理论前沿——论国家、社会、体制与政策》,中国社会出版社,2009年。

23.[美]乔治·吉尔德:《财富与贫困——国民财富的创造和企业家精神》,蒋宗强译,中信出版集团,2019年。

24.[法]让-雅克·卢梭:《论人类不平等的起源和基础》,黄小彦译,译林出版社,2013年。

25.人民日报理论部主编:《中国式现代化》,东方出版社,2021年。

26.任仲文编:《何为中国式现代化》,人民日报出版社,2022年。

27.孙迎联:《财富分配正义——当代社会财富分配伦理研究》,中国社会科学出版社,2013年。

28.[英]托马斯·莫尔:《乌托邦》,戴镏龄译,商务印书馆,2006年。

29.辛向阳:《中国式现代化》,江西教育出版社,2022年。

30.徐平:《伟大的事实——世界现代化进程中的中国现代化发展》,人民出版社,2021年。

31.[英]亚当·斯密:《国民财富的性质和原因的研究》,郭大力、王亚南译,商务印书馆,1983年。

32.杨文圣:《马克思社会形态理论的历史生成与当代价值》,中国社会科学出版社,2013年。

33.[美]约翰·肯尼斯·加尔布雷斯:《富裕社会》,赵勇等译,江苏人民出版社,2009年。

34.张建刚:《新的历史条件下共同富裕实现路径研究》,中国社会科学出版社,2018年。

35.张雷声:《马克思主义基本原理与当代中国》,经济出版社,2017年。

36.郑永年编:《共同富裕的中国方案》,浙江人民出版社,2022年。

37.郑永年:《共同富裕的中国方案》,浙江人民出版社,2022年。

38.周彬彬:《向贫困宣战——国外缓解贫困的理论与实践》,人民出版社,1991年。

39.周弘等:《促进共同富裕的国际比较》,中国社会科学出版社,2021年。

(三)期刊报纸

1.习近平:《扎实推动共同富裕》,《求是》,2021年第20期。

2.陈荣卓、刘海燕:《从接点到融合:治理相对贫困与实现共同富裕——

基于 S 市 T 区的经验观察》，《新疆师范大学学报（哲学社会科学版）》，2023 年第 6 期。

3.顾海良：《共同富裕是社会主义的本质要求》，《红旗文稿》，2021 年第 20 期。

4.韩保江、李志斌：《中国式现代化：特征、挑战与路径》，《管理世界》，2022 年第 11 期。

5.韩庆祥、张健：《论五个"重大原则"——从"五个坚持"看推进中国式现代化的实践要求》，《浙江社会科学》，2022 年第 11 期。

6.韩文龙：《在中国式现代化新道路中实现共同富裕》，《思想理论教育导刊》，2021 年第 11 期。

7.韩振峰、李辰洋：《新中国成立 70 年人民观发展历程及基本经验》，《大连理工大学学报（社会科学版）》，2020 年第 5 期。

8.贺雪峰：《共同富裕与三轮驱动的中国式现代化》，《南京农业大学学报（社会科学版）》，2022 年第 4 期。

9.胡大平：《人的现代化与全面建设社会主义现代化国家》，《思想理论教育导刊》，2021 年第 2 期。

10.李包庚、孔维洁：《中国共产党探索共同富裕的历史逻辑与基本经验》，《国外社会科学》，2022 年第 1 期。

11.李海舰、杜爽：《发展不平衡问题和发展不充分问题研究》，《中共中央党校（国家行政学院）学报》，2022 年第 5 期。

12.刘洪森：《新时代共同富裕的生成逻辑、科学内涵和实践路径》，《思想理论教育》，2022 年第 3 期。

13.陆卫明、王子宜：《新时代习近平关于共同富裕的重要论述及其时代价值》，《北京工业大学学报（社会科学版）》，2022 年第 3 期。

14.逄锦聚：《在建设社会主义现代化中协同推进共同富裕》，《政治经济学评论》，2022 年第 1 期。

15. 邱海平:《新时代推进共同富裕须处理好若干重大关系》,《人民论坛》,2021年第28期。

16. 沈成飞:《中国式现代化实践共识和根本特征的思想史考察》,《史学集刊》,2023年第9期。

17. 师博:《在高质量发展中推进共同富裕理论逻辑、实践基础与路径选择》,《社会科学辑刊》,2022年第4期。

18. 王岩、张星:《开启中国式现代化的共同富裕之路》,《思想政治教育》,2023年第6期。

19. 卫兴华、张宇:《关于坚定走共同富裕的道路的对话——兼析效率与公平关系上的不同观点》,《毛泽东邓小平理论研究》,2013年第6期。

20. 吴易风:《毛泽东论中国社会主义政治经济学》,《政治经济学评论》,2013年第4期。

21. 吴玉锋等:《公共服务均等化促进共同富裕:区域差异与空间效应》,《河海大学学报(社会科学版)》,2023年第5期。

22. 辛向阳:《习近平的共同富裕观》,《新疆社会科学》,2022年第1期。

23. 杨明伟:《共同富裕:中国共产党的坚定谋划和不懈追求》,《马克思主义与现实》,2021年第3期。

24. 杨文圣、李旭东:《共有、共建、共享:共同富裕的本质内涵》,《西安交通大学学报(社会科学版)》,2022年第1期。

25. 张雷声:《新时代中国共产党共同富裕思想的伟大创新》,《当代世界与社会主义》,2021年第5期。

26. 张占斌:《中国式现代化的共同富裕:内涵、理论与路径》,《当代世界与社会主义》,2021年第6期。

27. 周文、肖玉飞:《共同富裕:基于中国式现代化道路与基本经济制度视角》,《兰州大学学报(社会科学版)》,2021年第6期。

28. 本报评论部:《成功推进和拓展了中国式现代化》,《人民日报》,2022

年11月03日。

（四）外文文献

1. Chen Ting, Deepen the Reform of the Income Distribution System to Promote Common Prosperity, *Academic Journal of Humanities & Social Sciences*, 2022.

2. David Ricardo, Principles of Political Economy, *University Press for the Royal Economic Society*, 1951.

3.Herbert J. Gans, The Positive Functions of Poverty, *American Journal of Sociology*, 1972.

4.Jiuqi Wang, The "Double Transcendence" of the Chinese-style Modernization Road to the Western Mode of Modernity and Its World Significance, *International Journal of Frontiers in Sociology*, 2022.

5. Kakwani Nanak, Wang Xiaobing, Xue Ning, Zhan Peng, Growth and Common Prosperity in China, *China & World Economy*, 2022.

6.Offe, C, *Contradictions of The Welfare State*, The MIT Press, 1983.

7.Rowntree, B., *Seebohm. Poverty: a study of town life*, New York: Garland Pub, 1980.

8.Sun Hao, Cao Xiaoye, Coordination of Income Distribution System and Promotion of Common Prosperity Path, *Quantitative & Technical Economics*, 2022.

9. Weiqi Chu, Rebuilding of the Imperial Gardens: An Examination of Feudalism Production within the Objectives of the Chinese Modernization Project, *International Journal of Design & Nature and Ecodynamics*, 2019.

后　记

　　习近平总书记在中国共产党第二十次全国代表大会上的报告中指出："中国式现代化是全体人民共同富裕的现代化。共同富裕是中国特色社会主义的本质要求,也是一个长期的历史过程。我们坚持把实现人民对美好生活的向往作为现代化建设的出发点和落脚点,着力维护和促进社会公平正义,着力促进全体人民共同富裕,坚决防止两极分化。"习近平总书记在多个重要场合的讲话中也强调新时代实现全体人民共同富裕在国家全局工作中的重要战略地位及其重要影响。

　　为深入研究阐释党的二十大精神,从历史高度、思想深度和实践广度上加快推进全体人民共同富裕研究,天津市委宣传部设立市社科规划重大委托项目"新时代新征程实现全体人民共同富裕研究",由天津大学马克思主义学院副院长杨文圣教授牵头组织研究工作。本书系该项目的最终研究成果,编写工作得到了天津大学马克思主义学院等单位的支持和帮助,各章作者和单位如下:

　　第一章,杨文圣,天津大学;

　　第二章,张鹭,天津大学;

　　第三章,乔宇煊,安阳师范学院;

第四章,吴红岩,天津大学、兰州交通大学;

第五章第一节,蔺雨、杨文圣,天津大学;第二、三节,董丽萍,河北工艺美术职业学院;

第六章,蔺雨,天津大学;

结论,张鹭,天津大学。

杨文圣负责全书提纲设计和写作协调工作,张鹭、杨文圣负责全书统稿和校对工作。

本书的出版得到天津人民出版社、天津大学人文社会科学处的大力支持和帮助,责任编辑王佳欢进行了精心的审阅编校,在此一并表示衷心感谢!

本书的不足之处,恳请各位读者批评指正。

杨文圣

2023 年 11 月